WIRTSCHAFTSINFORMATIK

Herausgegeben von Prof. Dr. Dietrich Seibt, Köln, Prof. Dr. Hans-Georg Kemper, Stuttgart, Prof. Dr. Georg Herzwurm, Dresden, und Prof. Dr. Dirk Stelzer, Ilmenau

Band 35
Frank Teuteberg
Agentenbasierte Informationserschließung im World Wide Web unter Einsatz von Künstlichen Neuronalen Netzen und Fuzzy-Logik
Lohmar – Köln 2001 ♦ 368 S. ♦ € 49,- (D) ♦ ISBN 3-89012-873-4

Band 36
Jens Hunstock
Integration konzeptioneller Datenbankschemata
Lohmar – Köln 2001 ♦ 274 S. ♦ € 43,- (D) ♦ ISBN 3-89012-897-1

Band 37
Gerald Kromer
Integration der Informationsverarbeitung in Mergers & Acquisitions – Eine empirische Untersuchung
Lohmar – Köln 2001 ♦ 314 S. ♦ € 45,- (D) ♦ ISBN 3-89012-904-8

Band 38
Stefan Schäfer
Einführung von E-Business-Systemen in deutschen Unternehmen – Fallstudien, Expertenbefragung und DAX100-Umfrage
Lohmar – Köln 2002 ♦ 492 S. ♦ € 53,- (D) ♦ ISBN 3-89012-949-8

Band 39
Matthias Lohse
Intranets – Konzept und Wege zur Realisierung
Lohmar – Köln 2002 ♦ 270 S. ♦ € 46,- (D) ♦ ISBN 3-89012-970-6

Band 40
Christian Seel
Visuelle Simulation von Dienstleistungsprozessen
Lohmar – Köln 2002 ♦ 262 S. ♦ € 46,- (D) ♦ ISBN 3-89012-998-6

JOSEF EUL VERLAG

Reihe: Wirtschaftsinformatik · Band 40

Herausgegeben von Prof. Dr. Dietrich Seibt, Köln, Prof. Dr. Hans-Georg Kemper, Stuttgart, Prof. Dr. Georg Herzwurm, Dresden, und Prof. Dr. Dirk Stelzer, Ilmenau

Dr. Christian Seel

Visuelle Simulation von Dienstleistungsprozessen

Mit einem Geleitwort von Prof. Dr. Dr. h. c. mult. August-Wilhelm Scheer, Universität des Saarlandes

JOSEF EUL VERLAG
Lohmar · Köln

Die Deutsche Bibliothek – CIP-Einheitsaufnahme

Seel, Christian:
Visuelle Simulation von Dienstleistungsprozessen / Christian Seel. – Lohmar ; Köln :
Eul, 2002.
  (Reihe: Wirtschaftsinformatik ; Bd. 40)
  Zugl.: Saarbrücken, Univ., Diss., 2002
  ISBN 3-89012-998-6

© 2002
  JOSEF EUL VERLAG GmbH
  Brandsberg 6
  53797 Lohmar
  Tel.: 0 22 05 / 90 10 6-6
  Fax: 0 22 05 / 90 10 6-88
  http://www.eul-verlag.de
  info@eul-verlag.de
  Alle Rechte vorbehalten
  Printed in Germany
  Druck: RSP Köln

Geleitwort

Der Dienstleistungssektor ist einem verschärften Wettbewerb ausgesetzt. Die Ursachen hierfür sind in der Globalisierung der Märkte für Dienstleistungen begründet. So konkurrieren heute deutsche Banken und Versicherungen mit internationalen Finanzdienstleistungskonzernen im In- und Ausland. Dienstleistungsunternehmen sind daher gezwungen, ihre Produkte immer effizienter zu erstellen und die Innovationszyklen zu verkürzen, um schnell auf veränderte Kundenwünsche oder rechtliche Bestimmungen reagieren zu können. Wollen sie unter diesen Rahmenbedingungen bestehen, sind intelligente Methoden zur Planung, Steuerung und Ausführung von Dienstleistungsprozessen erforderlich. Dabei kann auf die lange Erfahrung der Industrie bei der Optimierung von Abläufen zurückgegriffen werden.

Verfahren, die hierzu in der Industrie bereits erfolgreich eingesetzt wurden, sind die Simulation und die mit ihr in engem Zusammenhang stehende Visualisierung. In diesem Buch werden die Potenziale dieser Verfahren bei der Gestaltung von Dienstleistungsprozessen untersucht. Der Autor verdeutlich, wie die Simulation die komplexe Bewertung von Dienstleistungsprozessen unterstützt. Die Visualisierung wiederum erleichtert den Zugang zu den vielfältigen Informationen, die die Dienstleistungsproduktion beeinflussen und daher in eine Simulationsstudie einfließen. Auf dieser Basis wird eine Methode entwickelt, die detaillierte Vorgehensmodelle und Beschreibungsmöglichkeiten bei der integrierten Nutzung von Simulation und Visualisierung bereit stellt.

Damit leistet die Arbeit einen wichtigen Beitrag zur ingenieurmäßigen Beherrschung der Dienstleistungsproduktion, dem Service Engineering. Der Autor verdeutlicht auch die praktische Relevanz dieser Methode, indem er ein Anwendungsproblem aus der öffentlichen Verwaltung mit ihrer Hilfe untersucht. Des Weiteren wird ein DV-Werkzeug vorgestellt, das die visuelle Simulation von Dienstleistungsprozessen unterstützt. Die Arbeit ist somit an der Schnittstelle von Betriebswirtschaft und Informatik angesiedelt, beleuchtet aber auch die kognitiven Aspekte der Visualisierung. Wissenschaftler und Praktikern liefert sie fundierte Hilfestellungen bei der Gestaltung von Dienstleistungen.

Prof. Dr. Dr. h. c. mult. A. – W. Scheer

VI

Vorwort

Neben der Gestaltung und Ausführung effizienter Geschäftsprozesse rückt beim Einsatz von Informationssystemen die Anpassung der Mensch-Maschine-Schnittstelle auf menschliche Fähigkeiten und Eigenschaften immer mehr in den Vordergrund. Diese Arbeit verbindet beide Aspekte, indem die methodische und dv-technische Unterstützung der Gestaltung von Dienstleistungsprozessen mit Hilfe der Simulation um eine nach ergonomischen Gesichtspunkten gestaltete, visuelle Werkzeugunterstützung ergänzt wird. Beide Komponenten münden in die Methode und Werkzeugunterstützung zur visuellen Simulation von Dienstleistungsprozessen.

Für die Betreuung dieser Arbeit und meiner Forschungsarbeiten am Institut für Wirtschaftsinformatik der Universität des Saarlandes danke ich dessen Direktor, Herrn Prof. Dr. Dr. h. c. mult. August–Wilhelm Scheer. Herrn Prof. Dr. Peter Weinberg, Leiter des Instituts für Konsum- und Verhaltensforschung, danke ich für die Übernahme des Zweitgutachtens.

Wesentliche Grundlagen der Arbeit entstanden bei der gemeinsamen Bearbeitung von Forschungs- und Entwicklungsprojekten mit Herrn Dr. Stefan Leinenbach. Ihm danke ich für diese Zusammenarbeit und die konstruktive Unterstützung bei der Erstellung der Arbeit. Auch Herrn Dipl.-Verw.Wiss. Oliver Grieble gilt mein Dank für die Diskussionen über Form und Inhalte der Arbeit. Weiterhin möchte ich mich bei Frau Diplomübersetzerin Andrea Philippi-Gross und Herrn Diplomübersetzer Gerhart Gross für die Korrektur des Manuskripts bedanken.

Ein besonderer Dank gebührt meinen Eltern, die mich auf meinem beruflichen Weg stets unterstützt und ermutigt haben. Ihnen möchte ich deshalb dieses Buch widmen. Meiner Frau Stefanie danke ich für ihr Verständnis, ihre Geduld und ihre Unterstützung während der Erstellung dieser Arbeit.

Christian Seel

VIII

Inhaltsübersicht

Inhaltsverzeichnis

4 Werkzeugunterstützung der visuellen Simulation von Dienstleistungsprozessen 151

Abkürzungsverzeichnis

API	Application Programming Interface
ARIS	Architektur integrierter Informationssysteme
ATLAS	Automatischer Prozessfilmgenerator für die visuelle Simulation
BPR	Business Process Reengineering
CAD	Computer-Aided Design
CAM	Computer-Aided Manufacturing
CAP	Computer-Aided Planing
CAQ	Computer-Aided Quality Assurance
CBT	Computer-Based Training
CIR	Computer-Integrated Railroading
CNC	Computerized Numeric Control
CORBA	Common Object Request Broker Architecture
CSCW	Computer-Supported Cooperative Work
DCOM	Distributed Component Object Model
DFG	Deutsche Forschungsgemeinschaft
DIN	Deutsches Institut für Normung
DMSO	Defense Modeling and Simulation Office
DLL	Dynamic Link Library
DV	Datenverarbeitung
EN	Europäische Norm
eEPK	erweiterte Ereignisgesteuerte Prozeßkette
ERP	Enterprise Resource Planing
FES	Future Event Set
GoM	Grundsätze ordnungsmäßiger Modellierung
GPO	Geschäftsprozeßoptimierung
HLA	High Level Architecture for Modeling and Simulation
HOBE	House of Business Engineering
HTML	Hypertext Markup Language
IDEF	Integration Definition for Function Modeling
ISO	International Organization for Standardization
IT	Informationstechnologie
IWi	Institut für Wirtschaftsinformatik, Universität des Saarlandes

MBKW	Ministerium für Bildung, Kultur und Wissenschaft
MCI	Mensch Computer Interaktion
NC	Numeric Control
NSF	National Science Foundation
OFD	Oberfinanzdirektion
OMG	Object Management Group
PC	Personal Computer
PPS	Produktionsplanung und -steuerung
SA	Structured Analysis
SOM	Semantisches Objektmodell
TOC	Theory of Constraints
UML	Unified Modeling Language
VDI	Verein deutscher Ingenieure
VIMS	Visual Interacitve Modeling Systems
VIS	Visual Interactive Simulation
VR	Virtual Reality
VRML	Virtual Reality Modeling Language
WWW	World Wide Web

Abbildungs- und Tabellenverzeichnis

1 Komplexitätsbeherrschung bei der Prozessgestaltung

1.1 Gestaltung von Dienstleistungsprozessen

Der Beherrschung der Prozesse bei der Bereitstellung, Produktion und Distribution von Dienstleistungen wird zunehmend Beachtung geschenkt. Ursache dafür ist einerseits die wachsende volkswirtschaftliche Bedeutung des Dienstleistungsbereichs in allen westlichen Nationen und andererseits die wachsende Konkurrenz auf den globalisierten Dienstleistungsmärkten. Die Konsequenzen dieser Entwicklung sind überall spürbar: kleine Handwerksbetriebe werden verdrängt, die Tarifstrukturen beim Telefonieren sind kaum noch zu überblicken, die Zahl der Versicherungsanbieter auf dem deutschen Markt steigt, Banken fusionieren auf nationaler und internationaler Ebene.

Um unter diesen Bedingungen im Markt bestehen zu können sind erhebliche Anstrengungen der Dienstleistungsunternehmungen erforderlich, die durchaus mit den Entwicklungen im industriellen Bereich in den vergangenen Jahrzehnten verglichen werden können. Das Schlüsselwort ist hier die „Industrialisierung der Dienstleistung"[1]. Im Mittelpunkt dieser Anstrengungen steht der Dienstleistungsprozess, der nicht nur unternehmungsintern optimiert, sondern über die Unternehmungsgrenzen hinweg als Einheit betrachtet wird.[2]

Ziel ist die Optimierung der Prozesse auf Basis definierter Vorgaben durch das Management der Unternehmung. Dabei wird im Allgemeinen zwischen der völligen Neuentwicklung und einer kontinuierlichen Weiterentwicklung der Abläufe unterschieden. Die völlige Neuentwicklung wird z. B. von den Vertretern des Business Process Reengineering propagiert, da nur so eine Trennung überkommenen Strukturen und Werten möglich ist.[3] Die kontinuierliche Weiterentwicklung vermeidet die massiven Eingriffe in eine Unternehmung, indem die kritische Analyse und Anpassung von Prozessen als Bestandteil des betrieblichen Handelns in die Organisation integriert wird. Schlagworte sind hier die lernende Organisation[4] oder die kontinuierliche Prozessverbesserung[5].

---

[1] Vgl. Scheer, A.-W.: Industrialisierung der Dienstleistung. In: Scheer, A.-W. (Hrsg.): Veröffentlichungen des Instituts für Wirtschaftsinformatik, Heft 122, Saarbrücken 1996.

[2] Vgl. Hammer, M.: Beyond reengineering, New York 1996, S. 168 ff.

[3] Vgl. Hammer, M.; Champy, J.: Business Reengineering: Die Radikalkur für das Unternehmen, 5. Auflage, Frankfurt/Main, New York 1995.

[4] Vgl. Hennemann, C.: Organisationales Lernen und die lernende Organisation, München 1997.

[5] Vgl. Rolles, R.; Schmidt, Y.; Scheer, A.-W.: Workflow im Umfeld von Schulung und Ideenmanagement. In: Scheer, A.-W.; Nüttgens, M. (Hrsg.): Electronic Business Engineering, 4. Internationale Tagung Wirtschaftsinformatik, Heidelberg 1999, S. 725 – 744.

Zur Unterstützung dieser Aufgabe wurde in den vergangenen Jahren eine Vielzahl von Methoden entwickelt. HESS untersucht vierzehn verschiedene Ansätze, darunter auch das ARIS-Konzept[6], das in dieser Arbeit eine zentrale Rolle bei der Modellierung und Simulation von Dienstleistungsprozessen spielt. Als eines der Hauptprobleme bei der Gestaltung von Prozessen identifiziert er die enorme Komplexität der untersuchten Systeme wie Unternehmungen, Unternehmungsnetzwerke oder Anwendungssysteme.[7] Trotz verschiedener Ansätze innerhalb der Methoden, dieses Problem z. B. durch Komplexitätsreduktion zu minimieren, bleibt die Aufnahmefähigkeit des Menschen der Engpass. Er kann daher nur eine bestimmte Zahl von Elementen, Beziehungen und Zuständen gleichzeitig bewerten.

Die Komplexität von Dienstleistungsprozessen wächst mit der Zahl der Subsysteme, der Vielfalt der Interaktionen und der Verfügbarkeit der Dienstleistungsvarianten. Voraussetzung zur Bewältigung der Systemkomplexität ist die Analyse ihrer Ursachen. SPECHT et al. geben der Komplexität von Dienstleistungsprozessen die drei Dimensionen Nachfrager, Produkt und Prozess, die wiederum hinsichtlich Menge, Vieldeutigkeit, Verschiedenartigkeit und Dynamik beschrieben werden. Sie weisen zudem darauf hin, dass sich mit wachsender Komplexität das Verhalten des gesamten Systems nur schwer voraussagen lässt.[8] Daraus ergeben sich technische und ökonomische Risiken sowie beschränkte Planungsmöglichkeiten.

KRUSE nennt zwei grundsätzliche Vorgehensweisen zur Bewältigung der Komplexität:

- die Reduktion der Komplexität und

- die Steigerung der Fähigkeit zu ihrer Handhabung. [9]

Die erste Möglichkeit umfasst Maßnahmen wie die Verstetigung dynamischen Systemverhaltens, die Entkopplung von Systemelementen oder die Elimination von Systemelementen. Diese Maßnahmen können jedoch nur in Ausnahmefällen angewendet werden und sind eher theoretischer Natur. Die Fähigkeit zur Bewältigung von Komplexität kann durch gezielte Mitarbeiterqualifikation gesteigert werden. Die nachhaltigste Wirkung kann jedoch durch den Einsatz geeigneter Hilfsmittel in Verbindung mit rechnergestützten Werkzeugen erzielt werden.

---

[6] Vgl. Scheer, A.-W.: ARIS - Vom Geschäftsprozeß zum Anwendungssystem, Berlin u. a. 1998.
[7] Vgl. Hess, T.: Entwurf betrieblicher Prozesse, Wiesbaden 1996, S. 31 ff.
[8] Vgl. Specht, D.; Heina, J.; Kichhof, R.: Benchmark-based dynamic process management with an example of a decentralised organised service industry. In: Scholz-Reiter, B.; Stahlmann, H.-D.; Nethe, A. (Hrsg.): Process Modelling, Berlin u. a. 1999, S. 216 – 232.
[9] Vgl. Kruse, C.: Referenzmodellgestütztes Geschäftsprozessmanagement, Wiesbaden 1996, S. 34 f.

Ein Hilfsmittel zur Bewältigung dieser Komplexität ist die Abbildung der Wirklichkeit in Modellen. Ihre Analyse kann bereits wichtige Daten bei der Unternehmungsplanung liefern. Die Analyse der statischen Modelle vernachlässigt jedoch dynamische Aspekte, die in engem Zusammenhang mit stochastischen Phänomenen stehen.[10] Im industriellen Bereich ist es deshalb seit vielen Jahrzehnten üblich, Simulationen mit Hilfe von Prozessmodellen durchzuführen.[11] Dagegen hat der Dienstleistungsbereich einen enormen Nachholbedarf hinsichtlich der Anwendung rechnergestützter Simulationsanalysen.[12] Die geringe Nachfrage bedingt wiederum einen Mangel an Methoden und Werkzeugen.

In engem Zusammenhang mit der Simulation steht die Visualisierung. Viele Simulationswerkzeuge verfügen über Visualisierungskomponenten. Umgekehrt erlauben manche Visualisierungswerkzeuge einfache Simulationen. Die Visualisierung unterstützt den Menschen bei der Beherrschung der Komplexität von Prozessen durch die optimierte Nutzung der visuellen Rezeption.[13] Aber auch hier mangelt es an Konzepten aus Wissenschaft und Praxis, um die teilweise immateriellen Objekte eines Dienstleistungsprozesses darzustellen.[14] An dieser Stelle leistet diese Arbeit ihren Beitrag, indem eine durchgängige Methode zur Simulation und Visualisierung von Dienstleistungsprozessen entwickelt wird.

Diese Methode der „visuellen Simulation" umfasst

- *Vorgehensmodelle* zur Simulation und Visualisierung von Dienstleistungsprozessen,

- eine vierstufige, durchgängige *Sichtenbildung auf die Objektwelt* der Simulation und Visualisierung von Dienstleistungsprozessen,

- *Metamodelle*, die die Objekte in diesen Sichten strukturieren und beschreiben.

Die Sichten und Klassendiagramme sind als Referenzmodelle für die Simulation und Visualisierung von Dienstleistungsprozessen zu verstehen. Diese können zur Ableitung von Modellen in spezifischen Anwendungsfällen herangezogen werden. Der Nutzen der Referenzmodelle beruht hier auf der Bündelung von Wissen über den Dienstleistungsbereich sowie der Modellierung, Simulation und Visualisierung der Dienstleistungsprozesse. Weitere Nutzenpotenziale ergeben sich durch die Bereitstellung einer Diskussionsgrundlage und die Verein-

---

[10] Vgl. Law, A.; Kelton, W.: Simulation modeling and analysis, Boston u. a. 1991, S. 267 ff.

[11] Vgl. Kuhn, A.; Reinhardt, A.; Wiendahl, H.-P. (Hrsg.): Handbuch Simulationsanwendungen in Produktion und Logistik, Wiesbaden 1993, S. 267 ff.

[12] Vgl. Profozich, D.: Managing change with business process simulation, Upper Saddle River 1998, S. 75 f.

[13] Vgl. Card, S.; Mackinlay, J; Shneiderman, B.: Information Visualization. In: Card, S.; Mackinlay, J; Shneiderman, B.(Hrsg.): Readings in information visualization, San Francisco 1999, S. 1 – 34.

[14] Vgl. Meyer, J.-A.: Visualisierung von Informationen: Verhaltenswissenschaftliche Grundlagen für das Management, Wiesbaden 1999, S. 73 ff.

heitlichung der Begriffe im Anwendungsgebiet.[15] Schließlich können diese Metamodelle auch als Grundlage der fachlichen Spezifikation von Anwendungssystemen dienen.

Auf Basis des Konzeptes der visuellen Simulation wird in dieser Arbeit eine Systemarchitektur entwickelt, die alle Phasen der Simulation durch visuelle Verfahren unterstützt, teilweise sogar automatisiert. Diese Architektur integriert einerseits bereits existierende Systeme, andererseits zeigt sie den Bedarf für weitere Komponenten auf. Der Entwurf und die Implementierung dieser Komponenten wird ebenfalls im Rahmen dieser Arbeit behandelt. Zur Evaluierung des Konzeptes und des Werkzeugs werden diese im Bereich der öffentlichen Verwaltung angewendet. Es handelt sich dabei um ausgewählte Prozesse der Bildungsverwaltung.

1.2   Forschungsfragen

Die Anwendung von Simulation und Visualisierung auf Dienstleistungsprozesse wirft zunächst fachliche Fragen im Bereich der Dienstleistungen selbst auf. Hier ist generell zu untersuchen, wo es Ansatzpunkte für die genannten Verfahren gibt. Bei der Anwendung kommt es dabei zu Rückkopplungen auf das Management von Dienstleistungen. Eine Konkretisierung dieser Untersuchungen wird in der Beantwortung der folgenden Fragestellungen gesehen:

• Wie sehen Verfahren zur Neugestaltung von Dienstleistungen aus?

• Wo kann in diesem Zusammenhang die Simulation einen Beitrag leisten?

• Wo kann der Hebel der Simulation ansetzen, d. h. was sind die Größen, die durch die Simulation bewertet werden?

Technische Forschungsfragen dieser Arbeit befassen sich zunächst mit der Optimierung von Dienstleistungsprozessen durch die Simulation. Auf Grund der geringen Verbreitung der Simulation in diesem Bereich und unzureichender methodischer Unterstützung sind hier grundlegende Fragen des Simulationseinsatzes zu behandeln:

• Wie wird ein Simulationsmodell für Dienstleistungsprozesse erstellt?

• Welche Problemklassen der Dienstleistungsproduktion und –distribution können mit Hilfe der Simulation gelöst werden?

Der zweite technische Schwerpunkt dieser Arbeit setzt sich mit der intuitiven Abbildung von Dienstleistungsprozessen insbesondere im Rahmen der Optimierung und Simulation auseinander. Ziel einer einfachen Darstellung von Prozessen und im nächsten Schritt von Simulatio-

---

[15] Vgl. Kruse, C.: Referenzmodellgestütztes Geschäftsprozessmanagement: ein Ansatz zur prozessorientierten Gestaltung vertriebslogistischer Systeme, Dissertation, Wiesbaden 1996, S. 15.

nen ist die Beteiligung weiter Teile der untersuchten Unternehmungsteile, insbesondere der fachlich verantwortlichen Mitarbeiter, um durch den Zugriff auf ihr Prozesswissen die Qualität der Simulationsergebnisse zu steigern. Aus dieser Anwendung heraus stellen sich folgende Fragen:

- Wie kann ein Simulationsmodell intuitiv und interaktiv gestaltet werden?

- Wie sieht eine intuitive Darstellung eines Simulationslaufs und der dabei erzeugten Ergebnisse für Dienstleistungsprozesse aus?

- Wie sieht eine Werkzeugunterstützung für die Modellierung und Simulation aus?

Die Bedeutung der aufgeführten Forschungsthemen wird von der strategischen Ausrichtung der US-amerikanischen und europäischen Forschung in den kommenden Jahren unterstrichen. In den USA hat das President's Information Technology Advisory Committee im Jahr 1999 Leitlinien für die US-amerikanische Forschung im Bereich der Informationstechnologie entworfen, die die Vormachtstellung der USA in diesem Bereich im nächsten Jahrhundert sichern sollen. Als Reaktion auf dieses Vorhaben haben deutsche Wissenschaftler auf Initiative der Deutschen Forschungsgemeinschaft (DFG) versucht, Konsequenzen für die deutsche Forschung aufzuzeigen.[16] Dazu wurden strategische Forschungsziele formuliert:

- die Anpassung von Kommunikationsplattformen durch bereichsspezifische Individualisierung und Personalisierung,

- die anwendungsspezifische (grafische) Präsentation und eine einfache, transparente Bedienbarkeit,

- die Koordination von Dienstleistungsangeboten und Diensten über geografische und technologische Grenzen hinweg,

- die Flexibilisierung von Weiterbildungsangeboten aller Bildungseinrichtungen für lebenslanges Lernen und

- die Entwicklung umfassender, zuverlässiger, skalierbarer Infrastrukturen.

Zur Umsetzung dieser Visionen wurde als relevantes Querschnittsthema neben der Hochleistungsinformationsverarbeitung, der Softwarequalität, dem Schutz der Privatsphäre und der Sicherheit die digitale Modellierung und Simulation bestimmt. Der Walberberg-Kreis begründet dies damit, dass immer mehr reale Experimente durch Modellierung und Simulation

---

[16] Vgl. Schmid, D.; Broy, M.: ... noch nicht zu spät! Das Walberberg-Memorandum zur Förderung der IT-Forschung. In: Informatik-Spektrum 23(2000)2, S. 109 – 117.

im Computer ersetzt werden. Forschungsprobleme ergeben sich vor allem bei der Umsetzung komplexer Modelle auf dem Computer.

Als besonders bedeutendes Anwendungsgebiet von IT-Systemen wurde die öffentliche Verwaltung genannt. Hier wird ein erhebliches Potenzial zur Steigerung der Effizienz und Bürgernähe gesehen, das in den USA im Rahmen des „Digital Government" angegangen wird.

Handlungsbedarf auf technischer Seite sehen die Autoren des Walberberg-Kreises beim Engineering informationsverarbeitender Systeme. Die zugehörigen Forschungsthemen ordnen sie den Bereichen Content Engineering, Software Engineering, Human-centered Engineering und Network Engineering zu. Hervorzuheben ist hier der Bereich Contentware Engineering, der sich mit dem Verstehen und Darstellen von anwendungsspezifischen Informationsinhalten auseinandersetzt. Dabei spielt die Visualisierung von Informationen für den Benutzer eine entscheidende Rolle.

1.3 Aufbau der Arbeit

Im folgenden Kapitel werden die Domäne und die Basiskonzepte der visuellen Simulation untersucht. Dazu werden zunächst aus den verschiedenen Dimensionen zur Dienstleistungsbeschreibung Merkmale von Dienstleistungen abgeleitet, die auch zur Systematisierung des Sektors dienen. Danach wird die Entwicklung des Dienstleistungssektors nachgezeichnet. Die Fortführung der aufgezeichneten Entwicklungslinien in die Zukunft verdeutlicht, dass die Wettbewerbsfähigkeit in diesem Sektor entscheidend von einem umfassenden Management der Dienstleistung, beginnend bei ihrer Planung bis zur Kontrolle ihrer Qualität, abhängt. Daher wird ein Vorgehensmodell beschrieben, das die wesentlichen Aktivitäten des Dienstleistungsmanagements beschreibt. Eine wichtige Rolle zur Bewertung von Dienstleistungen spielt dabei die Simulation. Zentraler Betrachtungsgegenstand bei der Analyse von Dienstleistungen sind die Dienstleistungsprozesse, deren Merkmale und Kenngrößen zum Abschluss des Kapitels untersucht werden. In den beiden folgenden Abschnitten des Kapitels werden zwei Hilfsmittel zur Unterstützung der Gestaltung der Dienstleistungsprozessen, die Simulation und die Visualisierung, untersucht.

Als erstes Hilfsmittel zur Unterstützung der Gestaltung der Dienstleistungsprozesse wird die Simulation beschrieben. Nach der Definition des Begriffs werden zunächst die typischen Anwendungsgebiete aufgezählt. In keinem Anwendungsgebiet der Simulation kann auf den Einsatz von speziellen Werkzeugen verzichtet werden. Daher werden deren wesentliche Charakteristika vorgestellt. Im Mittelpunkt des letzten Abschnitts des ersten Kapitels steht das zweite

Hilfsmittel zur Unterstützung der Gestaltung der Dienstleistungsprozesse, das in dieser Arbeit beschrieben wird, die Visualisierung. Nach der Definition des Begriffs Visualisierung und der Darstellung der Anwendungsgebiete werden die wichtigsten Verfahren aufgezählt.

Die fachlichen Anforderungen der Dienstleistungsdomäne sowie die Hilfsmittel Simulation und Visualisierung werden im dritten Kapitel in eine durchgängige Methode, die visuelle Simulation, eingebracht. Nach der Festlegung des Begriffs werden mögliche Einsatzgebiete und Ziele der visuellen Simulation von Dienstleistungsprozessen beschrieben. Danach wird in einem Vorgehensmodell erläutert, welche Schritte bei der Simulation von Dienstleistungsprozessen erforderlich sind. In verschiedenen Phasen der Simulation ist eine Visualisierung von Objekten und Attributen im Umfeld der Dienstleistungsprozesse erforderlich. Die notwendigen Schritte bei der Visualisierung werden wie bei der Simulation zu einem Vorgehensmodell zusammengefasst. Die in den beiden Vorgehensmodellen bearbeiteten Objekte werden in vier Sichten eingeordnet. Für jede Sicht wird ein umfassendes Metamodell der wichtigsten Objekte entwickelt. Schließlich werden für jedes Verfahren der Prozessvisualisierung Präsentationsobjekte beispielhaft vorgestellt.

Im Mittelpunkt des vierten Kapitels steht die Entwicklung einer Werkzeugunterstützung für das vorgestellte Konzept der visuellen Simulation von Dienstleistungsprozessen. Aus der Analyse bestehender Ansätze resultiert die Konzeption eines individuellen Werkzeugs, das alle Aspekte der visuellen Simulation berücksichtigt. Die fachliche Konzeption orientiert sich dabei an dem zuvor entwickelten Vorgehensmodell zur Visualisierung und an den Metamodellen der Simulationsobjekte. Danach wird zur Umsetzung der fachlichen Anforderungen eine Systemarchitektur entwickelt und deren Komponenten im Einzelnen beschrieben. Besonderes Gewicht wird dabei auf die Komponente ATLAS (Automatischer Prozessfilmgenerator für die visuelle Simulation) gelegt, die im Rahmen dieser Arbeit entwickelt wurde und der automatischen Generierung eines Prozessfilmes dient. Die Oberflächen der wichtigsten Komponenten werden anschließend auf ihre ergonomische Qualität hin untersucht. Dazu wurden auf Basis der aktuellen Forschung auf dem Gebiet der Software-Ergonomie verschiedene Benutzertests durchgeführt. Die Methode der visuellen Simulation und die Werkzeugunterstützung werden am Ende des vierten Kapitels in einem Anwendungsbeispiel aus der öffentlichen Verwaltung evaluiert.

Das fünfte Kapitel fasst die Ergebnisse dieser Arbeit zusammen und gibt einen Ausblick auf die umfassenden Möglichkeiten der vorgestellten Techniken. So lassen sich die inhaltlichen Leitlinien dieser Arbeit auf weite Bereiche der Unternehmungsplanung ausweiten. Diese An-

wendungen lassen sich unter der Vision „visuelle Unternehmungsplanung" zusammenfassen.
Die gesamte Struktur der Arbeit zeigt die Abbildung 1-1.

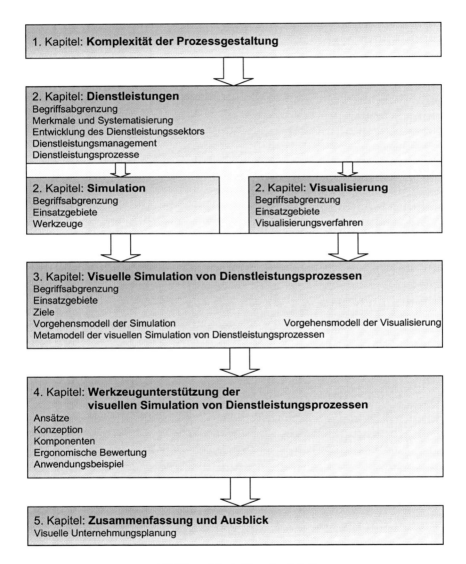

Abbildung 1-1: Aufbau der Arbeit

2 Domäne und Basiskonzepte der visuellen Simulation

Im Mittelpunkt dieses Kapitels steht die Entwicklung der fachlichen Grundlagen und der Basiskonzepte für die visuelle Simulation von Dienstleistungsprozessen. Fachlicher Ausgangspunkt ist die Produktion von Dienstleistungen. In Abschnitt 2.1 werden die Rahmenbedingungen und die Vorgehensweise bei der Produktion von Dienstleistungen untersucht. Wichtiger Teilbereich dabei ist die Simulation von Dienstleistungsprozessen. Einsatzmöglichkeiten und methodische Grundlagen dieses Basiskonzepts der visuellen Simulation werden in Abschnitt 2.2 dargestellt. In engem Zusammenhang mit der Simulation steht das zweite Basiskonzept der visuellen Simulation, die Visualisierung. In Abschnitt 2.3 werden ihre Einsatzmöglichkeiten und Verfahren, insbesondere im Zusammenhang mit der Prozessdarstellung, beschrieben.

2.1 Produktion von Dienstleistungen

Im Mittelpunkt dieses Abschnitts steht die Entwicklung der fachlichen Grundlagen für die Simulation von Dienstleistungsprozessen. Dazu werden zunächst der Begriff der Dienstleistung definiert (Abschnitt 2.1.1) sowie Merkmale (Abschnitt 2.1.2) und Systematisierungen (Abschnitt 2.1.3) der Dienstleistung abgeleitet. Auf dieser Grundlage wird in Abschnitt 2.1.4 die historische Entwicklung der Dienstleistung nachgezeichnet. Die Fortführung dieser Entwicklungslinien verdeutlicht die Notwendigkeit eines umfassenden Dienstleistungsmanagements, das auf Erfahrungen des industriellen Bereichs aufbauen kann. Ein wesentliches Element des Dienstleistungsmanagements, das Gegenstand von Abschnitt 2.1.5 ist, bildet die Analyse und Bewertung von Dienstleistungsprozessen mit Hilfe der Simulation. Welche Anforderungen und Merkmale von Dienstleistungsprozessen dabei zu berücksichtigen sind, wird in Abschnitt 2.1.6 untersucht.

2.1.1 Begriffsabgrenzung

Die Dienstleistung wird zusammen mit der Sachleistung unter dem Begriff Leistung subsummiert. SCHEER nennt die folgenden Merkmale einer Leistung:

- Für eine Leistung muss ein Bedarf außerhalb der produzierenden Stelle vorhanden sein, d. h., es muss ein Kunde für die Leistung existieren.

- Der Kunde muss bereit sein, einen Preis für diese Leistung zu zahlen. Dabei ist es unerheblich, ob dieser Preis letztlich bezahlt wird. So wird für innerbetriebliche Leistungen oder öffentliche Dienstleistungen oft kein Preis bezahlt.[1]

Damit ist eine Dienstleistung auch ein Produkt, das als „eine Leistung oder eine Gruppe von Leistungen, die von Stellen außerhalb des jeweils betrachteten Fachbereichs (innerhalb oder außerhalb der Verwaltung) benötigt werden"[2] definiert wird, sofern man diese Definition auf den gesamten Dienstleistungsbereich überträgt. Deshalb wird im Folgenden Dienstleistung und Produkt synonym verwendet.

Unbestritten ist zunächst die Einordnung der Dienstleistung in das System der Wirtschaftsgüter.[3] Unter Gütern werden im Verhältnis zu den Bedürfnissen knappe Mittel, die zu deren Befriedigung dienen, verstanden.[4] Die Abbildung 2-1 zeigt, dass die Dienstleistung eine bestimmte Form der immateriellen Güter darstellt und keinesfalls mit diesen gleichzusetzen ist. So sind sämtliche immateriellen Realgüter, wie beispielsweise Rechte auf materielle und immaterielle Güter, Arbeitsleistungen oder Informationen, immaterielle Güter aber keine Dienstleistungen.[5]

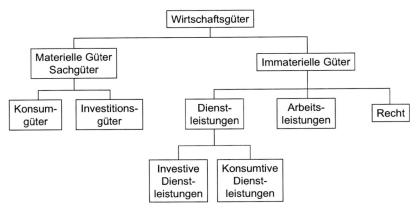

Abbildung 2-1: Systematik der Wirtschaftsgüter[6]

---

[1] Vgl. Scheer, A.-W.: ARIS - Vom Geschäftsprozeß zum Anwendungssystem, Berlin u. a. 1998, S. 13.
[2] Vgl. KGSt (Hrsg.): Das neue Steuerungsmodell: Definition und Beschreibung von Produkten, Bericht Nr. 8/1994, Köln 1994, S. 11.
[3] Vgl. Bieberstein, I.: Dienstleistungs-Marketing, Ludwigshafen 1995, S. 26.
[4] Vgl. Woll, A.: Wirtschaftslexikon, 7. Auflage, München 1993.
[5] Vgl. Maleri, R.: Grundlagen der Dienstleistungsproduktion, 4. Auflage, Berlin u. a. 1997, S. 56.
[6] Vgl. Bieberstein, I.: Dienstleistungs-Marketing, Ludwigshafen 1995, S. 27.

Im Gegensatz zur Einordnung der Dienstleistung in die Systematik der Wirtschaftsgüter ist es sehr viel schwieriger, eine positive Abgrenzung der Dienstleistung gegenüber Sachleistungen vorzunehmen.[7] Ursache dafür ist, dass die Dienstleistung wegen ihrer immateriellen Bestandteile mit den menschlichen Sinnen sehr viel schwieriger zu erfassen ist als Sachleistungen. Aus diesem Grund wurden Dienstleistungen in den Anfängen ökonomischer Betrachtungen nicht als produktive Werte anerkannt und als Gegenstand der Wirtschaftslehre vollständig ignoriert.[8] Heute ist der Beitrag der Dienstleistung zum Wohlstand unbestritten. Dennoch ist die Beschreibung immaterieller Eigenschaften mit Hilfe erfassbarer Kriterien äußerst komplex.

Nachfolgend werden die von CORSTEN als wesentlich erachteten Gruppen von Definitionsansätzen für Dienstleistungen, die enumerativen, negativen und expliziten Definitionen, dargestellt.[9] Die *enumerative Definition* versucht über die Aufzählung einzelner Beispiele das Wesen der Dienstleistung zu beschreiben. Die *Negativdefinition* definiert die Dienstleistung als die Menge aller Leistungen, die keine Sachleistung sind. Beide Ansätze genügen wissenschaftlichen und praktischen Anforderungen jedoch nicht.

Schließlich wird bei expliziten Definitionsansätzen die Dienstleistung über ihre konstitutiven Merkmale charakterisiert. Hierzu werden Kriterien ermittelt, die die Abgrenzung von Dienstleistungen gegenüber anderen Objekten ermöglichen. Dazu kann zwischen potenzial-, prozess- oder ergebnisorientierten Dimensionen der Dienstleistung unterschieden werden:

- Die *potenzialorientierte Definition* stellt die Verfügbarkeit und Fähigkeit einer menschlichen oder maschinellen Ressource zur Erbringung einer Leistung in den Vordergrund. Die Dienstleistung wird als Dienstleistungsversprechen angesehen. Im Extremfall kann daher das erbrachte Ergebnis von der Erwartung des Kunden abweichen.

- Die *prozessorientierte Definition* fokussiert auf den Prozess der Erstellung der Dienstleistung. Unter einem Prozess wird dabei ein Vorgang mit Kontakt zu einer Person oder zu einem Objekt verstanden, der materielle und immaterielle Wirkungen erzielt. Damit bezieht diese Sichtweise auch die Dimension Zeit mit ein.

---

[7] Vgl. Pepels, W.: Einführung in das Dienstleistungsmarketing, München 1995, S. 9.
[8] Die Untersuchungen von Adam Smith zum Volkswohlstand und der steigenden Produktivität beziehen sich auf die Produktion von Waren („commodities"), die er als Sachleistungen versteht. Vgl. dazu Smith, A.: Über die Quellen des Volkswohlstandes, Stuttgart 1861.
[9] Eine komprimierte Zusammenfassung von Dienstleistungsdefinitionen findet sich in Nüttgens, M.; Heckmann, M.; Luzius, M.: Service Engineering Rahmenkonzept. In: Information Management & Consulting 13(1998) Sonderausgabe Service Engineering, S. 14 – 19.

- Bei der *ergebnisorientierten Definition* wiederum steht das Resultat der dienstleistenden Tätigkeit im Mittelpunkt, das sich in Veränderungen an Personen und Objekten manifestiert. [10]

2.1.2   Merkmale von Dienstleistungen

Ausgehend von diesen Definitionen können verschiedene grundlegende Merkmale von Dienstleistungen abgeleitet werden:

- die Immaterialität,

- die Einbeziehung eines externen Faktors,

- die Nichtlagerfähigkeit,

- die mehrstufige Erstellung von Dienstleistungen und

- die Nichttransportfähigkeit. [11]

Am häufigsten wird die *Immaterialität* als Wesensmerkmal einer Dienstleistung genannt. Die Immaterialität beschreibt die Tatsache, dass Dienstleistungen keine physikalisch messbaren Eigenschaften besitzen. Obwohl zunächst naheliegend ist dieses Merkmal nicht unumstritten. Zunächst ist diese Abgrenzung in der Praxis nicht leicht zu treffen, da zunehmend Sachleistungen mit Dienstleistungen zu einem Leistungsbündel kombiniert werden. Als Beispiel dient hier der Kauf eines Autos. Die Sachleistung Pkw wird in vielen Fällen mit Finanzierungsangeboten (Leasing, Ratenzahlung) und Garantieleistungen (Gebrauchtwagengarantie, Mobilitätsgarantie) kombiniert. Ähnliche Bündelungen werden auch im Dienstleistungssektor zunehmen, so dass traditionelle Branchengrenzen durch Vernetzungstendenzen im Leistungsangebot der Unternehmung aufgelöst werden. [12]

Weiterhin wird die Ergebnisdimension der Dienstleistung oftmals als rein materiell angesehen. Hierbei wird argumentiert, dass sich letztlich jede Dienstleistung in materiellen Veränderungen manifestiert. Im einfachsten Fall wird bei einer Reparatur oder medizinischen Operation eine Veränderung an einem Objekt oder einer Person vorgenommen. Weniger einsichtig ist dies bei Dienstleistungen aus dem Bereich der Unterhaltung, z. B. kulturellen Veranstaltungen. Als fast philosophisch darf deshalb die Begründung angesehen werden, dass auch die

---

[10] Vgl. Corsten, H.: Dienstleistungsmanagement, 3. Auflage, München, Wien 1997, S. 21 ff. und Pepels, W.: Einführung in das Dienstleistungsmarketing, München 1995, S. 14 ff.

[11] Vgl. Bodendorf, F.: Wirtschaftsinformatik im Dienstleistungsbereich, Berlin u. a. 1999, S. 2 f. und Pepels, W.: Einführung in das Dienstleistungsmarketing, München 1995, S. 21 ff.

[12] Vgl. Meffert, H.: Dienstleistungsmarketing: Grundlagen, Konzepte, Methoden, Wiesbaden 1995, S. 359 ff.

dadurch ausgelöste Steigerung des Wohlbefindens letztlich eine veränderte Struktur im neuronalen Netz des menschlichen Gehirns auslöst.

Unbestritten ist dagegen die Notwendigkeit während des Produktionsprozesses einen *externen Faktor* einzubeziehen.[13] Dabei kann die Form der Beteiligung stark variieren. In vielen Fällen erfolgt sie durch eine zeitlich und räumlich synchrone Interaktion zwischen Dienstleistungsanbieter und -abnehmer. Beispiele sind ein Friseurbesuch oder die Reparatur eines Autos. Insbesondere durch den Einsatz von Informations- und Kommunikationssystemen ist jedoch eine weitgehende räumliche und zeitliche Entkoppelung bei der Dienstleistungsproduktion möglich. Dies wird beim Online-Banking deutlich.

Aus der Einbeziehung des externen Faktors folgt, dass Dienstleistungen *nicht lagerfähig* sind. Üblicherweise erfolgen Erstellung und Verwertung simultan. Man spricht in diesem Zusammenhang von dem „Uno-actu-Prinzip".[14] Wird durch den Einsatz von Kommunikationssystemen Erstellung und Verwertung entkoppelt, ist jedoch weiterhin auf Grund der Spezifika des externen Faktors eine individuelle Dienstleistungserstellung erforderlich und eine Bevorratung unmöglich. Dies führt in den Bereichen zu Problemen, in denen die Kundennachfrage nur schwer abzuschätzen ist. Insbesondere unterliegt dort die Auslastung der Mitarbeiter starken Schwankungen.

Folge der Nichtlagerfähigkeit ist eine *mehrstufige Erstellung der Dienstleistung*. Zunächst erfolgt eine Vorkombination der Produktionsfaktoren, bis eine Leistungsbereitschaft hergestellt wurde.[15] Erst nach der Anforderung einer Dienstleistung durch einen Kunden erfolgt die Endkombination zu einer individuellen Leistung. Damit kann die Dienstleistung im Gegensatz zu einer Sachleistung auch nicht wiederverkauft werden, d. h. ein Dienstleistungshandel ist nicht möglich. Des Weiteren sind Dienstleistungen nicht *transportfähig*. Bestimmte Dienstleistungen können lediglich auf materiellen Trägermedien gespeichert und dieses Trägermedium kann transportiert werden. Aus diesem Grund hat der Standort eines Dienstleistungsbetriebes erheblichen Einfluss auf sein geschäftliches Ergebnis. Ausschlaggebend ist die Erreichbarkeit des Standortes für den Kunden.

All dies unterscheidet die Dienstleistungsproduktion von der Sachleistungsproduktion. Im Sinne der Optimierung im Dienstleistungsbereich ist es aber wichtig, dass ein Merkmal der Produktion von Sach- und Dienstleistungen gemeinsam ist. Die Substitution einzelner Fakto-

---

[13] Vgl. Bodendorf, F.: Wirtschaftsinformatik im Dienstleistungsbereich, Berlin u. a. 1999, S. 3.
[14] Vgl. Pepels, W.: Einführung in das Dienstleistungsmarketing, München 1995, S. 23.
[15] Vgl. Maleri, R.: Grundlagen der Dienstleistungsproduktion, 4. Auflage, Berlin u. a. 1997, S. 186.

ren ist möglich. So können einzelne Dienstleistungen auch mit vermindertem Personaleinsatz erbracht werden.

2.1.3   Systematisierung von Dienstleistungen

Unter dem Begriff Dienstleistung, wie er oben beschrieben wurde, verbirgt sich eine enorme Vielfalt von Produkten verschiedenster Branchen. Einige Beispiele wurden bereits genannt. Zur Definition und Bearbeitung von wissenschaftlichen und praktischen Fragestellungen im Dienstleistungssektor ist daher eine systematische Erfassung dieser Ausprägungen unumgänglich. Nach CORSTEN ist das Ziel von Systematisierungen „die ordnende Beschreibung der Realität, indem sie charakteristische Ausprägungen realer Phänomene auf der Grundlage von sachbezogenen Merkmalen kennzeichnen"[16]. Dabei unterscheidet er zwischen Klassifikation und Typologisierung. Während sich die Klassifikation nur auf ein Merkmal bezieht, verwenden Typologien mehrere Kriterien.

Zur Klassifikation von Dienstleistungen wird in der Literatur eine Fülle von Merkmalen genannt. Eine Möglichkeit stellt die Unterscheidung von direkten und indirekten Dienstleistungen dar. Direkte Dienstleistungen werden für den Endkunden erzeugt, wohingegen indirekte Dienstleistungen in die Produktion anderer Leistungen einfließen. Auch der externe Faktor selbst kann zur Spezifizierung der Dienstleistung dienen, indem hier zwischen immateriellen und materiellen Objekten sowie Personen unterschieden wird. Der externe Faktor spielt zudem eine Rolle, wenn unterschieden wird, ob die Dienstleistung individuell oder standardisiert erbracht wird. Eine weitere Möglichkeit stellt die Differenzierung anhand der Beziehung der Dienstleistung zum externen Faktor dar. So können Dienstleistungen für eine einzelne Person oder ein einzelnes Objekt oder für eine Gruppe von Personen und Objekten produziert werden.

Von besonderer Bedeutung für die weitere Arbeit ist die Unterscheidung zwischen privaten und öffentlichen Dienstleistern. Bei gestalterischen Maßnahmen für die Dienstleistungsproduktion sind die rechtlichen und organisatorischen Besonderheiten der öffentlichen Dienstleister zu beachten. Neben den genannten Merkmalen zeigt die Tabelle 2-1 weitere Möglichkeiten zur Klassifikation von Dienstleistungen. Die Kriterien sind selbsterklärend und bedürfen keiner weiteren Erläuterung.

---

[16] Corsten, H.: Dienstleistungsmanagement, 3. Auflage, München, Wien 1997, S. 31.

Tabelle 2-1: Klassifikation von Dienstleistungen[17]

Merkmal	Ausprägung
Leistungsverwertung	direkt / indirekt
Leistungsobjekt	materiell / immateriell / Person
Individualität	individuell / standardisiert
Abnehmerbeziehung	Individualdienstleistung / Kollektivdienstleistung
Rechtsstellung des Dienstleisters	privat / öffentlich
Zeitlicher Rahmen	zeitpunktbezogen / zeitraumbezogen
Räumliche Gebundenheit	mittelbar / unmittelbar
Ausprägung des Faktors Arbeit	geistig / körperlich
Einsatzfaktoren	persönlich erbracht / automatisiert
Integration des externen Faktors	direkte Abhängigkeit / indirekte Abhängigkeit

Auch zur Typologisierung von Dienstleistungen existiert eine Reihe von Ansätzen. Von besonderem Interesse sind hier die verwendeten Vorgehensweisen und Hauptmerkmale zur Abgrenzung verschiedener Dienstleistungstypen. Zusammen mit den spezifischen Vor- und Nachteilen im Rahmen einer Prozessoptimierung gibt die Tabelle 2-2 einen Überblick über Ansätze, die von CORSTEN beschrieben wurden.[18] Eine weitere Typologisierung wurde von BENKENSTEIN und GÜTHOFF entwickelt.[19] Sie weicht von den bekannten Vorgehensweisen ab, da sie keine dienstleistungsspezifischen Merkmale verwendet, sondern die Komplexität der Erstellungsprozesse in den Vordergrund stellt. Diese Typologisierung wurde in die Tabelle 2-2 als achte Spalte aufgenommen.

---

[17] Bodendorf, F.: Wirtschaftsinformatik im Dienstleistungsbereich, Berlin u. a. 1999, S. 6.

[18] Vgl. Corsten, H.: Dienstleistungsmanagement, 3. Auflage, München, Wien 1997, S. 36 ff.

[19] Vgl. Benkenstein, M.; Güthoff, J.: Typologisierung von Dienstleistungen. In: Zeitung für Betriebswirtschaft 66 (1996) 12, S. 1493 – 1495.

Tabelle 2-2: Typologisierung von Dienstleistungen

Autor	Carp	Alewell/ Ritt- meier	Lan- geard	Lovelock	Meyer	Corsten	Benkenstein/ Güthoff
Vorge- hensweise	Matrixstruktur				Vier Haupt- kriterien und ihre Unter- klassen	Matrix- struktur und Ablei- tung von 8 Typen	Matrixstruk- tur
Haupt- merkmale	Leis- tungsob- jekte und materielle Eigen- schaftskla ssen die- ser Ob- jekte	Präzisie- rung der Merk- male von Carp	Betei- ligung und Domi- nanz des Kun- den	Materielle und im- materielle Handlun- gen sowie das Leis- tungsobjekt	Rechts-, Koopera- tions-, Organi- sations- und Leis- tungsform	Produk- tions- faktoren und Leis- tung- sobjekte	Länge der Leistungser- stellung, Multiperso- nalität, An- zahl und He- terogenität der Teilleis- tung, Indivi- dualität
Vorteile	Einfachheit				Strategie- vorschlä- ge für das Marke- ting	Detail- genau- igkeit	Zeitliche Sta- bilität
Nachteile	Konzent- ration auf ein Sach- ziel der Unter- nehmung zur Ein- ordnung	Teilweise Zuord- nung zu mehreren Klassen	Starke Mar- ketingo- rientie- rung	Problema- tische Un- terschei- dung zwi- schen ma- teriellen und im- materiellen Handlun- gen	Unüber- sichtlich- keit durch Fülle von Merkma- len	Lang- wierige Ermitt- lung von Typen	Starke Abs- traktion
Identifi- kation ähnlicher Prozesse	Nein	Nein	Nein	Nein	Nein	Ja	Ja

2.1.4   Entwicklung des Dienstleistungssektors

2.1.4.1 Historische Entwicklung

Dienstleistungen sind schon seit frühester Menschheitsgeschichte Gegenstand wirtschaftlichen Handelns. Dabei nahm ihre volkswirtschaftliche Bedeutung ständig zu. Diese Entwicklung lässt nach FITZSIMMONS et al. anhand von drei grundlegenden Phasen der ökonomischen Entwicklung verfolgen:

- die vorindustrielle Gesellschaft,

- die industrielle Gesellschaft und

- die nachindustrielle Gesellschaft.[20]

In der vorindustriellen Gesellschaft wurde das Schaffen des Menschen überwiegend vom Kampf gegen die Natur unter Nutzung seiner eigenen Muskelkraft geprägt. Die Arbeitskraft wurde in den Bereichen Landwirtschaft, Bergbau und Fischerei eingesetzt, wobei traditionelle Verfahrensweisen von Generation zu Generation weitergegeben wurden. Auf Grund fehlender Technologien war die Produktivität sehr niedrig. Das soziale Leben bewegte sich um den erweiterten Haushalt und dort wurde auch die Mehrzahl aller Dienstleistungen erbracht.

Die dominierende Tätigkeit in der industriellen Gesellschaft war die Herstellung von Sachgütern. Dabei wurde versucht, die Effizienz des Produktionsprozesses mit Hilfe von Maschinen und Energie immer weiter zu steigern. Die Arbeit wurde in Routinetätigkeiten aufgeteilt und von kaum ausgebildeten Arbeitern durchgeführt. Dadurch stieg aber auch der Bedarf an Dienstleistungen wie der Koordination des Produktionsprozesses oder der Distribution der produzierten Güter. Des Weiteren entstanden um die Produkte der industriellen Tätigkeit neue Dienstleistungen, beispielsweise deren Wartung und Reparatur. Für das soziale Leben in der industriellen Gesellschaft bedeutete dies jedoch gewaltige Veränderungen: die Entwurzelung der Landbevölkerung und die Entstehung großer Städte.

Während in der industriellen Gesellschaft noch die Befriedigung einfacher Bedürfnisse durch Güter im Vordergrund stand, gewann in der nachindustriellen Gesellschaft die Lebensqualität an Bedeutung. Sie wurde an den Dienstleistungen wie Gesundheitsfürsorge, Erziehung, Ausbildung und Erholung gemessen. Die zentrale Figur war die hervorragend ausgebildete Person, da nun nicht mehr Energie oder physikalische Stärke sondern Information die Schlüsselressource war.

---

[20] Vgl. Fitzsimmons, J., Fitzsimmons, M.: Service Management - Operations, Strategy, and Information Technology, 2. Auflage, Boston u. a. 1997, S. 7 ff.

Der Übergang von der industriellen zur nachindustriellen Gesellschaft bedingt die zunehmende Bedeutung von Dienstleistungen. Wie bereits oben beschrieben wurde, erfordert die Produktion von Sachleistungen zwangsläufig neue Dienstleistungen als Ressource und löst nach der Produktion den Bedarf nach weiteren Dienstleistungen aus. Zudem führte die industrielle Massenproduktion zur Ausweitung des Handels mit Sachleistungen, was wiederum den Bedarf an Bank- oder Versicherungsdienstleistungen zur Abwicklung des Handels weckte. Schließlich führt auch der steigende Wohlstand der Bevölkerung zu Veränderung im Konsumverhalten. Bei steigendem Einkommen eines Haushaltes sinkt der Anteil von Wohnung und Nahrung an den Ausgaben, während der Anteil an Dienstleistungen steigt. [21] Nachdem die elementaren Bedürfnisse befriedigt und zusätzliche Güter angeschafft werden konnten, werden Wünsche nach persönlicher Weiterentwicklung erfüllt.[22]

2.1.4.2 Wirtschaftliche Bedeutung der Dienstleistung

Überträgt man die im letzten Abschnitt beschriebenen, volkswirtschaftlichen Entwicklungen auf die einzelne Unternehmung, bedeutet dies, dass sich in vielen Industrieunternehmungen die Gewichte innerhalb der Geschäftsprozesse verlagern. Produktionsprozesse nehmen sowohl von der Kostenseite als auch von der Planungskomplexität ab, dagegen wird die Koordination von Beschaffungsaufträgen und der Transportlogistik immer wichtiger.[23]

Diese Tendenz wird auch im Bereich des Vertriebs und Marketings deutlich. In vielen Fällen übernimmt die Dienstleistung die Systemführerschaft innerhalb eines Leistungsbündels aus Sach- und Dienstleistungen.[24] Ein Beispiel hierfür ist der Fahrzeugbau, der zunächst als Produzent einer Sachleistung angesehen wird. Doch auch hier nimmt die Bedeutung der Dienstleistung zu, was sich in ihrem wachsenden Anteil im Endpreis äußert. Dienstleistungen, die hier in die Kalkulation einfließen, sind die Nutzung von DV-Systemen, das teilweise extern entwickelte Design oder Service-Angebote nach dem Kauf.

---

[21] Vgl. Kroeber-Riel, W.: Konsumentenverhalten, 5. Auflage, München 1992, S. 135 ff.

[22] Diesen Umstand beschreibt MASLOW mit seiner Bedürfnishierarchie. Die elementaren menschlichen Bedürfnisse sind physiologischer Natur. Danach folgen Sicherheits- und Liebesbedürfnisse. Auf der obersten Stufe stehen Bedürfnisse nach Selbstachtung und Selbstverwirklichung. Vgl. Maslow, G.: Motivation und Persönlichkeit, Freiburg i. Br. 1977, S. 76.

[23] Vgl. Scheer, A.-W.: Industrialisierung der Dienstleistung. In: Scheer, A.-W. (Hrsg.): Veröffentlichungen des Instituts für Wirtschaftsinformatik, Heft 122, Saarbrücken 1996, S. 5.

[24] Eine Studie des Kieler Instituts für Weltwirtschaft zeigt, dass in der Zunahme des Dienstleistungsanteils in industriellen Produkten die eigentliche Ursache für die wachsende Bedeutung der Dienstleistung in den Volkswirtschaften der OECD-Staaten liegt. Vgl. Klodt, H.: The transition to the service society: prospect for growth, productivity and employment. In: Institut für Weltwirtschaft an der Universität Kiel (Hrsg.): Kieler Arbeitspapiere Nr. 839, Kiel 1997.

Vielfach werden bei der Entwicklung einer zukünftigen europäischen Wirtschaft die Vereinigten Staaten von Amerika als Vorbild für die Transformation zu einer Dienstleistungsgesellschaft zitiert. In der Tat sind dort erstaunliche Veränderungen zu verzeichnen, die auch zu einem „Jobwunder" geführt haben. Während der letzten drei Jahrzehnte wurden dort 44 Millionen neue Stellen geschaffen.[25] Heute beträgt der Anteil der Beschäftigten im Dienstleistungssektor fast 80% (vgl. Abbildung 2-2). Auf diese Weise konnten viele Frauen, die auf den Arbeitsmarkt strömten, und ehemalige Angestellte aus der Industrie eine Beschäftigung finden. Sicherlich ist der potenzielle Konsum an Sachleistungen, z. B. die Nachfrage nach Autos, begrenzt. Dagegen nimmt der Bedarf an Dienstleistungen weiterhin zu. Hierbei spielen auch Aspekte wie die alternde Gesellschaft und die Familie mit zwei Einkommen eine Rolle.

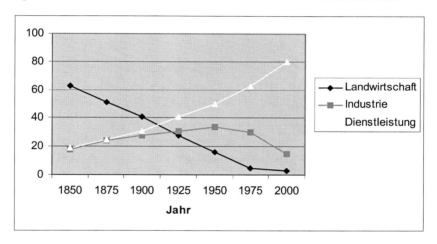

Abbildung 2-2: Beschäftigungsentwicklung in den USA[26]

In Deutschland betrachtet man diese Entwicklung einerseits mit Bewunderung, andererseits auch mit Skepsis. Insbesondere die Qualität der geschaffenen Arbeitsplätze wird kritisch gesehen („McDonald-Jobs").[27] Dennoch misst man der Dienstleistung in Deutschland von Sei-

---

[25] Vgl. Fitzsimmons, J., Fitzsimmons, M.: Service Management - Operations, Strategy, and Information Technology, 2. Auflage, Boston u. a. 1997, S. 12.

[26] Vgl. Fitzsimmons, J., Fitzsimmons, M.: Service Management - Operations, Strategy, and Information Technology, 2. Auflage, Boston u. a. 1997, S. 12.

[27] Vgl. Krämer, H.: Dienstleistungen: Chancen und Risiken durch den internationalen Wettbewerb. In: Bullinger, H.-J. (Hrsg.): Dienstleistungen für das 21. Jahrhundert / Gestaltung des Wandels und Aufbruch in die Zukunft, Stuttgart 1997, S. 15 – 26.

ten der Politik, Wirtschaft und Wissenschaft eine große Bedeutung zu.[28] Auch in Deutschland ist eine Zunahme der Beschäftigungszahlen im Dienstleistungssektor erkennbar.[29] Noch im Jahre 1950 betrug der Anteil der Erwerbstätigen im Dienstleistungsbereich 33%, gegenüber 43% in der Industrie und 24% in der Landwirtschaft.[30] Im Jahr 1999 waren im Dienstleistungsbereich 64% aller Beschäftigten tätig, in der Industrie 33% und in der Landwirtschaft 3%.[31] Obwohl die statistischen Methoden zur Bestimmung der Beschäftigten in verschiedenen Staaten unterschiedlich sind, ist aus dem Vergleich der deutschen Zahlen mit den Gegebenheiten in den Vereinigten Staaten und auch anderer europäischer Staaten immer noch ein enormes Wachstumspotenzial im Dienstleistungsbereich abzuleiten. Gestützt wird diese These von der kontinuierlichen Steigerung des Anteils der Dienstleistungen an der Bruttowertschöpfung in Deutschland, die jedoch weniger rasant verläuft als die des Anteils der Erwerbstätigen.[32]

2.1.4.3 Rationalisierungsdruck im Dienstleistungssektor

Für die Anbieter von Dienstleistungen stellt die Globalisierung der Märkte durch die Beseitigung von Handelsbeschränkungen eine große Herausforderung dar. Bei der Produktion von Dienstleistungen spielt der Faktor Wissen eine besondere Rolle. Die zunehmende Verbreitung von vernetzten Informations- und Kommunikationssystemen führt jedoch zu einer gesteigerten Mobilität von Wissen, so dass die Dienstleistungsproduktion von lokalen Gegebenheiten unabhängig wird. Des Weiteren führt die Digitalisierung von Informationsprodukten und -prozessen zum verstärkten Im- und Export von Dienstleistungen. Dazu trägt auch die zunehmende multikulturelle Kompetenz von Anbietern und Konsumenten bei, wodurch Sprachbarrieren beseitigt werden und Konsumverhaltensmuster sich international angleichen.

Insgesamt müssen sich Dienstleistungsunternehmungen einem härter werdenden Wettbewerb stellen, um bestehen zu können. Umgekehrt bestehen auf Grund der größer werdenden Märkte ungeahnte Wachstumschancen für erfolgreiche Unternehmungen. Dies macht in vielen Betrieben Reorganisationsmaßnahmen unumgänglich. Die Faktoren, die bei diesen Bemühungen

---

[28] Bullinger bezeichnet den Dienstleistungssektor sogar als Leitsektor, in dem zukünftige Arbeits- und Organisationsformen erkennbar sind. Vgl. Bullinger, H.-J.: Dienstleistungsmärkte im Wandel – Herausforderung und Perspektiven. In: Bullinger, H.-J.: Dienstleistungen der Zukunft, Wiesbaden 1995, S. 45 – 95.

[29] Vgl. Bullinger, H.-J.: Dienstleistung – Veränderungen für die Arbeit der Zukunft. In: Bullinger, H.-J.; Zahn, E. (Hrsg.): Dienstleistungsoffensive – Wachstumschancen intelligent nutzen, Stuttgart 1998, S. 15 - 34.

[30] Vgl. Bieberstein, I.: Dienstleistungs-Marketing, Ludwigshafen 1995, S. 18.

[31] Vgl. Statistisches Bundesamt Deutschland: Erwerbstätigkeit - Deutschland, Erwerbspersonen, Nichterwerbspersonen, Erwerbstätige, URL: http://www.statistik-bund.de/basis/d/erwerb/erwerbtab1.htm, online: 18.7.200.

[32] Vgl. Hüther, M.: Potentiale für Dienstleistungsmärkte. In: Bullinger, H.-J. (Hrsg.): Dienstleistungen für das 21. Jahrhundert / Gestaltung des Wandels und Aufbruch in die Zukunft, Stuttgart 1997, S. 191 - 200.

über Erfolg oder Misserfolg entscheiden, sind die genaue Kenntnis der Kundenerwartungen, die Organisation der Leistungserbringung, die Qualifikation und Leistungsbereitschaft des Servicepersonals sowie die technische Infrastruktur.[33] Aber auch die Politik ist hier gefordert, um Dienstleistungsunternehmungen ein optimales Umfeld zur Verfügung zu stellen. Hier fordern die Vertreter aus Wissenschaft und Praxis von Wirtschaft und Politik u. a.

- das Überdenken der Leistungstiefe öffentlicher Dienstleistungen zur Schaffung von Kooperationen von öffentlicher Verwaltung und privater Wirtschaft,

- die Stärkung von Existenzgründern als Träger des Beschäftigungszuwachses im Dienstleistungsbereich,

- die Förderung kleiner und mittlerer Unternehmungen als Kristallisationskerne und Mittler in Wertschöpfungsketten,

- die Anpassung des Bildungssystems zur Ausgestaltung einer Dienstleistungskultur, Schaffung neuer Berufsbilder und Institutionalisierung lebenslangen Lernens,

- den Zugang zu Informationen durch Kooperationsnetzwerke von Wirtschaft, Wissenschaft und Politik.[34]

Als weiteres wesentliches Handlungsfeld wurde die Entwicklung der Wachstumsgrundlagen durch einen zukunftsfähigen öffentlichen Sektor erkannt. Leere Kassen und gesteigerte Ansprüche der Kunden zwingen öffentliche Institutionen, neue Organisationsformen und Aufgabenbereiche zu übernehmen. Ziel ist eine Steigerung der Effizienz der Verwaltungsabläufe und eine Erhöhung der Qualität der produzierten Dienstleistungen.

Ganz entscheidend bleibt aber die Steigerung der Effizienz des Dienstleistungserstellungsprozesses innerhalb der Unternehmung. Unter dem Druck globalisierter Märkte und wachsender Ansprüche der Kunden ist es für viele Unternehmungen überlebensnotwendig, flexibel zu bleiben und bei Bedarf Organisationsveränderungen vorzunehmen.[35]

Dabei wird der Dienstleistung oftmals eine Produktivitätslücke im Vergleich zur Sachleistungsproduktion und eine Resistenz gegenüber Rationalisierungsmaßnahmen nachgesagt. Dies ist insbesondere für sachbezogene Dienstleistungen falsch, da dort erhebliche Produktivitätssteigerungen erzielt wurden. Bei personenbezogenen Dienstleistungen bestehen jedoch

---

[33] Vgl. Holst, J.: Erfolgsstrategien für professionelle Services - Ansätze zur Steigerung der Serviceintensität. In: Corsten, H.; Hilke, W. (Hrsg.): Dienstleistungsproduktion, Wiesbaden 1994, S. 103 - 130.

[34] Vgl. z. B. Bullinger, H.-J. (Hrsg.): Forschungsbedarfe der Dienstleistungen. In: Bullinger, H.-J. (Hrsg.): Dienstleistung 2000plus, Stuttgart 1998, S. 64 - 82

[35] Vgl. Bullinger, H.-J.; Wiedmann, G.: Aktuelle Managementkonzepte in Deutschland - Ergebnisse einer Studie: Der Wandel beginnt. Office Management, 43(1995)7-8, S. 58-62.

auf Grund der Einbeziehung des externen Faktors Mensch nur begrenzte Möglichkeiten zur Steigerung der Produktivität.[36]

CORSTEN arbeitet für sach- und personenbezogene Dienstleistungen Rationalisierungsmaßnahmen heraus, die sich auf das Produkt oder Produktprogramm, das Potenzial und den Prozess beziehen.[37] Als Möglichkeiten zur Optimierungen im Produktbereich nennt er beispielhaft Standardisierung und Eliminierung von Angeboten, Qualitätsveränderungen oder die Beeinflussung des Nachfrageverhaltens. Die Produktivität der Potenzialgestaltung kann durch die Substitution von Ressourcen, die Einschränkung der Leistungsbereitschaft oder die Integration des externen Faktors gesteigert werden. Dabei ist die Substitution der menschlichen Arbeitskraft meist nur bedingt möglich, insbesondere wenn die Dienstleistung an einer Person erbracht wird. Hier kann lediglich ein Teil der Arbeit durch unterstützende Hilfsmittel erbracht werden. Schließlich kann eine Optimierung der Dienstleistungsprozesse z. B. durch eine Standardisierung oder eine Bündelung von Aktivitäten erfolgen.

2.1.4.4 Industrialisierung der Dienstleistung

Bei den beschriebenen Umgestaltungen und der Optimierung des Erstellungsprozesses kann auf Erfahrungen aus der Industrie zurückgegriffen werden. Hier wurden bereits seit mehreren Jahren Konzepte zur Optimierung der betrieblichen Abläufe entwickelt. Grundlage ist ein umfassendes Management aller betrieblichen Objekte, Funktionen und Abläufe. Die Erfassung der genannten Informationen erfolgt z. B. in Arbeitsplänen. Diese beschreiben in detaillierter Form Materialtransformationen, die ausführenden Organisationseinheiten oder die Reihenfolge der durchzuführenden Tätigkeiten. Auf Basis der Arbeitspläne kann eine planerische Zuordnung von Aufträgen zu in der Unternehmung vorhandenen Ressourcen erfolgen. Dabei können vielfältige Informationen in der Planung berücksichtigt werden, wie z. B. der gewünschte Auslieferungstermin, maximale Produktionskosten oder der Schichtplan des Personals. Die zur Planung der Abläufe angelegten Strukturen ermöglichen während und nach der Produktion umfangreiche Analysen. Beispiele sind Kapazitätsauslastungsinformationen oder Ausschussraten. Diese Daten können wiederum in zukünftige Planungen einfließen, um aufgetretene Engpässe zu vermeiden.

Bereits der Vertrieb, die Beschaffung oder das Rechnungswesen des Fertigungsbetriebes haben diese Möglichkeiten nicht mehr. Planungs- und Steuerungsinstrumentarien sind dort nur

---

[36] Corsten, H.: Produktivitätsmanagement bilateraler personenbezogener Dienstleistungen. In: Corsten, H.; Hilke, W. (Hrsg.): Dienstleistungsproduktion, Wiesbaden 1994, S. 5 - 42.

[37] Corsten, H.: Rationalisierungsmanagement in Dienstleistungsunternehmen. In: Schriften zum Produktionsmanagement des Lehrstuhls für Produktionswirtschaft der Universität Kaiserslautern, Kaiserslautern 1996.

unzureichend entwickelt.[38] Oftmals fehlt noch der methodische Rahmen, der eine Beschreibung, Erfassung und Analyse der im Dienstleistungsproduktionsprozess anfallenden Daten ermöglicht. Auf Grund des Mangels an methodischen Grundlagen ist es schwierig, Werkzeuge für das Management der Prozesse in der Dienstleistungsunternehmung zu erstellen.

Durch die gezielte Nutzung der Kompetenzen im Ingenieurwesen können Methoden und Vorgehensweisen entwickelt werden, die ein zügiges und systematisches Entwickeln und Produzieren von Dienstleistungen ermöglichen.[39] SCHEER schlägt deshalb die Übertragung von Methoden aus dem industriellen Umfeld auf Dienstleistungen vor und entwickelt eine generelle Architektur zur Unterstützung von Geschäftsprozessen, das ARIS – House of Business Engineering. Diese Architektur greift auf Erfahrungen mit der Planung und Steuerung von Fertigungsprozessen zurück.[40] Die Struktur des ARIS – HoBE, das aus vier Ebenen und einem verbindenden Framework besteht, zeigt Abbildung 2-3.

Auf der Ebene I werden analog einer Arbeitsplanung in der industriellen Fertigung die Geschäfts- bzw. Verwaltungsprozesse beschrieben und modelliert. Dazu wird mit dem ARIS-Konzept ein Rahmenkonzept bereitgestellt, das alle Aspekte von Geschäftsprozessen abdeckt. In der Ebene II werden aus Sicht des Prozessverantwortlichen, des so genannten Process Owners, die laufenden Geschäftsprozesse geplant und gesteuert.

Die Trennung zwischen Funktionsausführung, Lagerung und Transport, wie sie aus dem industriellen Umfeld bekannt ist, kann nun auf den Dienstleistungsbereich übertragen werden. In Ebene III werden zunächst die zu bearbeitenden Informationsobjekte, z. B. Verwaltungsanträge mit den zugehörigen Dokumenten, von Arbeitsplatz zu Arbeitsplatz transportiert. Bei elektronisch gespeicherten Dokumenten übernehmen Workflow-Management-Systeme den Transport. Diese Ebene führt somit die Geschäftsprozessdefinitionen der Ebene I aus und weist den Benutzern die jeweils definierten Zugriffsrechte zu. Die Workflowsteuerung meldet Ist-Daten über die auszuführenden Prozesse (Mengen, Zeiten, organisatorische Zuordnungen) zur Prozessplanung und -steuerung an die Ebene II zurück. Erst auf Ebene IV werden die zur Funktionsausführung benötigten Bearbeitungsregeln unterstützt, d. h. die Funktionen des Geschäftsprozesses ausgeführt. Hierfür werden computergestützte Anwendungssysteme, Datenbanken oder Internet-Applikationen eingesetzt.

---

[38] Vgl. Nüttgens, M.; Heckmann, M.; Luzius, M.: Service Engineering Rahmenkonzept. In: Information Management & Consulting 13(1998) Sonderausgabe Service Engineering, S. 14 – 19.

[39] Vgl. Goecke, S.; Stein, S.: Marktführerschaft durch Leistungsbündelung und kundenorientiertes Service Engineering. In: Information Management & Consulting 13(1998) Sonderausgabe Service Engineering, S. 11 - 13.

[40] Vgl. Scheer, A.-W.: Industrialisierung der Dienstleistung. In: Scheer, A.-W.: Veröffentlichungen des Instituts für Wirtschaftsinformatik, Heft 122, Saarbrücken 1996.

Die Ebenen II bis IV werden aus der Modellierungsebene I durch ein Framework als fünfte Komponente konfiguriert. Das Framework enthält Architektur- und Anwendungswissen, das aus den Tools und Shells der Ebenen II bis IV konkrete Anwendungen konfiguriert.

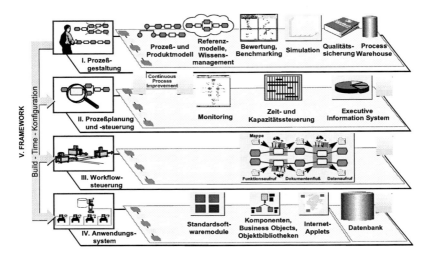

Abbildung 2-3: Prozessmanagement nach dem ARIS – House of Business Engineering[41]

Ziel und Inhalt der vorgestellten Architektur ist das umfassende Management aller Prozesse in einer Dienstleistungsunternehmung vom Entwurf eines Dienstleistungsproduktes über dessen Produktion und Absatz bis zu kontinuierlichen Verbesserungen und Bindung der Kunden. Man spricht dabei vom Dienstleistungsmanagement, dessen Methoden im nächsten Abschnitt detaillierter beschrieben wird.

2.1.5   Dienstleistungsmanagement

Das Dienstleistungsmanagement integriert verschiedene funktionale Bereiche und Wirtschaftszweige der klassischen Betriebswirtschaftslehre.[42] In den funktionalen Bereichen werden die spezifischen Anforderungen und Lösungen des Dienstleistungsbereichs für Beschaffung, Produktion, Marketing und Qualitätsmanagement untersucht. Auf der Seite der Wirtschaftszweige werden Versicherungs-, Bank-, Handels- und Krankenhausbetriebslehre sowie weitere dienstleistungsspezifische Betriebslehren zusammengefasst (vgl. Abbildung 2-4).

---

[41] Scheer, A.-W.: ARIS – Vom Geschäftsprozeß zum Anwendungssystem, 3. Aufl., Berlin u. a. 1998, S. 56 - 57.
[42] Vgl. Dienstleistungsmanagement – von einer funktionsorientierten zu einer integrativen Betrachtung. In: Corsten, H. (Hrsg.): Integratives Dienstleistungsmanagement, Wiesbaden 1994, S. 1 - 14.

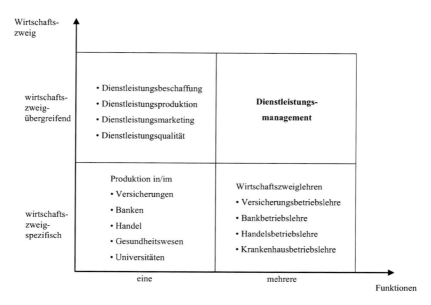

Abbildung 2-4: Dienstleistungsmanagement als integrativer Ansatz[43]

Innerhalb der erwähnten funktionalen Kategorien und Wirtschaftszweige umfasst das Dienstleistungsmanagement die dem Management zugeordneten Aufgaben Gestaltung, Lenkung und Entwicklung.[44] Gestaltung bedeutet in diesem Zusammenhang, eine betriebliche Einheit im Sinne von Aufbau- und Ablauforganisation zu schaffen, die dauerhaft in der Lage ist, definierte Ziele zu erfüllen. Lenkung wiederum bedeutet die Definition und Kontrolle von Zielen sowie das Auslösen und Messen zielgerichteter Aktivitäten. Lenkung und Gestaltung von Dienstleistungsprozessen führen zu einer ständigen Entwicklung der Unternehmung. Aber auch nicht explizit vorgesehene Entwicklungsprozesse werden in der Unternehmung ausgelöst, hier jedoch durch externe Einflüsse.

Das Dienstleistungsmanagement hat Auswirkungen auf alle Elemente der Dienstleistungsunternehmung. Die Qualität des Dienstleistungsmanagements beeinflusst deshalb entscheidend alle Dimensionen der Dienstleistung sowie alle Phasen der Dienstleistungsproduktion. Im Folgenden soll nun genauer untersucht werden, welche einzelnen Aktivitäten für das Dienstleistungsmanagement erforderlich sind. Grundlage dieser Beschreibung ist ein detailliertes

---

[43] Dienstleistungsmanagement – von einer funktionsorientierten zu einer integrativen Betrachtung. In: Corsten, H. (Hrsg.): Integratives Dienstleistungsmanagement, Wiesbaden 1994, S. 2.
[44] Vgl. Woll, A.: Wirtschaftslexikon, 7. Auflage, München, Wien 1993, S. 457.

Vorgehensmodell von RAMASWAMY[45], das acht Phasen zur Dienstleistungsgestaltung und –lenkung unterscheidet. Diese werden in Abbildung 2-5 zusammengefasst.

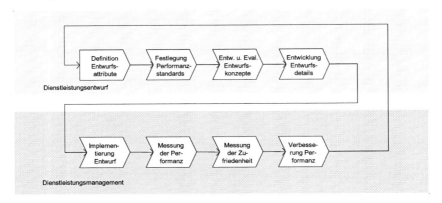

Abbildung 2-5: Vorgehensmodell zum Dienstleistungsmanagement

Das Dienstleistungsmanagement beginnt mit der Gestaltung der zu erbringenden Dienstleistungen. Hierzu ist es zunächst erforderlich, für die wesentlichen Merkmale der zukünftigen Dienstleistungen Entwurfsattribute zu definieren. Dazu werden die wichtigsten Kunden und deren vordringlichste Wünsche ermittelt. Auf Basis dieser Erhebung können die Attribute der Dienstleistung bestimmt werden, die die Kundenwünsche abbilden. Für die so bestimmten Entwurfsattribute müssen quantitative Metriken erarbeitet werden.

Unter Verwendung dieser Metriken werden für die Entwurfsattribute Performanz-Standards festgelegt. Dies erfordert vier Schritte. Zunächst werden die vom Kunden gewünschten Attributausprägungen ermittelt. Danach wird die Beziehung zwischen Attributausprägung und Zufriedenheit des Kunden beschrieben. Als Vergleichsmaßstab werden nun die Attributausprägungen bei Konkurrenten bestimmt. Im letzten Schritt kann auf Basis der gesammelten Daten der Performanz-Standard für die eigene Unternehmung festgelegt werden. Dieses Vorgehen ist Bestandteil des Benchmarkings von Dienstleistungen. Dabei geht das Benchmarking jedoch noch über die genannten Tätigkeiten hinaus, indem es einen kontinuierlichen Überprüfungs- und Verbesserungsprozess vorsieht, „... bei dem sich eine Organisation mit Fokus auf bestimmte Objekte anhand verschiedener Kriterien innerhalb der Organisation, mit

---

[45] Vgl. Ramaswamy, R.: Design and management of service processes, Reading 1996, S. 27 –40.

externen Partnern oder gegen Standards vergleicht, um daraus zu lernen und besser zu werden"[46].

Nachdem die Grundlagen für die Bewertung der Dienstleistung gelegt sind, kann nun die Planung ihrer Erstellung beginnen. Dazu werden die Schlüsselfunktionen zu deren Produktion bestimmt. Diese Funktionen werden anschließend unter Beachtung der betrieblichen Restriktionen zu Prozessen kombiniert. Da zu diesem Zeitpunkt noch viele Freiheitsgrade existieren, können auf diese Weise verschiedene, alternative Entwurfskonzepte entstehen. Deshalb müssen diese Alternativen evaluiert und ein Konzept zum detaillierten Entwurf ausgewählt werden.

Da die Entwicklung detaillierter Entwürfe selbst für kleine Dienstleistungsunternehmungen bereits eine sehr komplexe Aufgabe darstellt, wird diese Aufgabe in Teilaufgaben zerlegt. Hierzu werden einzelne Komponenten der Dienstleistung spezifiziert, für die jeweils alternative Prozessentwürfe generiert werden. Für diese Entwurfskomponenten wird anschließend die Performanz ermittelt. Daraufhin erfolgt die Evaluation und Auswahl der einzelnen Entwurfskomponenten. Deren Zusammenspiel wird im nächsten Schritt getestet und im Bedarfsfall der Gesamtentwurf modifiziert. In diesem Fall muss der Zyklus von der Evaluation der Alternativen bis zur eventuellen Modifikation noch einmal durchlaufen werden. Abschließend werden aus den Details des Entwurfs Anforderungen an die Funktionen innerhalb der geplanten Dienstleistungsprozesse abgeleitet. Abbildung 2-6 fasst die Aktivitäten zur Entwicklung eines detaillierten Entwurfs zusammen.

Abbildung 2-6: Entwicklung eines detaillierten Entwurfs

Das Testen der Gesamtperformanz stellt das Kernanwendungsgebiet der Simulation im Dienstleistungsbereich dar, deren Grundlagen in Abschnitts 2.2 beschrieben werden. In diesem Abschnitt liegt der Schwerpunkt auf der Einordnung der Simulation in das Dienstleistungsmanagement und die Erarbeitung der fachlichen Grundlagen. Deshalb werden die Phase des Testens der Gesamtperformanz und die vorbereitende Phase der Evaluation und Auswahl von Alternativen im Folgenden detailliert beschrieben. Die Evaluation der Entwurfsalternati-

---

[46] Grieble, O.; Scheer, A.- W.: Grundlagen des Benchmarkings öffentlicher Dienstleistungen. In: Scheer, A.- W. (Hrsg.): Veröffentlichungen des Instituts für Wirtschaftsinformatik, Nr. 166, Saarbrücken 2000, S. 4.

ven beginnt mit der Spezifikation der unterstützten Arbeitsumgebungen und der betrieblichen Rahmenbedingungen. Erst danach beginnt die Kombination der Alternativen zu Prozessen, deren Performanz nun analysiert und mit den Standards verglichen werden kann. Zudem ist es erforderlich, Kosten und Umsetzbarkeit der entwickelten Prozesse zu untersuchen. Auf Grundlage der Performanz, Kosten und Umsetzbarkeit der Prozesse werden schließlich geeignete Entwurfskandidaten bestimmt, die einem Test unterzogen werden. Die genannten Aktivitäten und ihre zeitliche Reihenfolge zeigt die Abbildung 2-7.

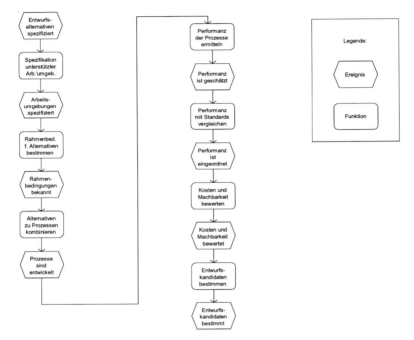

Abbildung 2-7: Evaluation und Auswahl der Entwurfskandidaten

Mit dem Test der Gesamtperformanz beginnt der analytische, operative Teil der Simulation. Dabei bietet die Simulation hervorragende Möglichkeiten, komplexe, dynamische Aspekte unter Einbeziehung von Varianzen und Wahrscheinlichkeiten zu analysieren. Potenziale und Vorgehensweise bei der Durchführung werden in Kapitel 3 ausführlich beschrieben. An dieser Stelle wird nur ein kurzer Überblick zur Einordnung in den Kontext des Dienstleistungsmanagements gegeben (vgl. Abbildung 2-8). Zur Umsetzung der Simulation sind zunächst die erforderlichen Inputdaten zu sammeln. Diese Daten dienen zur Erstellung eines Simulationsmodells. Mit Hilfe eines Simulationsmodells ist man nun in der Lage, Experimente an den untersuchten Entwurfsalternativen durchzuführen. Die Ergebnisse dieser Experimente erlauben wiederum Rückschlüsse auf das Verhalten der Entwurfsalternativen in der Realität.

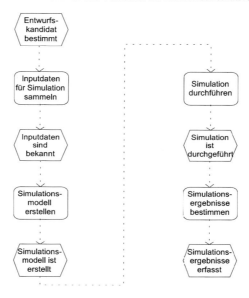

Abbildung 2-8: Testen der Gesamtperformanz

Mit der Entwicklung eines detaillierten Entwurfs ist die Gestaltungsphase des Dienstleistungsmanagements abgeschlossen und die operative Umsetzung der entwickelten Konzepte kann beginnen. Im ersten Schritt muss nun der detaillierte Entwurf in der betrieblichen Organisation verankert werden. Dazu werden verschiedene Pläne entwickelt, die ein reibungsloses Umsetzen ermöglichen. Dies sind:

- ein Implementierungsprojektplan,

- ein Dienstleistungsproduktionsplan,

- ein Testplan,

- ein Mitarbeiterinformationsplan,

- ein Roll-out-Plan und

- ein Dienstleistungsmanagementplan.

Die eigentliche Implementierung bedeutet die Ausführung dieser Pläne.

Nach Abschluss der Implementierungsaktivitäten produziert die Unternehmung gemäß den entwickelten Verfahren Dienstleistungen für seine Kunden. Um die Erfüllung der definierten Performanz-Ziele zu überprüfen, erfolgt ab Produktionsbeginn die kontinuierliche Messung der Performanz. Hierzu müssen noch einmal die zu betrachtenden Schlüsselattribute festgelegt werden. Die Ausprägungen dieser Schlüsselattribute werden permanent erfasst, auf Abweichungen von den definierten Standards untersucht und die Ursachen dieser Abweichungen analysiert. Des Weiteren werden die Schlüsselprozesse auf ihre Effizienz hin untersucht. Schließlich werden auf Basis der gewonnenen Daten Korrekturen zur Beseitigung negativer Abweichungen bestimmt und eingeleitet.

Neben der Betrachtung der internen Faktoren ist es unerlässlich, die Außensicht auf die Unternehmung einzunehmen und die Zufriedenheit der Kunden zu untersuchen. Drei Aspekte spielen bei der Kundenzufriedenheit eine wesentliche Rolle:

- die Zufriedenheit mit der Performanz der Dienstleistung,

- die Zufriedenheit im Vergleich zu den vorhandenen Kundenerwartungen und

- die Zufriedenheit im Vergleich zur Konkurrenz.[47]

Diese Aspekte wurden bei der Definition der Standards berücksichtigt. Daher erfolgt in dieser Phase ein Abgleich der Ist-Situation mit den gewählten Standards.

Bei der Beseitigung von Schwachstellen, d. h. der Verbesserung der Performanz, muss aus betriebswirtschaftlicher Sicht eine Priorisierung der Maßnahmen erfolgen. Dazu wird zunächst die Beziehung zwischen finanziellen Zielen und der Zufriedenheit eingeschätzt. Daraus lassen sich strategische Zufriedenheitsziele ableiten, die auch den finanziellen Erfolg sichern. Des Weiteren muss die Beziehung zwischen der Zufriedenheit des Kunden und der Performanz der Dienstleistung bestimmt werden.

Aus dieser Analyse lassen sicher wiederum die Attribute ableiten, die für eine Steigerung der Performanz optimiert werden müssen. Bevor mit der Optimierung begonnen wird, werden die verschiedenen Verfahren hinsichtlich ihres Kosten-Nutzen-Verhältnisses analysiert. Erst danach werden die verschiedenen Optimierungsmöglichkeiten zu Prozessoptimierungsinitiativen gebündelt und umgesetzt.

Zusammengefasst kann festgestellt werden, dass der wesentliche Betrachtungsgegenstand des Dienstleistungsmanagements die Dienstleistungsprozesse sind. Für diese Prozesse wurden

---

[47] Vgl.: Benkenstein, M.: Dienstleistungsqualität - Ansätze zur Messung und Implikationen für die Steuerung. In: Corsten, H. (Hrsg.): Integratives Dienstleistungsmanagement, Wiesbaden 1994, S. 421 – 446.

Möglichkeiten zur Gestaltung und Lenkung aufgezeigt. Ein wesentliches Element dabei ist die Bewertung der Performanz dieser Prozesse im Rahmen einer Simulationsstudie. Deshalb erfolgt im folgenden Abschnitt eine detaillierte Analyse von Dienstleistungsprozessen sowie die Definition und Klassifikation von Attributen zur Messung ihrer Performanz.

2.1.6   Dienstleistungsprozesse

2.1.6.1 Merkmale von Dienstleistungsprozessen

Dienstleistungsprozesse sind zunächst Prozesse zur Erstellung einer Dienstleistung. Damit erben sie die Charakteristika von Prozessen. Dabei liegt dieser Arbeit das Verständnis eines Prozesses als Geschäftsprozess zu Grunde. Gerade im Umfeld der Simulation existieren jedoch abweichende Interpretationen des Begriffs Prozess. Beispiele hierfür sind Prozesse innerhalb von Schaltkreisen, wo Topografien, Oberflächen, und Temperaturen untersucht werden,[48] Verformungsprozesse oder dynamische Prozesse in Flüssigkeiten.[49]

Die Definition des Begriffs „Geschäftsprozess" ist in der Literatur nicht eindeutig. Häufig wird er synonym mit Ablauf, Vorgang oder Aufgabe benutzt. Nach SCHEER ist ein Geschäftsprozess eine zusammenhängende Abfolge von Unternehmungsverrichtungen zum Zweck einer Leistungserstellung. Ausgang und Ergebnis des Geschäftsprozesses ist eine Leistung, die von einem internen oder externen Kunden angefordert und abgenommen wird.[50] Diese kunden- und leistungsorientierte Sicht auf Geschäftsprozesse nehmen auch HAMMER und CHAMPY ein. Sie definieren einen Geschäftsprozess als Bündel von Aktivitäten, für das ein oder mehrere unterschiedliche Inputs benötigt werden und das für den Kunden ein Ergebnis von Wert erzeugt.[51] FERSTL und SINZ beschreiben einen Geschäftsprozess als eine Folge von Transaktionen zwischen betrieblichen Objekten. Transaktionen setzen sich aus objektbezogenen Aufgaben mit einem Zielbezug zusammen.[52] Auch VON BRAUN und MARTIN CALLE stellen das Objekt in den Mittelpunkt des Geschäftsprozesses, der einer Vorgangskette mit objektbezogener Spezialisierung innerhalb einer Organisation entspricht.[53] Des

---

[48] Vgl. Lorenz, J. (Hrsg.): 3-Dimensional Process Simulation, Berlin u. a. 1995.

[49] Vgl. Gerndt, A.; van Reimersdahl, T.; Kuhlen, T.; Henrichs, J.; Bischof, C.: A parallel approach for VR-based visualization of CFD data with PC clusters, URL: http://www.rz.rwth-aachen.de/vr/papers/imacs2000.pdf, online: 10.10.00.

[50] Vgl. Scheer, A.-W.: ARIS – Vom Geschäftsprozess zum Anwendungssystem, 3. Aufl., Berlin u. a. 1998, S.1.

[51] Hammer, M.; Champy, J.: Business Reengineering: Die Radikalkur für das Unternehmen, 5. Auflage, Frankfurt/Main, New York 1995, S. 52.

[52] Vgl. Ferstl, O. K.; Sinz, E. J.: Geschäftsprozessmodellierung. In: Wirtschaftsinformatik 35 (1993) 6, S. 589 - 592.

[53] Vgl. Braun, H. von; Martin Calle, M.: Die Methode ICSM. Eine evolutionäre Methode für die Anwendungsentwicklung, München, Wien 1994, S. 68 ff.

Weiteren existieren zahlreiche branchenbezogene Definitionen, z. B. aus der Produktion oder dem Bereich der Informationssysteme.

Im Verlauf dieser Arbeit wird kein bestimmtes Paradigma wie beispielsweise die Objektorientierung verfolgt, und es steht keine bestimmte Branche im Mittelpunkt. Somit ist der Ausgangspunkt der weiteren Überlegungen der Kern der oben genannten Definitionen, nämlich die zielbezogene (bzw. kundenbezogene) Aneinanderreihung von Aktivitäten zum Zwecke der Leistungserstellung. Dies fasst REMME in seinem Verständnis von Geschäftsprozessen zusammen: „Ein Geschäftsprozess (bzw. hier auch kurz Prozess genannt) ist eine als abgeschlossen anzusehende Abfolge von logisch und sachlich zusammengehörenden Unternehmungsverrichtungen, die Ausgangsobjekte in Leistungen umsetzen. Er hat insofern einen Kunden, als dass es eine weitere Verrichtung (bzw. Prozess) gibt, die Leistungen des Prozesses anfordert und nach ihrer Bereitstellung abnimmt."[54]

Ihre Besonderheit beziehen Dienstleistungsprozesse aus den spezifischen Eigenschaften der Dienstleistung, wie sie in Abschnitt 2.1.2 beschrieben wurden. Das Potenzial der Dienstleistung existiert innerhalb des produzierenden Prozesses bereits vor dem Absatz in Form einer Leistungsbereitschaft als Resultat einer Vorkombination in der Produktion. Während des Absatzes der Dienstleistung erfolgt eine Leistungsvereinbarung, die wiederum eine Beschaffung und schließlich die Endkombination der Dienstleistung auslöst. Erst dann existiert das endgültige Ergebnis der Dienstleistung (vgl. Abbildung 2-9).

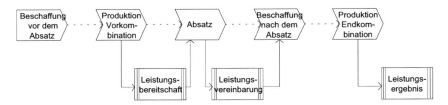

Abbildung 2-9: Wertschöpfungsprozess der Dienstleistung

Daraus ergeben sich einige Besonderheiten hinsichtlich des Inputs und des Outputs bei der Dienstleistungserstellung. Zu den Inputfaktoren zählen wie bei der Sachleistungsproduktion auch interne Faktoren wie Information, menschliche Arbeit, Betriebsmittel, Material bzw. Werkstoffe. Dabei haben Betriebsmittel und Werkstoffe eine geringe Bedeutung. Werkstoffe sind meist keine Rohstoffe sondern Hilfsstoffe zur Erbringung der Dienstleistung. Eine Be-

---

[54] Remme, M.: Konstruktion von Geschäftsprozessen - ein modellgestützter Ansatz durch Montage generischer Prozesspartikel, Wiesbaden 1997, S. 29.

sonderheit unter Inputfaktoren stellen die externen Faktoren wie Kunden dar. Diese Inputfaktoren fließen in das Leistungserstellungssystem, das sich meist in einem Bürobereich oder
beim Kunden befindet, ein.[55] Von zentraler Bedeutung für die Transformation von Input- zu
Outputfaktoren ist damit die Steuerung von Informations- und Dokumentenflüssen (Informa-
tionslogistik) im Gegensatz zur Materiallogistik in der Industrie.

Als Output erzeugen Dienstleistungsprozesse, wie in Abbildung 2-9 bereits deutlich wurde,
eine

- Leistungsbereitschaft,
- Leistungsvereinbarung und ein
- Leistungsergebnis.

Zur vollständigen Beschreibung der in Abbildung 2-9 dargestellten Wertschöpfungskette ist
es erforderlich, alle Perspektiven zu diesem Prozess einzubeziehen. Dabei kann zwischen der
Perspektive des Dienstleistungsanbieters, des Kunden und des Marktes unterschieden werden.
Jede dieser Perspektiven umfasst verschiedene Phasen innerhalb des Wertschöpfungsprozes-
ses, die in Abbildung 2-10 zusammengefasst werden.

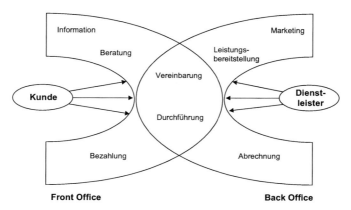

Abbildung 2-10: Prozessphasen zwischen Front-Office und Back-Office[56]

Aus der Sicht des Anbieters ergeben sich drei Phasen:

- die Leistungsbereitstellung,
- die Leistungsvereinbarung und

---

[55] Zu den genannten Besonderheiten vgl. Bodendorf, F.: Wirtschaftsinformatik im Dienstleistungsbereich, Berlin
u. a. 1999, S. 8.
[56] Bodendorf, F.: Wirtschaftsinformatik im Dienstleistungsbereich, Berlin u. a. 1999, S. 21.

- die Leistungserbringung.

Aus der Sicht des Kunden umfasst der Dienstleistungsprozess die folgenden Phasen:

- die Produkt-/Partnersuche,

- die Auftragserteilung und

- den Dienstleistungskonsum.

Schließlich ist noch die Perspektive des Marktes als Mittler zwischen Anbieter und Kunde zu beachten. Auch dieser unterscheidet drei Phasen:

- die Anbahnung,

- die Vereinbarung und

- die Abwicklung.

2.1.6.2 Bewertung von Dienstleistungsprozessen

Die Anforderungen an Dienstleistungen unterscheiden sich in Abhängigkeit von der Perspektive der Beteiligten. Aus Sicht des Kunden steht die Qualität des Dienstleistungsproduktes im Vordergrund. Für den Anbieter spielt zudem die Effizienz und Flexibilität der Dienstleistungserstellung eine entscheidende Rolle. Für die genannten Anforderungen müssen geeignete Bewertungsmaßstäbe definiert werden, um fundierte Aussagen im Rahmen der Simulation und Optimierung von Dienstleistungsprozessen machen zu können. Als Bewertungsmaßstäbe dienen so genannte Kennzahlen.

Kennzahlen sind Attribute von Prozessen, die für das unternehmerische Handeln Aussagekraft besitzen und damit retrospektive und prospektive Konklusionen zulassen.[57] Dabei ist grundsätzlich zwischen einer technisch-mengenmäßigen und einer wirtschaftlich-wertmäßigen Betrachtung der Unternehmung zu unterscheiden. Technisch-mengenmäßige Kennzahlen fallen überwiegend auf der operativen Ebene an und lassen sich entlang der Leistungsströme messen. Es lassen sich aber auch zusammengesetzte technisch-mengenmäßige Kennzahlen erzeugen, die nicht direkt messbar sind. Beispiel ist die Produktivität als Quotient aus der Produktionsleistung, die in Stück, kg, usw. gemessen wird, und dem Einsatz an Material, Arbeit und Vermögen. Wirtschaftlich-wertmäßige Kennzahlen sind Ergebnis der operativen Tätigkeiten und lassen sich meist entlang der Zahlungsströme messen. Beispiel hierfür ist die Wirtschaftlichkeit als Quotient aus Ertrag und den Kosten für Material,

---

[57] Diese Definition entspricht der erweiterten Kennzahl, wie sie von AICHELE definiert wird. Er hebt damit die in der Literatur verbreitete Einschränkung von Kennzahlen auf Grund- und Verhältniszahlen auf. Vgl. dazu Aichele, C.: Kennzahlenbasierte Geschäftsprozessanalyse, Wiesbaden 1997, S. 75.

Arbeit und Kapital. Obwohl einige Kennzahlen aus dem industriellen Umfeld im Dienstleistungsbereich nicht adäquat sind, lässt sich dieses Instrumentarium auch dort anwenden.

Kennzahlen lassen sich gemäß ihrer inhaltlichen Aussage strukturieren. AICHELE schlägt für den Bereich den Kundenauftragsbearbeitung als einem dienstleistungsorientierten Prozess die Kategorien Zeit, Kosten, Flexibilität, Effizienz und Qualität vor.[58] Tabelle 2-3 führt einige ausgewählte Kennzahlen innerhalb dieser Kategorien auf.

Tabelle 2-3: Ausgewählte Kennzahlen der Kundenauftragsbearbeitung

Zeit	Kosten	Flexibilität	Effizienz	Qualität
Durchlaufzeit	Auftragsbearbeitungs-Kostenrate	Lieferbereitschaftsquote	Index des Auftragseingangs	Servicegrad Kundenauftrag
Anfragebearbeitungszeit	Auftragskostenrate		Auftragsbestand zu Fertigproduktbestand	Fehllieferungsquote Versand
Angebotsbearbeitungszeit	Supply-Chain-Kosten		Auftragsbestand zu Umsatz	Lieferverzögerungsquote
Lieferzeitdifferenz	Beanstandungskosten		Angebotserfolg	Garantie-Inanspruchnahmegrad
Nachlieferungszeit	Nachlieferungskosten		Anzahl Kunden	Reklamationsquote
Servicezeit	Fehllieferungskosten		Anzahl Aufträge pro Zeitperiode	Nachlieferungsquote
Umschlagdauer Fertigprodukt			Umschlagshäufigkeit Fertigprodukt	Anzahl unerledigter Lieferaufträge

Die meisten Kennzahlen beschränken sich auf die Messung objektiver Kriterien. Da Zeiten, Kosten, Effizienz und mit Einschränkungen auch die Flexibilität von Natur aus objektive Größen sind, ist dies in den genannten Kategorien nicht weiter problematisch. Die Messung der Dienstleistungsqualität hingegen ist insbesondere im Vergleich zu Sachleistungen äußerst komplex. Die Gründe hierfür ergeben sich aus den spezifischen Eigenschaften der Dienstleistung:

- Die *Immaterialität* erschwert wiederholbare und objektivierbare Messungen. Deshalb muss vielfach auf subjektive Kriterien zurückgegriffen werden. Deren Bestimmung kann nicht so exakt sein, wie z. B. die Ermittlung der Abmessungen eines Pkw. Des Weiteren

---

[58] Vgl. Aichele, C.: Kennzahlenbasierte Geschäftsprozessanalyse, Wiesbaden 1997, S. 183 –185.

sind subjektive Kriterien von Natur aus mit Ungenauigkeiten behaftet. Im Dienstleistungsbereich besteht insbesondere das Problem, das sich die Qualitätskriterien oftmals
nicht eindeutig einem Produkt zuordnen lassen, da die Einschätzungen des Kunden stark
vom Gesamteindruck der Dienstleistungserstellung und der Dienstleistungsunternehmung
abhängen.[59]

- Die Integration des *externen Faktors* bedeutet, dass sein Verhalten die Qualität sehr stark
  beeinflusst. Sein Verhalten ist aber meist unterschiedlich und nicht vorhersehbar.

- Auf Grund der Bereitstellung von *Leistungspotenzialen* ist das Ergebnis der Dienstleistung erst sehr spät messbar. Ein Beispiel ist die Beratung, deren Ergebnis erst nach der
  Umsetzung der Optimierungsvorschläge vorliegt.

- Bei der Messung sind die *Qualitätsdimensionen Potenzial, Prozess* und *Ergebnis* zu berücksichtigen. Es ist nicht ausreichend lediglich das Ergebnis zu analysieren. Die Potenzi-
  alqualität wird durch die personellen, organisatorischen und materiellen Voraussetzungen
  des Anbieters (z. B. Mitarbeiterqualifikation, Verfügbarkeit des Angebotes) bestimmt. Die
  Verrichtungsqualität bezieht sich auf den Prozess der Dienstleistungsproduktion. Die Er-
  gebnisqualität beschreibt, welchen Nutzen der Kunde aus der Dienstleistung zieht.[60]

Ob die Qualität von Dienstleistungsprozessen mit objektiven Größen vollständig bewertet
werden kann, ist umstritten. Dabei lassen sich in der wissenschaftlichen Literatur im Wesentlichen zwei Diskussionslinien unterscheiden, wie die Qualität von Dienstleistungen gemessen
werden kann:

- Das klassisch ingenieurwissenschaftliche Begriffsverständnis sagt, dass die Qualität eines
  Gutes durch naturwissenschaftlich-technische Daten erfassbar ist.

- Gemäß dem subjektiven Begriffsverständnis ist die Qualität einer Leistung von den subjektiven Bedürfnissen der Nachfrager abhängig. Objektive Kriterien können allein kein
  Indikator sein, da nicht feststeht, ob und in welcher Ausprägung sie vom Nachfrager gefordert werden. [61]

Alle Verfahren zur Messung der Dienstleistungsqualität, die sich in Wissenschaft und Praxis
durchgesetzt haben, nutzen subjektive Komponenten, deren Anteil jedoch variiert. Einige dieser Verfahren werden im Folgenden kurz vorgestellt.

---

[59] Vgl. Fitzsimmons, J., Fitzsimmons, M.: Service Management - Operations, Strategy, and Information Tech-
    nology, 2. Auflage, Boston u. a. 1997, S. 33.
[60] Vgl. Benkenstein, M.: Dienstleistungsqualität - Ansätze zur Messung und Implikationen für die Steuerung. In:
    Corsten, H. (Hrsg.): Integratives Dienstleistungsmanagement, Wiesbaden 1994, S. 424.
[61] Vgl. Benkenstein, M.: Dienstleistungsqualität - Ansätze zur Messung und Implikationen für die Steuerung. In:
    Corsten, H. (Hrsg.): Integratives Dienstleistungsmanagement, Wiesbaden 1994, S. 421 - 446.

Ein sehr verbreitetes Instrumentarium zur Messung der Dienstleistungsqualität ist SERV-QUAL[62]. SERVQUAL benutzt überwiegend subjektive Kriterien und beschreibt die Dienstleistungsqualität durch fünf Dimensionen:

- Annehmlichkeit des tangiblen Umfeldes („tangibles"),
- Verlässlichkeit („reliability"),
- Reagibilität („responsiveness"),
- Leistungskompetenz („assurance") und
- Einfühlungsvermögen („empathy")

Der Messung dieser Dimensionen dient ein standardisierter Fragenbogen, der aus 22 Elementen besteht. Zu jedem Element werden zwei Aussagen formuliert, die die Erwartungen und die Erfahrungen des Kunden erfragen. Die Differenz zwischen Erfahrung und Erwartung wird als Basis zur Messung der Qualität der Dienstleistung genutzt. Damit gibt SERVQUAL eine benutzerzentrierte Sicht wieder. Dies ist im Bereich des Marketings eine durchaus übliche Methode. Im Gegensatz dazu stehen objektive Kriterien, die der Dienstleistung immanente Eigenschaften beschreiben. Problematisch ist dagegen die notwendige Gegenüberstellung von erwarteter und erlebter Qualität.[63]

Weitere Ansätze verwenden neue Perspektiven auf den Dienstleistungsprozess, so dass sich neue Dimensionen der Dienstleistungsqualität ergeben.[64] So verwendet ZEITHAML in seinem Ansatz die Dimensionen Such-, Erfahrungs- und Vertrauenseigenschaften. Sucheigenschaften kann der Kunde bereits vor dem Kauf beurteilen, wohingegen Erfahrungseigenschaften erst auf Basis der Erfahrung nach dem Kauf bewertet werden können. Vertrauenseigenschaften kann der Kunde überhaupt nicht überprüfen und ist hierzu auf die Aussagen Dritter angewiesen.

DONABEDIAN verwendet die Dimensionen Struktur, Prozess und Ergebnis. Diese stehen in engem Zusammenhang zu den oben beschriebenen Dimensionen des Dienstleistungsbegriffs Potenzial, Prozess und Ergebnis. Auch GRÖNROOS verwendet die Trennung zwischen Prozess und Ergebnis, um zwischen technischer und funktionaler Qualität zu unterscheiden. Innerhalb dieses Spektrums vergleicht er Erwartungen und Erfahrungen des Kunden miteinander.

---

[62] Vgl. Parasuraman, A.; Zeithaml, V., Berry, L.: SERVQUAL: A multiple-item scale for measuring consumer perception of service quality. In: Journal of Retailing, Vol. 64, 1988, S. 12 – 40.

[63] Vgl. Hentschel, B.: Die Messung wahrgenommener Dienstleistungsqualität mit SERVQUAL - Eine kritische Auseinandersetzung. In: Corsten, H. (Hrsg.): Integratives Dienstleistungsmanagement, Wiesbaden 1994, S. 397 – 420.

[64] Die Zusammenfassung der beschriebenen Ansätze lehnt sich an die Beschreibung in Corsten, H.: Dienstleistungsmanagement, 3. Auflage, München, Wien 1997, S. 36 ff.

Eine weitere Gruppe von Autoren versucht sich von der uniformen Betrachtung aller Prozesse eines Typus zu lösen und betrachtet explizit Sonderfälle. Ein Beispiel hierfür ist der Ansatz von BERRY, der eine Routinedimension und eine Ausnahmekomponente berücksichtigt.

BRANDT betrachtet in seiner Penalty-Reward-Analyse Routine- und Ausnahmefälle aus der Perspektive des Kunden und kommt so zur Bildung einer Minimum-, einer Werterhöhungs- und einer Hybriddimension. Die Minimumdimension stellt die Mindestanforderungen des Kunden dar, während die Werterhöhungsdimension Merkmale beschreibt, die die Beurteilung des Kunden positiv beeinflussen, deren Fehlen aber auch nicht negativ bewertet wird. In der Hybriddimension können sowohl negative als auch positive Einflüsse berücksichtigt werden.

Für die Analyse der Performanz von Dienstleistungsprozessen im Rahmen einer Simulations-studie ist es erforderlich, die beschriebenen Anforderungen in einem Simulationsmodell ab-zubilden. Auf Basis dieser Anforderungen kann in weiteren Schritten eine Bewertung ver-schiedener Szenarien erfolgen. Da ein Simulationsmodell das Systemverhalten einer Dienst-leistungsunternehmung abbildet, muss eine Zuordnung zwischen Anforderungen und Kenn-zahlen einerseits sowie Systemkomponenten andererseits erfolgen. Deshalb wird in Kapitel 3 untersucht, welche Systemkomponenten direkten Einfluss auf die Qualität der Dienstleistung und die Effizienz der Dienstleistungserstellung haben. Diesen Systemkomponenten werden daraufhin einzelne Kennzahlen zugeordnet.

2.2 Simulation von Dienstleistungsprozessen

Abschnitt 2.1 hat gezeigt, dass die Simulation ein adäquates Hilfsmittel bei der Gestaltung von Dienstleistungsprozessen ist. Im Folgenden wird untersucht, in welchen Fällen und in welcher Form die Simulation bei der Analyse von Dienstleistungsprozessen angewendet werden kann. Dazu wird zunächst in Abschnitt 2.2.1 eine genaue Begriffsabgrenzung für Simulation vorgenommen. Darauf aufbauend werden in Abschnitt 2.2.2 Einsatzgebiete der Simulation im betriebswirtschaftlichen Bereich abgeleitet. Hierzu wird untersucht, welche Problemklassen durch die Simulation unterstützt werden und wie sich die Simulation zu verwandten Verfahren abgrenzt. Danach wird analysiert, welche Einsatzmöglichkeiten im Dienstleistungsbereich existieren. Eine Konkretisierung dieser Analyse erfolgt, indem die Einsatzmöglichkeiten auf der strategischen, taktischen und operativen Planungsebene getrennt untersucht werden. Im Anschluss werden in Abschnitt 2.2.3 die wesentlichen Eigenschaften von Simulationswerkzeugen, ihre Simulations- und ihre Modellierungsmethode, beleuchtet.

2.2.1 Begriffsabgrenzung

Der Begriff Simulation weckt zahlreiche Assoziationen. Insbesondere im Bereich dreidimensionaler Animationen oder Lernsysteme[65] sind Simulationen nun auch im Alltagsbereich verfügbar und führen zu einer Aufweichung der bisher aus dem technisch-wissenschaftlichen Bereich stammenden Charakteristika.[66] Aber auch im technisch-wissenschaftlichen Bereich zeigte eine Untersuchung der Simulationsdefinitionen im englischen Sprachraum, dass 22 zum Teil stark voneinander abweichende Definitionen existieren.[67]

Als technisch-wissenschaftliche Definition hat sich im deutschen Sprachraum die Definition des VDI durchgesetzt. In der VDI-Richtlinie 3633 wird Simulation wie folgt definiert: „Simulation ist die Nachbildung eines Systems mit seinen dynamischen Prozessen in einem experimentierbaren Modell, um zu Erkenntnissen zu gelangen, die auf die Wirklichkeit übertragbar sind. Insbesondere werden die Prozesse über die Zeit entwickelt. Im weiteren Sinne wird unter Simulation das Vorbereiten, Durchführen und Auswerten gezielter Experimente an einem Simulationsmodell verstanden"[68].

---

[65] Der Bereich „Computer Based Training" (CBT) ist eine der wichtigsten Multimedia-Anwendungen. Zur Nutzung der Simulation in diesem Bereich vgl. z. B. Müller, W.: Interaktive Medien im professionellen Einsatz: Elektronische Kataloge, Infoterminals, CBT, Videokonferenzen, Bonn u. a. 1995, S. 96 ff.

[66] Vgl. Liebl, F.: Simulation - Problemorientierte Einführung, München 1992, S. 3.

[67] Vgl. Pritzker, A.: Compilation of definitions of simulation. In: Simulation 33(1979)2, S. 61 - 63.

[68] VDI (Hrsg.): VDI-Richtlinie 3633, Blatt 1 (Entwurf), Düsseldorf 2000, S. 2f .

Die Kerntätigkeiten einer Simulationsstudie sind demnach der Aufbau eines Modells, welches sämtliche für die betrachtete Fragestellung notwendigen Eigenschaften des realen Systems abbildet, das Experimentieren mit diesem Modell und schließlich die Übertragung der Ergebnisse der Experimente auf das reale System. In Abbildung 2-11 wird der Ablauf einer Simulationsstudie grafisch zusammengefasst.

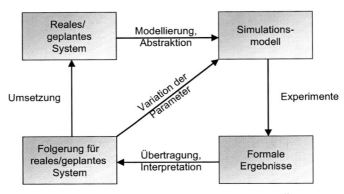

Abbildung 2-11: Ablauf einer Simulationsstudie[69]

Simulation ist also eng mit den Begriffen System und Modell verbunden. Deshalb müssen diese Begriffe genauer definiert werden.

Ein System zeichnet sich nach BOSSEL[70] gegenüber anderen Objekten durch folgende Merkmale aus:

- Das Objekt erfüllt eine bestimmt Funktion, d. h., es lässt sich durch einen Systemzweck definieren, den ein Beobachter in ihm erkennt.

- Das Objekt besteht aus einer bestimmten Konstellation von Systemkomponenten und Wirkungsverknüpfungen (Relationen), die seine Funktion bestimmen. Systemkomponenten können bei höherer Auflösung selbst wieder Systeme (Subsysteme) darstellen oder nicht weiter teilbar sein (Systemelemente).

- Das Objekt verliert seine Systemidentität, wenn seine Systemintegrität zerstört wird. Ein System ist nicht teilbar, d. h., es existieren Elemente und Relationen in diesem Objekt, deren Herauslösung oder Zerstörung die Erfüllung des Systemzwecks nicht mehr erlauben.

---

[69] Vgl. ASIM-Fachgruppe 4.5.6: Leitfaden für Simulationsbenutzer in der Produktion und Logistik, ASIM-Mitteilungen, Heft Nr. 58, 1997.

[70] Vgl. Bossel, H.: Modellbildung und Simulation, 2. Auflage, Braunschweig, Wiesbaden 1994, S. 16.

Ein System ist jedoch nicht unabhängig von seiner Umgebung. Die Eigenschaften eines Systems verändern seine Umwelt und umgekehrt wirkt die Umwelt auf das System ein. Das erschwert in der Praxis die Definition der Systemgrenzen. Als Hilfestellung können die folgenden Kriterien zu Abgrenzung eines Systems herangezogen werden. Eine Systemgrenze befindet sich dort,

- wo die Kopplung zur Umgebung sehr viel schwächer ist als die Binnenkopplung im System,

- wo vorhandene Umweltkopplungen nicht funktionsrelevant sind und

- wo Umweltkopplungen nicht durch das System selbst bestimmt oder durch Rückkopplung von Systemauswirkungen verändert werden.[71]

Der Zustand eines Systems wird durch seine Zustandsgrößen beschrieben. Dabei handelt es sich um konstante und variable Attribute der Systemkomponenten, von denen nur ein kleinerer Teil untersuchungsrelevant ist.

Der einfachste und präziseste Weg, Aussagen über ein System zu erhalten, ist die Analyse des realen Systems. Dieses Verfahren wird z. B. in chemischen Experimenten oder medizinischen Untersuchungen eingesetzt. In den meisten Fällen ist jedoch das zu untersuchende System für Experimente nicht bzw. noch nicht verfügbar oder zu komplex. Hier wird eine vereinfachte Nachbildung des geplanten oder existierenden Systems benutzt. Diese Nachbildung wird als Modell bezeichnet. Wesentliches Merkmal eines Modells ist die Vereinfachung, d. h. es werden nicht alle Systemkomponenten und Zustandsgrößen im Modell abgebildet. Die Herausforderung an die Modellerstellung besteht darin, dass trotz der durchgeführten Abstraktionen das Modellverhalten in den untersuchten Anwendungsfällen dem Systemverhalten entspricht und damit die Ergebnisse der Modellanalyse auf die Realität übertragbar sind. Eine Abbildungsbeziehung, die dies ermöglicht, heißt homomorph[72].

2.2.2   Einsatzgebiete der Simulation im Dienstleistungsbereich

Bevor eine Bewertung von Dienstleistungsprozessen mit Hilfe der Simulation erfolgt, ist zu prüfen, ob sie ein adäquates Hilfsmittel zur Beantwortung der gegebenen Fragestellung ist. Hierzu ist es wichtig zu wissen, welche Anwendungsmöglichkeiten die Simulation im Dienstleistungsbereich bietet. Dazu wird in diesem Abschnitt zunächst branchenunabhängig

---

[71] Vgl. Bossel, H.: Modellbildung und Simulation, 2. Auflage, Braunschweig, Wiesbaden 1994, S. 18.
[72] Eine genaue Übereinstimmung zwischen Modell und Realität wird als Isomorphie bezeichnet. Diese wird aber als hinderlich beim praktischen Umgang mit Modellen angesehen. Vgl. dazu z. B. Homburg, C.: Modellgestützte Unternehmensplanung, Wiesbaden 1991, S.265 f.

dargestellt, welche Problemklassen die Simulation unterstützt. Danach wird beschrieben, wie sich die Simulation von verwandten und unterstützenden Verfahren abgrenzt. Anschließend wird auf die betriebswirtschaftlichen und dienstleistungsspezifischen Anwendungsmöglichkeiten eingegangen. Dabei werden die dienstleistungsspezifischen Anwendungsmöglichkeiten zur Strukturierung der strategischen, taktischen oder operativen Planungsebene zugeordnet.

2.2.2.1 Unterstützte Problemklassen

Im Gegensatz zu analytischen Verfahren, mit deren Hilfe ein System hinsichtlich einer bestimmten Zielvorgabe unter Verwendung eines Algorithmus optimiert wird, beinhaltet die Simulation kein systematisches Verfahren, das über einen Algorithmus automatisch zu einer optimalen Lösung führt.[73] Simulation unterstützt vielmehr die Beantwortung von Fragen der Form „Was wäre wenn" (engl. What-if) oder „Wie ist das zu erreichen" (engl. Goal-Seek). Im ersten Fall werden die Konsequenzen bestimmter Konfigurationen des Systems ermittelt. Im zweiten Fall sucht der Anwender durch gezieltes Variieren der Parameter des Systems nach Lösungen für ein bestimmtes Problem.[74] Der Einsatz der Simulation ermöglicht somit die Abbildung der dynamischen Realität und unterstützt den Entscheidungsprozess bei der Bewertung von Anwendungsszenarien durch messbare und nachvollziehbare Ergebnisse.[75]

Der Einsatz der Simulationstechnik bietet sich grundsätzlich immer dann an, wenn ein Problem so komplex ist, dass es sich weder experimentell am realen Objekt untersuchen lässt noch mathematisch exakt gelöst werden kann.[76] LUTZ fasst die Fälle, in denen die Simulationstechnik ein geeignetes Mittel zur Lösung des betrachteten Problems darstellt, wie folgt zusammen:

- Es wird Neuland beschritten, d. h., es ist nicht möglich, aus der Erfahrung hinreichend sicher auf das Verhalten des Systems zu schließen.

- Die Grenzen analytischer Methoden sind erreicht. Insbesondere sind hier die Integration von nicht linearen Verläufen und Wahrscheinlichkeiten zu nennen.

- Komplexe Wirkungszusammenhänge überfordern die menschliche Vorstellungskraft.

- Das Experimentieren am realen System ist nicht möglich oder zu kostenintensiv.

---

[73] Vgl. Kosturiak, J.; Gregor, M.: Simulation von Produktionssystemen, Wien, New York 1995, S. 15.

[74] Vgl. Mertens, P.: Simulation, 2. Auflage, Stuttgart 1982, S. 4 f.

[75] Vgl. Liem, S.; Blecher, G.; Gehr, F.: Simulation in der Geschäftsprozeßoptimierung: Konzepte und Weiterentwicklungen. In: IM Information Management & Consulting, Sonderausgabe 1997, S. 65.

[76] Vgl. Zimmermann, W.: Operations Research: quantitative Methoden zur Entscheidungsvorbereitung, 5. Auflage, München 1990, S. 336.

- Es soll das zeitliche Ablaufverhalten eines Systems untersucht werden. [77]

2.2.2.2 Komplementäre und unterstützende Verfahren

Dennoch bedeutet diese Abgrenzung der Simulation gegenüber anderen Verfahren und Technologien nicht, dass sie in den beschriebenen Anwendungsfällen notwendigerweise und ausschließlich eingesetzt werden müsste. In einigen Fällen ist es aus wirtschaftlichen Gründen
sinnvoll, auf einfachere Verfahren zurückzugreifen oder die Simulation mit anderen Verfahren und Technologien zu verknüpfen. Einen Überblick über alternative Möglichkeiten aus
dem betriebswirtschaftlichen Umfeld, die im Folgenden erläutert werden, gibt die Abbildung
2-12.

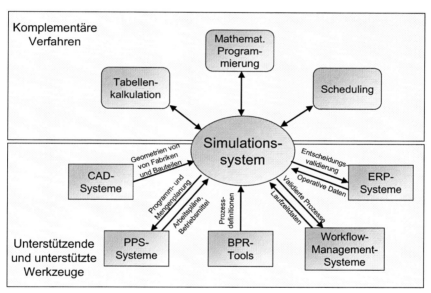

Abbildung 2-12: Einordnung von Simulationssystemen

Mathematische Programmierung

Als Hilfsmittel im Rahmen des Operations Research sind mathematische Programmierungsverfahren am weitesten verbreitet. Dabei werden betriebliche Probleme in Form von Funkti-
onsgleichungen beschrieben. Danach ermöglichen klassische, mathematische Verfahren wie

---

[77] Vgl. Lutz, M.: Operations-Research-Verfahren verstehen und anwenden, Köln u. a. 1998, S. 175;
vgl. auch: Kuhn, A.; Rabe, M.: Simulation in Produktion und Logistik: Fallbeispielsammlung, Berlin u. a.
1998, S. 7.

die lineare Programmierung, aus diesen Rahmenbedingungen optimale Lösungen abzuleiten. Wo diese Verfahren anwendbar sind, liefern sie mathematisch beweisbar lokal oder sogar global optimale Ergebnisse. Leider ist ihre Anwendung nur in bestimmten Fällen möglich.[78] Grund dafür sind die mathematischen Eigenschaften der Verfahren und Probleme hinsichtlich der Berechenbarkeit. Des Weiteren können nur in Ausnahmefällen nichtlineare Gleichungen, ganzzahlige Parameter und Wahrscheinlichkeiten benutzt werden.

Die Integration von Simulation und mathematischer Programmierung bietet interessante Möglichkeiten. Einerseits können die durch die mathematische Programmierung ermittelten Ergebnisse einer dynamischen Simulation unterzogen werden, um mögliche Schwachstellen aufzudecken. Die mathematische Programmierung wiederum kann auf Basis eines simulierten Modells Verbesserungsvorschläge generieren, die als Eingangsparameter in die Simulation einfließen.

Tabellenkalkulation

Viele Unternehmungen nutzen noch immer die klassische Tabellenkalkulation, um planerische Entscheidungen zu treffen. Jedoch sind die vorhandenen Mittel bei diesem Verfahren stark eingeschränkt. Das führt dazu, dass dynamische Aspekte eines Systems, die ein wesentliches Element der betrieblichen Realität darstellen, nicht abgebildet werden können. Die mathematischen Gleichungen in einer Tabellenkalkulation sind statischer Natur. Bearbeitungszeiten oder Durchlaufzeiten werden daher als statische, durchschnittliche Werte beschrieben. Wahrscheinlichkeiten oder Varianzen werden typischerweise nicht integriert.

Damit bleiben drei wesentliche Aspekte unberücksichtigt:

- Wahrscheinlichkeiten und Varianzen,

- das Konzept der Simulationsuhr, d. h. die Verfolgung von Systemzuständen anhand eines diskreten oder kontinuierlichen Zeitstrahls, und

- der „ripple effect", d. h. die Abhängigkeit verschiedener Systemelemente untereinander.[79]

Dennoch bietet auch die Integration von Tabellenkalkulation und Simulation Vorteile. Viele Simulationswerkzeuge sind in der Lage, Information aus Tabellenkalkulationen einzulesen.

---

[78] Die klassische mathematische Programmierung erfordert eine zusammenhängende und konvexe Beschreibung der Domäne und eine konkave Zielfunktion, die optimiert wird. In diesem Fall kann gezeigt werden, dass eine eindeutige Lösung existiert und diese Lösung durch einen Algorithmus bestimmt werden kann. Einen Sonderfall stellt eine lineare, zu optimierende Funktion dar. Obwohl hier keine konkave Funktion vorhanden ist, existieren Verfahren, die zumindest eine Lösung ermitteln. Ein Beispiel ist der Simplex-Algorithmus. Vgl. dazu z. B. Bronstein, I.; Semendjajew, K.: Taschenbuch der Mathematik, 25. Auflage, Stuttgart u. a., 1991, S. 695 ff.

[79] Vgl. Profozich, D.: Managing change with business process simulation, Upper Saddle River 1998, S. 106 ff.

Umgekehrt ist es oft möglich, Simulationsergebnisse in Tabellenkalkulationen zu exportieren, um die dort vorhandenen Auswertungsmöglichkeiten und Diagrammdarstellungen zu nutzen.

Scheduling

Scheduling-Werkzeuge erzeugen auf Basis einer vorgegebenen Liste von Ressourcen und Aufträgen eine zeitliche Reihenfolge von durchzuführenden Aktivitäten. Dabei werden Informationen wie Lieferzeitpunkte oder Auftragsprioritäten berücksichtigt.

Wie auch schon die vorgenannten Techniken sind Scheduling-Werkzeuge nicht in der Lage, Varianzen zu verarbeiten. In einem Fertigungsbetrieb können z. B. Maschinen ausfallen oder unterschiedliche Bearbeitungszeiten auftreten.

Viele Scheduling-Werkzeuge versuchen deshalb bereits die Simulation zu integrieren und nutzen dies als Verkaufsargument. Dabei wird aber lediglich eine zeitliche Komponente integriert. Wahrscheinlichkeiten und Varianzen bleiben weiterhin unberücksichtigt.

Business-Process-Reengineering-Werkzeuge

Die Integration von Business-Process-Reengineering-Werkzeugen, kurz BPR-Tools, und Simulationswerkzeugen ist bereits weit fortgeschritten. Die Unternehmungsmodelle der BPR-Tools stellen eine relativ einfache Möglichkeit dar, ein System oder einen Prozess zu spezifizieren. Diese Modelle können über uni- und teilweise auch bidirektionale Schnittstellen vom Simulationswerkzeug importiert werden.

Mit wachsender Verbreitung dieser Werkzeuge ist es daher möglich, viele Mitarbeiter in die Simulationsmodellerstellung zu integrieren. Umgekehrt versuchen die Hersteller von Simulationswerkzeugen die Modellierung zu vereinfachen und übernehmen Konzepte der Prozessmodellierung, um einfache Bausteine zu definieren.

Workflow-Management-Systeme

Workflow-Management-Systeme (WfMS) steuern die Ausführung von automatisierbaren Geschäftsprozessen bzw. Workflows, indem sie Dokumente oder Dateien entsprechend vorab definierter Ablauffolgen von einem Bearbeiter zum nächsten leiten.[80] Sie werden meist infol-

---

[80] Begrifflichkeiten und technische Lösungen im Bereich Workflow-Management werden von der Workflow Management Coalition, einem 1993 gegründeten Gremium von Nutzern, Händlern und Entwicklern, standardisiert. Sie definiert Workflow-Management-Systeme wie folgt: „A system that defines, creates and manages the execution of workflows through the use of software, running on one or more workflow engines, which is able to interpret the process definition, interact with workflow participants and, where required, invoke the use of IT tools and applications." Vgl. dazu: The Workflow Management Coalition: Terminology & Glossary, Document Number WFMC-TC-1011, Hampshire 1999, S. 9.

ge von Reorganisationen von Geschäftsprozessen in Unternehmungen eingeführt und nutzen oft die im BPR-Tool abgelegten Prozessdefinitionen.[81]

Viele Informationen zur Konstruktion von Simulationsmodellen sind im WfMS vorhanden. Insbesondere können die statischen Informationen der BPR-Tools um Zeitinformationen ergänzt werden. Umgekehrt kann die Simulation das dem Workflow zugrunde liegende Modell vor dem operativen Betrieb testen. Dadurch werden zeitaufwendige Tests im Realbetrieb vermieden. Die Verbindung zwischen WfMS und BPR-Tools wurde im Abschnitt 2.1.4.4 bereits als Verbindung der Ebene III mit der Ebene I des ARIS – House of Business Engineering beschrieben.

PPS-Systeme

PPS-Systeme sind Softwaresysteme zur Unterstützung der operativen Aufgaben im Bereich von Produktionsplanung und -steuerung.[82] Dabei fokussieren sie auf die betriebswirtschaftlichen Aufgaben der Informationsverarbeitung eines Industriebetriebes. Im verbreiteten Y-CIM-Modell von SCHEER entspricht dies dem linken Schenkel (vgl. Abbildung 2-13).[83] Auf der Ebene der Produktionsplanung sind dies die Kundenauftragsbearbeitung, Kalkulation, Planung des Primärbedarfs, Materialwirtschaft, Kapazitätsterminierung, der Kapazitätsabgleich und die Auftragsfreigabe. Auf der Ebene der Produktionssteuerung werden die Feinsteuerung, Betriebsdatenerfassung, Kontrolle und Datenanalyse unterstützt.

PPS-Systeme verwalten End- und Zwischenprodukte, Arbeitspläne, Betriebsmittel oder die Zuordnung von Betriebsmitteln zu Arbeitsgängen. Diese Daten können beim Aufbau eines Simulationsmodells genutzt werden. Umgekehrt kann die Simulation hervorragende Unterstützung bei den Funktionen der Produktionsplanung und –steuerung wie Produktionsprogrammplanung, Mengenplanung sowie Termin- und Kapazitätsplanung liefern[84].

---

[81] Zu Einführung und Einsatz von Workflow-Management-Systemen vgl. z. B. Müller, B.; Stolp, P.: Workflow-Management in der industriellen Praxis, Berlin u. a. 1999.

[82] Vgl. Kurbel, K.: Produktionsplanung und –steuerung, 4. Auflage, München u. a. 1999, S. 15.

[83] Vgl. Scheer, A.-W.: CIM – Der computergesteuerte Industriebetrieb, 4. Auflage, Berlin u. a. 1990, S. 3.

[84] Vgl. dazu Abschnitt 2.2.2.7.

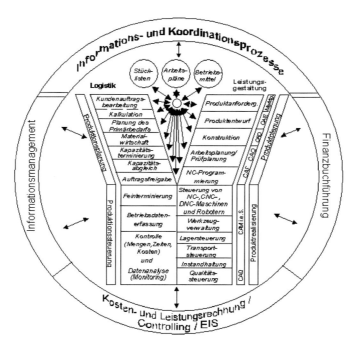

Abbildung 2-13: Y-CIM-Modell[85]

CA-Systeme

Der Begriff CA-Systeme fasst CAD-, CAP-, CAM- und CAQ-Systeme zusammen.[86] Sie unterstützen im Gegensatz zu PPS-Systemen die technischen Aufgaben der Informationsverarbeitung eines Industriebetriebes. Im Y-CIM-Modell in Abbildung 2-13 entspricht dies dem rechten Ast.[87] CAD steht als Abkürzung für Computer Aided Design und bedeutet rechnerunterstütztes Konstruieren. CAD-Systeme unterstützen den Prozess der Konstruktion und teilweise der Arbeitsplanung zur Fertigung des konstruierten Objektes[88]. Entsprechend unterstützen CAP-Systeme die Arbeitsplanung (Computer Aided Planning), CAM-Systeme die Fertigung (Computer Aided Manufacturing) und CAQ-Systeme die Qualitätssicherung (Computer Aided Quality Assurance).

[85] Scheer, A.-W.: Wirtschaftsinformatik – Referenzmodelle für industrielle Geschäftsprozesse, 7. Auflage, Berlin u. a. 1997, S. 93.

[86] Vgl. Kurbel, K.: Produktionsplanung und –steuerung, 4. Auflage, München u. a 1999, S. 299.

[87] Vgl. Scheer, A.-W.: CIM – Der computergesteuerte Industriebetrieb, 4. Auflage, Berlin u. a. 1990, S. 3.

[88] Vgl. Spur, G.; Krause, F.-H.: CAD-Technik, München, Wien 1984, S. 12 – 16.

In vielen Simulationswerkzeugen ist es z. B. möglich, CAD-Systemdaten zu importieren. Sie verwalten Werkstattzeichnungen, 3D-Objekte, Arbeitspläne und NC-Steuerdaten[89]. Dadurch können Distanzen oder Größen von Fabriken oder Artikeln direkt abgerufen werden.

Enterprise Resource Planning-Systeme

Enterprise Resource Planning-Systeme, kurz ERP-Systeme, oder betriebswirtschaftliche Standardsoftware werden heute zur Informationsverarbeitung in fast allen betrieblichen Bereichen eingesetzt. Ziel ist die Optimierung der unterstützten Geschäftsprozesse.[90] ERP-Systeme automatisieren dazu teilweise oder vollständig alle betrieblichen Aufgaben, wozu im Idealfall alle Unternehmungsdaten in einem Informationssystem integriert werden. Ihre Verbreitung verdanken ERP-Systeme den geringeren Kosten und Risiken sowie der schnelleren Verfügbarkeit im Vergleich zu Eigenentwicklungen. Dagegen ist ihre Einführung mit oft erheblichen Anpassungen der Software an die unternehmungsspezifischen Anforderungen verbunden.[91]

Entscheidungen, die das ERP-System vorschlägt, können durch das Simulationswerkzeug geprüft werden. Des Weiteren ist es mit Hilfe der Simulation möglich, frühzeitig die Konsequenzen von Implementierungsstrategien für das ERP-System zu analysieren. Der Einführung von ERP-Systemen liegen Prozessmodelle zugrunde, die durch Simulationsexperimente optimiert werden können. Umgekehrt liefert das ERP-System wichtige operative Daten zur Definition des Simulationsmodells, z. B. saisonale Verkaufszahlen oder Lagerbestände.

2.2.2.3 Betriebswirtschaftliche Anwendungen der Simulation

Nachdem im letzten Unterabschnitt verwandte und unterstützende Verfahren aus technischer Sicht von der Simulation abgegrenzt wurden, werden im Folgenden die betriebswirtschaftlichen Anwendungsmöglichkeiten der Simulation beschrieben. Der Einsatz der Simulationstechnik ist heute in vielen Bereichen weit verbreitet. Ihren Ursprung hat sie im militärischen Bereich bei Flugsimulatoren oder Gefechtsfeldsimulationen.[92] Dort werden auch heute noch viele technologische Entwicklungen initiiert. Aktuelles Beispiel ist die High Level Architecture for Modeling and Simulation (HLA), die der Vernetzung und Kopplung von verschiedenartigen Simulations-, Animations- und Supporttools dient. Sie wurde vom amerikanischen

---

[89] NC-Steuerdaten beinhalten die Ablaufsteuerung von numerisch gesteuerten Werkzeugmaschinen. Vgl.: Kurbel, K.: Produktionsplanung und –steuerung, 4. Auflage, München u. a 1999, S. 307.

[90] Vgl. z. B. Keller, G.: SAP R/3 prozeßorientiert anwenden, Bonn u. a. 1999 oder Rebstock, M.; Hildebrand, K.: SAP R/3 für Manager, Bonn, 1998.

[91] Vgl. Stahlknecht, P.: Einführung in die Wirtschaftsinformatik, Berlin u. a. 1989.

[92] Vgl. Bormann, S.: Virtuelle Realität, Bonn u. a. 1994, S. 125 ff.

Defense Modeling and Simulation Office (DMSO) ursprünglich unter dem Aspekt der Kopplung militärischer Trainingssimulatoren entwickelt.[93]

Seit etwa drei Jahrzehnten wird sie auch im zivilen Sektor zur Lösung komplexer Fragestellungen eingesetzt. Die bekannteste Anwendung ist hier sicherlich der Flugsimulator, der es ermöglicht, Piloten kostengünstig und risikoarm auszubilden.[94] Im Laufe der Zeit kamen zahlreiche Anwendungsgebiete hinzu. So wird die Simulation beispielsweise eingesetzt bei Raumfahrt- und Rüstungsprogrammen, bei Wettervorhersagen, beim Umweltschutz, bei der Erdbebenforschung, im Gesundheitswesen oder bei der Telekommunikation.

Der Übergang dieser eher wissenschaftlichen Anwendungen in den betriebswirtschaftlichen Bereich ist fließend. Auch dort hat sich die Simulationstechnik als Hilfsmittel zur Bewältigung von Aufgaben der Systemplanung, -realisierung und des -betriebes etabliert.[95] Einzuordnen ist die Simulation in der Betriebswirtschaftslehre als ein Verfahren des Operations Research[96], wo sie neben der linearen Programmierung, Warteschlangenmodellen, Lagerhaltungsmodellen, der Netzplantechnik, Ersatzmodellen und der dynamischen Programmierung[97] zur Problemlösung betrieblicher Planung und Koordinierung eingesetzt wird.[98]

Aus betriebswirtschaftlicher Sicht dienen Simulationsuntersuchungen primär als betriebliche Entscheidungshilfe. Die Simulation erlaubt im Rahmen betrieblicher Entscheidungen eine Alternativenbewertung. What-if- bzw. Goal-Seek-Analysen liefern hierzu aussagekräftige Kennzahlen. Diese Analysen erhöhen die interne und externe Auskunftsfähigkeit betrieblicher Prozessabläufe und tragen so zu mehr Planungs- und Entscheidungssicherheit bei. Dabei kann auf physische Experimente in der Unternehmung verzichtet werden.

Mit Hilfe der Bewertung einzelner betrieblicher Szenarien sind insbesondere Verbesserungen im Bereich der Ressourcenplanung möglich. Dabei kann ein optimierter Einsatz von Maschinen und Personal eine Neuanschaffung von Betriebsmitteln vermeiden oder zu Einsparungen von Personal führen. Weitere Optimierungsmöglichkeiten liegen im Bereich der Produktion und Lagerverwaltung durch die Vermeidung und Beseitigung von Flaschenhälsen. Dass die

---

[93] Vgl. Lantzsch, G.; Straßburger, S.; Urban, C.: HLA-basierte Kopplung der Simulationssysteme Simplex III und SLX. In: Deussen, O.; Hinz, V.; Lorenz, P. (Hrsg.): Proceedings zur Tagung "Simulation und Visualisierung '99", Ghent u. a. 1999, S. 153 – 166.

[94] Vgl. Gangl, P.: Simulation - eine Schlüsseltechnologie der 90er Jahre: Hoher Nutzen aber geringer Kenntnisstand in der Industrie. In: Biethahn, J. et al.: Simulation als betriebliche Entscheidungshilfe, Braunschweig,Wiesbaden 1994, S. 3.

[95] Vgl. Biethahn, J.: Simulation als betriebliche Entscheidungshilfe, Berlin u. a. 1986.

[96] Vgl. Müller-Merbach, H.: Operations Research, 3. Auflage, München 1985.

[97] Zu Verfahren des Operations Research vgl: Zimmermann, W.: Operations Research: quantitative Methoden zur Entscheidungsvorbereitung, 5. Auflage, München 1990 sowie Neumann, K.: Operations-Research-Verfahren, Band 2, München, Wien 1977.

[98] Vgl. Wöhe, G.: Einführung in die allgemeine Betriebswirtschaftslehre, 19. Auflage, München 1996, S. 170 ff.

Beseitigung von Flaschenhälsen zu massiven Verbesserungen in den betrieblichen Abläufen führt, beschreibt GOLDRATT in seiner „Theory of constraints (TOC)". [99] Die TOC geht davon aus, dass in fließenden Systemen zu einem Zeitpunkt nur ein Engpass besteht. Die Beseitigung dieser Engpässe führt zu einem reibungslosen Materialfluss.

Des Weiteren trägt die Simulation zum besseren Systemverständnis bei. So führt eine genaue Spezifikation der Problemstellung auch zur Aufdeckung von Planungsfehlern. Das Potenzial dieser Simulationsanwendung erschließt sich durch die ständige Verbesserung der Animationsmöglichkeiten der Simulationswerkzeuge, wodurch die abgebildeten Prozesse auch von nicht geschulten Mitarbeitern verstanden werden. Auf diese Weise können große Teile der Unternehmung in den Verbesserungsprozess mit einbezogen werden. Durch die Beteiligung der Mitarbeiter kann zudem vermittelt werden, warum Veränderungen in der Unternehmung notwendig sind, was in nachfolgenden Phasen die Akzeptanz für diese Veränderungen erhöht.[100]

2.2.2.4 Dienstleistungsspezifische Anwendungen

In Abschnitt 2.2.2.3 wurden bereits einige Branchen genannt, in denen die Simulation zum Einsatz kommt. Die stärkste Verbreitung hat die Simulation im industriellen Sektor gefunden. PROFOZICH nennt dafür zwei Gründe:

- Die hohe Frequenz der Veränderung von Produktion und Prozessen sowie die permanente Notwendigkeit das Fabriklayout zu verändern erfordern genaue Entscheidungen von hoher Qualität.

- Im Gegensatz zum Dienstleistungsbereich waren die Prozesse in Fertigungssystemen genauer definiert und formalisiert.[101]

Heute haben aber viele Dienstleistungsunternehmungen in die Formalisierung und Systematisierung ihrer Geschäftsprozesse investiert. Untersuchungen zeigen, dass 80% aller Dienstleistungsprozesse sich wiederholen und daher von denselben Analysemethoden, die im Fertigungsbereich eingesetzt werden, profitieren können.[102] Die Übertragung der Simulation auf den Dienstleistungsbereich begann in der Fertigungsindustrie selbst. Dort nutzen die Anwen-

---

[99] Vgl. Goldratt, E.: What is this thing called {Theory of constraints} and how should it be implemented?, Croton-on-Hudson, NY 1990.

[100] Vgl. Aguilar, M.; Rautert, T.; Pater, A.: Business Process Simulation: A fundamental step supporting process centered management. In: Farrington, P.; Nembhard, D.; Sturrock, D.; Evans, G. (Hrsg.): Proceedings of the 1999 Winter Simulation Conference, New York 1999, S. 1383 – 1392.

[101] Vgl. Profozich, D.: Managing change with business process simulation, Upper Saddle River 1998, S. 75 ff.

[102] Vgl. Harrington, J.H.: Business Process Improvement. The Breakthrough Strategy for Total Quality, Productivity, and Competitiveness, New York 1991.

der der Simulationstechnologie ihre Kenntnisse, um ihre Einkaufssysteme, Lager oder Distributionsstrategien zu optimieren. Zur weiteren Verbreitung der Simulation trugen die Vereinfachungen der Technologie, dienstleistungsspezifische Simulationsprodukte und Beratungsangebote sowie die gestiegene Beachtung beim Management bei. Anwendungsbereiche sind Logistik, Transport, Telekommunikation und Finanzen. Einen Sonderfall stellt die Beratungsbranche dar. Diese nutzt wiederum selbst die Simulation, um Effekte ihrer Geschäftsprozessoptimierung, insbesondere die Vorteile der Nutzung von Informations- und Kommunikationstechnologien, zu analysieren und zu demonstrieren.

Beim Einsatz der Simulation im Dienstleistungsbereich ist wie in allen Branchen zu überprüfen, inwiefern die Simulation einen Mehrwert schafft. Dies ist auf jeden Fall immer dann gegeben, wenn andere Analysemethoden, wie z. B. Tabellenkalkulation oder mathematische Programmierungsverfahren[103], nicht einsetzbar sind. Gründe hierfür sind die nicht mehr beherrschbare Komplexität des untersuchten Systems oder die Kosten für Experimente am realen System. Typische Beispiele aus dem Bereich der Industrie sind die Konzeption von Fertigungsstraßen oder der Einsatz von Montagerobotern. Hier wird bereits vor der Inbetriebnahme der realen Werkzeuge deren Funktionsfähigkeit in virtuellen Modellen überprüft, da die Menge der Eingangsparameter sehr groß ist und die Kosten für ein Testsystem zu hoch sind.

Die Produktionsstätten im Dienstleistungsbereich sind meist weniger komplex, stehen aber wie im Bereich der Industrie aus Kostengründen meist nicht für reale Tests zur Verfügung. Gründe hierfür sind, dass die Auswirkungen eines Informationssystems noch vor seiner Beschaffung oder Einführung untersucht werden sollen oder dass Mitarbeiter nicht aus dem laufenden Betrieb herausgenommen werden können. Ein Beispiel ist hier die Beschaffung oder Nutzung eines Workflow-Management-Systems, dessen Effekte auf die unterstützten Prozesse an einem Simulationsmodell untersucht werden können.

Die Simulationsmodelle können zudem wie im Bereich der Fertigung zur Schulung von Mitarbeitern und Kunden eingesetzt werden. Durch die Abbildung der komplexen Vorgänge und insbesondere der nicht sichtbaren, immateriellen Dienstleistungen kann den Schulungsteilnehmern ein intuitiverer Zugang zu den Abläufen in der Unternehmung ermöglicht werden. Beispiele hierfür sind die Abläufe innerhalb einer Einzelhandelsunternehmung oder die Bearbeitung eines Antrages in einer Behörde.

Das verstärkte Interesse der Wissenschaft an diesen Fragestellungen zeigt sich u. a. in der Zunahme entsprechender Beiträge bei einschlägigen Fachkonferenzen. Als Beispiel möge hier

---

[103] Vgl. Abschnitt 2.2.2.2.

die renommierte Winter Simulation Conference dienen[104]. Dort ist in den Jahren 1995 bis 1999 ein genereller Trend zu stärker anwendungsbezogenen Beiträgen zu erkennen. Diesen Trend übertrifft aber noch die Zunahme an Beiträgen aus dem Dienstleistungsumfeld (vgl. Abbildung 2-14). Neben den technischen Fragen - z. B. Fragen zum Werkzeugeinsatz - stellt der Mangel an methodischen Konzepten zur Zeit die größte Herausforderung dar. Deshalb werden in Kapitel 3 ein Vorgehensmodell und ein vierstufiges Konzept zur Simulation von Dienstleistungsprozessen entwickelt.

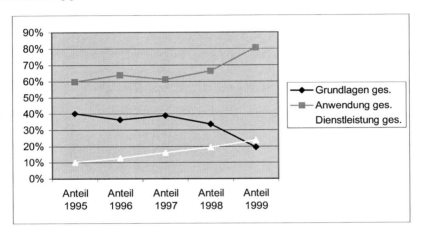

Abbildung 2-14: Beiträge der Winter Simulation Conference

Um zu analysieren, welche betrieblichen Planungen im Dienstleistungsbereich mit Hilfe der Simulation unterstützt werden können, werden zunächst die Planungsaufgaben strukturiert. Neben der inhaltlichen Abgrenzung existieren eine Reihe weiterer Differenzierungen zur Klassifizierung von Planungsaufgaben. Wesentliche Bezugsgrößen hierbei sind:

• der Zeithorizont, als Bezugszeitraum für den die Strategiedefinition erfolgt,

• die Relevanz, die der Wichtigkeit für den Erfolg der Unternehmung entspricht,

• die organisatorische Ebene als die hierarchische Einbindung,

---

[104] Vgl. Alexopoulos, C.; Kang, K.; Lilegdon, W.; Goldsman, D. (Hrsg.): Proceedings of the 1995 Winter Simulation Conference Medeiros, New York 1995 und Charnes, J.; Morrice, D.; Brunner, D.; Swain, J. (Hrsg.): Proceedings of the 1996 Winter Simulation Conference, New York 1996 und Andradóttir, S.; Healy, K.; Withers, D.; Nelson, B. (Hrsg.): Proceedings of the 1997 Winter Simulation Conference, New York 1997 und Medeiros, D. J.; Watson, E.; Carson, J.; Manivannan, M. (Hrsg.): Proceedings of the 1998 Winter Simulation Conference, New York 1998 und Farrington, P.; Nembhard, D.; Sturrock, D.; Evans, G. (Hrsg.): Proceedings of the 1999 Winter Simulation Conference, New York 1999.

• der Detaillierungsgrad als die Präzision der Ausformulierung und

• die Proaktivität als die Notwendigkeit, vor der Umwelt zu handeln.[105]

Diese Bezugsgrößen werden innerhalb einer Planungshierarchie den drei Ebenen strategisch, taktisch und operativ zugeordnet. Die Ausprägungen der Bezugsgrößen auf den Planungsebenen fasst die folgende Tabelle 2-4 zusammen.[106] Zur Verdeutlichung wurden die Gestaltungsobjekte für die Planung im Bereich von Beschaffungsnetzwerken ergänzt.[107]

Tabelle 2-4: Planungsebenen

Planungsebenen	operativ	taktisch	strategisch
Zeithorizont	kurzfristig	mittelfristig	langfristig
Relevanz	klein	mittel	groß
Organisatorische Ebene	untere Hierarchie-ebene	mittlere Hierarchie-ebene	Obere Hierarchieebene
Detaillierungsgrad	fein	mittel	groß
Proaktivität	wenig	teilweise	viel
Gestaltungsobjekte im Beschaffungsnetzwerk	Struktur des Netzwerks	Aktivitäten und Prozesse	Prozesse des Tagesgeschäfts

2.2.2.5 Strategische Planung

KREIKEBAUM definiert den Begriff der strategischen Planung, den er synonym zu strategischer Unternehmungsplanung verwendet, als den „Prozess, in dem eine rationale Analyse der gegenwärtigen Situation und der zukünftigen Möglichkeiten und Gefahren zur Formulierung von Absichten, Strategien, Maßnahmen und Zielen führt"[108]. Unternehmungsstrategien wiederum „bringen zum Ausdruck, wie eine Unternehmung seine vorhandenen und seine potentiellen Stärken einsetzt, um Veränderungen der Umwelt zielgerichtet zu begegnen"[109]. Betrachtungsgegenstand der strategischen Planung sind demnach Umweltveränderungen, Unternehmungsziele sowie Maßnahmen und Ressourcenallokationen bei der Umsetzung dieser Ziele.

---

[105] Vgl. Götz, U.: Szenario-Technik in der strategischen Unternehmensplanung, 2. Auflage, Wiesbaden 1993, S. 10 - 12.

[106] Vgl. Scholz, C.: Strategische Organisation: Prinzipien zur Vitalisierung und Virtualisierung, Landsberg/Lech 1997, S.48.

[107] Vgl. Arns, M.; Bause, F.; Kemper, P.; Schmitz, M.; Schweier, H.; Stüllenberg, F.; Völker, M.: Gestaltung von Beschaffungsnetzwerken auf Basis einer prozeßkettenorientierten Modellierung. In: Industrie Management 16(2000)3, S. 33 – 36.

[108] Kreikebaum, H.: Strategische Unternehmensplanung, Stuttgart u. a. 1981, S. 23.

[109] Kreikebaum, H.: Strategische Unternehmensplanung, Stuttgart u. a. 1981, S. 22.

Auf Grund der Tragweite und Unsicherheiten der strategischen Planung ist die Simulation geradezu prädestiniert, diese unternehmerische Aufgabe zu unterstützen. Um beurteilen zu können, welche Aktivitäten dies konkret betrifft, wird im Folgenden der Prozess der strategischen Planung beschrieben (vgl. Abbildung 2-15).[110]

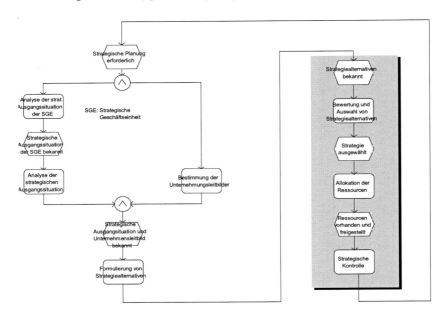

Abbildung 2-15: Prozess der strategischen Planung

Grundlage der Strategieformulierung sind die Analyse der strategischen Ausgangssituation sowohl auf der Ebene der Unternehmung als auf der Ebene der strategischen Geschäftseinheiten und die generellen Ziel- und Wertvorstellungen der Unternehmung. Die strategische Ausgangssituation und das Unternehmungsleitbild bilden den Rahmen für den nachgelagerten Prozess der Strategieformulierung, der mit der Erarbeitung mehrerer Strategiealternativen endet. Die Bewertung dieser Alternativen orientiert sich an formalen Kriterien, z. B. an der ausreichenden Berücksichtigung von Unsicherheiten oder an bestimmten Konsistenzbedingungen wie der Konsistenz der Strategie mit dem Unternehmungsleitbild. Die Strategien, die dem Bewertungsprozess standhalten, werden anschließend einer engeren Auswahl unterzogen. Dies gestaltet sich insbesondere aus zwei Gründen recht schwierig:

---

[110] Vgl. Homburg, C.: Modellgestützte Unternehmensplanung, Wiesbaden 1991, S. 42 ff.

- auf Grund unsicherer Zukunftsentwicklungen sind mehrere Szenarien zu berücksichtigen,

- mehrere in der Regel konkurrierende Zielsetzungen sind zu berücksichtigen.

Gerade hier stoßen herkömmliche - aus der Spieltheorie stammende - Verfahren wie Auszahlungs- oder Entscheidungsmatrizen[111] an ihre Grenzen. Dem menschlichen Entscheidungsprozess kommt die Simulation der ermittelten Szenarien sehr viel näher. Deshalb ist hier ein wesentliches Einsatzfeld der Simulation zu sehen.

Auf Basis der ausgewählten Strategiealternative erfolgt die Allokation von Ressourcen und die Umsetzung der Strategie. Begleitet wird die Umsetzung von der strategischen Kontrolle, die regelmäßige Soll-/Ist-Vergleiche und Abweichungsanalysen vorsieht. Als Resultat der strategischen Kontrolle sind Rückkopplungen in den Planungsprozess möglich. Auch hier liegt ein Anwendungsgebiet der Simulation, indem die Allokation von Ressourcen in ihren betrieblichen Konsequenzen untersucht wird und Soll-/Ist-Vergleiche mit Simulationsdaten versorgt werden.

Typische Fragestellungen bei der Bewertung von Strategiealternativen und der Ressourcenallokation, auf die die Simulation von Dienstleistungsprozessen Antworten geben kann, sind z. B.:

- Wie sieht die Auslastung der Ressourcen und unterstützenden Systeme aus (Wartezeiten, Produktivzeiten)?

- Welche Grenzleistung hat das untersuchte System (Reserven)?

- Welches sind die dynamischen Schwachstellen des Systems (Engpässe)?

- Wie wirkt sich die Produktstruktur auf die Durchlaufzeiten aus?

- Welcher Servicegrad wird mit den verschiedenen Strategiealternativen erzielt?

- Welches Spektrum an Durchlaufzeiten ergibt sich?

- Wie wirken sich Veränderungen der Aufgaben einzelner Standorte auf das Gesamtsystem aus?

2.2.2.6 Taktische Planung

Als vermittelndes Element zwischen der strategischen Planung und der operativen Umsetzung ist die taktische Planung gegenüber diesen Bereichen oftmals schwer abzugrenzen. Deshalb

---

[111] Vgl. Zimmermann, W.: Operations Research: quantitative Methoden zur Entscheidungsvorbereitung, 5. Auflage, München 1990, S. 314 ff.

wird sie teilweise auch als langfristige operative Planung bezeichnet.[112] Als mittelfristige Entscheidungen können hier Investitionsplanungen oder Wirtschaftlichkeitsanalysen durch die
Simulation unterstützt werden.

Ausgangspunkt der taktischen Planung sind meist bestehende Prozesse, die automatisiert oder
reorganisiert werden. Ziel ist die Beschleunigung bestimmter Prozesstypen durch den effi-
zienteren Einsatz vorhandener oder anzuschaffender Ressourcen. Jedoch ist beispielsweise
der Bedarf an zusätzlichen Kapazitäten in einem Call-Center mit statischen Methoden nur
ungenau zu bestimmen. Dabei will man die Kosten für überflüssige Kapazitäten vermeiden.
Zudem stehen die vorhandenen Anlagen für ausgiebige Tests nicht zu Verfügung, da das Ta-
gesgeschäft weiterlaufen muss.

Aus diesen Gründen wird die Simulation zur genaueren Bewertung von Investitionen im Bereich der taktischen Planung eingesetzt. Im Simulationsmodell können die Auswirkungen
bestimmter Umgestaltungen in verschiedenen Situationen anhand konkreter Parameter wie
Lieferfähigkeit oder Transportkosten analysiert werden. Fragestellungen, die dabei beantwortet werden können, sind z. B.:

- Wie werden einzelne Arbeitsplätze verbunden?

- Wie wirken sich neue Technologien am Arbeitsplatz aus?

- Wie wirken sich Flexibilisierungen der Arbeitsvorschriften aus?

- Welchen Nutzen haben Kapazitätsanpassungen (zusätzliche Schichten oder Betriebsmittel)?

- Wie wirken sich Veränderungen des Produktportfolios aus?

Des Weiteren wird zurzeit versucht, die Simulation im administrativen Bereich einzubinden,
wo strategische und taktische Entscheidungen nicht immer scharf zu trennen sind. In diesem
Bereich versuchen die Hersteller von Standardsoftware die Attraktivität ihrer Produkte zu
steigern, indem sie Simulationsanwendungen integrieren. Beispiele für Planungen, die bereits
von Standardsoftware unterstützt werden, sind die Umsatz- und Ergebnisplanung, Cash Fore-
cast, Personalplanung, Kapitalmarktmodelle, Life Cycle Costing, Target Costing sowie Risi-
ko-Simulationen.[113]

---

[112] Vgl. z. B.: Zell, M.: Simulationsgestützte Fertigungssteuerung, München 1992, S. 11.
[113] Zur Unterstützung der strategischen Unternehmungsführung durch betriebswirtschaftliche Standardsoftware
vgl. Sinzig, W.: Strategische Unternehmensführung mit SAP SEM. In: Wirtschaftsinformatik 42(2000)2, S.
147 – 155 und Myrtveit, M.; Bean, M.: Business modelling and simulation. In: Wirtschaftsinformatik
42(2000)2, S. 156 – 161.

2.2.2.7 Operative Planung

Die Nutzung der Simulation ist auch bei der operativen Planung einer Unternehmung mög-lich. In vielen Fällen werden dabei Simulationsmodelle aus den vorangegangenen strategi-schen oder taktischen Planungen verwendet, denen in diesem Fall die Rolle von Assistenz-modellen zukommt[114]. Die Simulation unterstützt im operativen Bereich die Bewertung von situationsabhängigen Ablaufalternativen.

Vorbildfunktion hat auch hier der industrielle Bereich, in dem die Simulation voll in die Pro-duktionsplanung und –steuerung integriert werden kann und die Produktionsprogrammpla-nung, die Mengenplanung, die Termin- und Kapazitätsplanung, die Auftragsfreigabe sowie die Auftragsüberwachung unterstützt[115]. Während der Programmplanung kann die Simulation Konsequenzen von verschiedenen Programmen für die Nutzung der Kapazitäten und die Ein-haltung von Terminen aufzeigen. Durch den Einsatz der Simulation kann bei der Mengenpla-nung eine synthetische Bedarfsermittlung erfolgen, die einerseits die erforderlichen Mengen und Termine wesentlich genauer bestimmt als herkömmliche analytische Verfahren und ande-rerseits eine Simultanplanung anstelle einer Stufenplanung zulässt. In der Termin- und Kapa-zitätsplanung ersetzt die Simulation herkömmliche Verfahren vollständig. Ausgehend von den eingetroffenen Aufträgen wird in einem Simulationsexperiment eine dynamische Einplanung der Kapazitäten wie Mensch, Betriebsmittel und Materialien vorgenommen. Zur Bestimmung der Reihenfolge der Abarbeitung können Regeln herangezogen werden. Bei der Auftragsfrei-gabe kann die Simulation die Auftragsfreigabe unterstützen, indem dynamisch geprüft wird, ob die benötigten Ressourcen zur Verfügung stehen.

Ähnliche Aufgaben treten auch im Dienstleistungsbereich auf und ziehen folgende, typische Fragestellungen nach sich:

- Wie sieht die zeitliche Auslastung von Personen und Betriebsmitteln aus?

- In welcher Reihenfolge sollen Aufträge oder Anträge abgearbeitet werden?

- Welche Terminabweichungen ergeben sich bezogen auf den Soll-Termin?

- Wie wirken sich verschiedene Optimierungskriterien und –ziele aus?

- Welche Kosten verursachen Störungen und Eilaufträge?

---

[114] Vgl. Wloka, J.; Spieckermann, S.: Neue Aspekte des Simulationseinsatzes in Warenumschlags- und Distribu-tionslager-Systemen. In: Kuhn, A.; Rabe, M. (Hrsg.): Simulation in Produktion und Logistik, Berlin u. a. 1998, S. 11 – 23.

[115] Zur Anwendung der Simulation im Bereich Produktionsplanung und –steuerung vgl. VDI (Hrsg.): VDI-Richtlinie 3633, Blatt 1 (Entwurf), Düsseldorf 2000, S. 4 f.

2.2.3   Simulationswerkzeuge

Bei der Simulation ist der Einsatz von Werkzeugen unumgänglich. Dies gilt sowohl für die Modellerstellung als auch für die Durchführung der Simulationsexperimente. Für die folgende Beschreibung von Simulationswerkzeugen wird davon ausgegangen, dass das Simulationsmodell als rechnergestütztes Modell vorliegt. Diese Einengung des Simulationsbegriffs wird bei betriebswirtschaftlichen Anwendungen als notwendig erachtet.[116]

Die Aufgabe von Simulationswerkzeugen besteht darin, Simulationsexperimente auf Basis eines zuvor erstellten Modells zu steuern und zu verwalten. Damit wird ein Simulationswerkzeug durch die eingesetzten Simulations- und Modellierungsmethoden charakterisiert.[117] Die Klassifizierung dieser beiden Methoden steht im Mittelpunkt dieses Abschnitts.

2.2.3.1 Simulationsmethoden

Im Verlauf der Entwicklung von Simulationsanwendungen ist eine Fülle von Simulationsmethoden entstanden, die sich auf mehreren Ebenen unterscheiden. Zur Einordnung von Simulationsmethoden werden zunächst drei Kategorien unterschieden: die Systemebene, die Anwendungsebene und die Strukturebene.[118] Die Ausprägungen dieser Kategorien und ihre Beziehungen untereinander zeigt die Abbildung 2-16.

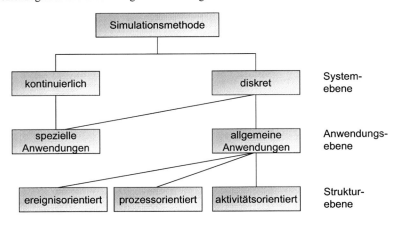

Abbildung 2-16: Klassifikation von Simulationsmethoden

[116] Vgl. Freiburghaus, M.: Methode und Werkzeuge in der Simulation betriebswirtschaftlicher Systeme, Dissertation, Thun 1993, S. 5.

[117] Vgl. Wenzel, S.: Verbesserung der Informationsgestaltung in der Simulationstechnik unter Nutzung autonomer Visualisierungswerkzeuge, Dortmund 1998, S. 34.

[118] Vgl. Zell, M.; Scheer, A.-W.: Simulation als Entscheidungsunterstützungsinstrument in CIM. In: Scheer, A.-W. (Hrsg.): Veröffentlichungen des Instituts für Wirtschaftsinformatik, Heft 62, Saarbrücken 1989, S. 4.

Bei der Modellierung eines Systems müssen dessen Zustände und die Zustandsveränderungen in Abhängigkeit von der Zeit abgebildet werden. Bei *diskreten* Systemen erfolgen die Zustandsübergänge nur zu bestimmten Zeitpunkten. Zwischen diesen Zeitpunkten bleiben die Werte der Zustandsvariablen konstant. Das Eintreten einer solchen Zustandsänderung wird als Ereignis bezeichnet. Dabei wird unterstellt, dass der Wechsel von einem Systemzustand auf einen anderen keine Zeit in Anspruch nimmt.[119] In Simulationsmodellen von diskreten Systemen kann daher eine diskrete, abzählbare Zeitbasis verwendet werden.

Ändert jedoch mindestens eine Zustandsvariable ihren Wert im Zeitablauf kontinuierlich, d. h. nicht sprunghaft, spricht man von einem *kontinuierlichen* System. In diesem Fall muss auch die Zeitbasis des Simulationsmodells kontinuierlich sein. In der nachfolgenden Abbildung 2-17 sind nochmals die idealtypischen Verläufe von diskreten und kontinuierlichen Zustandsvariablen dargestellt.

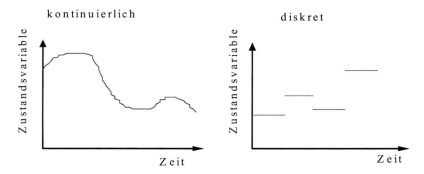

Abbildung 2-17: Zustandsvariablen bei kontinuierlichen und diskreten Systemen[120]

Auf der Anwendungsebene erfolgt die Klassifikation der Simulationswerkzeuge nach Systemen für *allgemeine* und Systemen für *spezielle* Anwendungen. „Während Simulatoren für spezielle Anwendungen darauf abzielen, für eine abgegrenzte Problemstellung die schnelle und einfache Modellerstellung zu gewährleisten (z. B. Simulatoren für flexible Fertigungssysteme), sind allgemein einsetzbare Simulatoren bzw. Simulationssprachen für eine Vielzahl von Problemstellungen geeignet."[121]

[119] Vgl. Friederich, D.: Simulation in der Fertigungssteuerung, Wiesbaden 1998, S. 61.
[120] Liebl, F.: Simulation: problemorientierte Einführung, München u. a. 1992, S. 9.
[121] Zell, M.; Scheer, A.-W.: Simulation als Entscheidungsunterstützungsinstrument in CIM, Veröffentlichungen des Instituts für Wirtschaftsinformatik, Heft 62, Saarbrücken 1989, S. 4.

Auf der Ebene der Modellstruktur unterscheidet man schließlich zwischen ereignisorientier-
ter, aktivitätsorientierter und prozessorientierter Simulation. Im Rahmen der *ereignisorientierten* Simulation, auf der die Mehrheit der Simulationseinsätze in Produktion und Logistik
basiert[122], wird das Modell als eine Folge von Ereignissen beschrieben. Somit werden lediglich die Zustandsänderungen eines Systems nachvollzogen, die zu den Ereigniszeitpunkten
stattfinden, nicht jedoch die Aktivitäten, die zwischen den Zeitpunkten ablaufen.[123]

Das Zeit- und Ereignismanagement erfolgt in diesem Fall durch eine Menge zukünftiger Ereignisse, dem „future-event-set" (FES), in welchem die Eintrittszeitpunkte der einzelnen Ereignisse hinterlegt sind. Die Ereignisse wiederum sind mit Ereignisroutinen verbunden, die
die Attributwerte von Objekten verändern, temporäre Objekte generieren oder löschen und
dem FES neue Ereignisse hinzufügen oder aus der Liste löschen. Zu Beginn eines Simulationsexperimentes wird das Ereignis mit dem frühesten Eintrittstermin bestimmt und die mit
ihm verbundene Routine ausgeführt, sowie eventuell damit verbundene Folgeereignisse ter-
miniert. Dann wird das betrachtete Ereignis aus dem FES gelöscht und unter den verbleiben-
den wiederum das Ereignis mit dem dann frühesten Eintrittstermin bestimmt. Für den Fall,
dass zwei oder mehr Ereignisse gleichzeitig eintreten, müssen vom Anwender Prioritätsregeln
für die Abarbeitungsreihenfolge dieser Ereignisse definiert werden.

Bei der *aktivitätsorientierten* Simulation werden Aktivitäten mit Start- und Endbedingungen
festgelegt. Aktivitäten werden in diesem Zusammenhang als zeitliche Perioden, in denen ein
Vorgang zu einer bestimmten Attributsausprägung führt, definiert.[124] Die zeitliche Fortschrei-
bung erfolgt im Rahmen der aktivitätsorientierten Simulation nicht mit Hilfe eines Vektors
zukünftiger Ereignisse. Dieser wird vielmehr ersetzt durch eine umfassende Abfrage von Bedingungen. Immer wenn eine Zustandsänderung eintritt, wird für sämtliche Aktivitäten überprüft, ob die Bedingungen für den Start bzw. das Beenden der Aktivität erfüllt sind. Auch hier
müssen - ähnlich wie bei der ereignisorientierten Simulation - Priorisierungen bezüglich der
Reihenfolge, in welcher die Aktivitäten überprüft werden, vorgenommen werden, da die Simulationsstudie in Abhängigkeit der Überprüfungsreihenfolge der Aktivitäten zu unterschiedlichen Ergebnissen führen kann.[125]

Die *prozessorientierte* Simulation verbindet die Konzepte der ereignisorientierten und der
aktivitätsorientierten Simulation. Ein Prozess besteht dabei aus einer Reihe von Aktivitäten,

[122] Vgl. Rabe, M.: Einführung. In: Kuhn, A.; Rabe, M.(Hrsg.): Simulation in Produktion und Logistik: Fallbeispielsammlung, Berlin u. a. 1998, S. 1 - 10.
[123] Vgl. Page, B.: Diskrete Simulation, Berlin u. a. 1991, S. 29.
[124] Vgl. Friederich, D.: Simulation in der Fertigungssteuerung, Wiesbaden 1998, S. 61.
[125] Vgl. Liebl, F.: Simulation: problemorientierte Einführung, München u. a. 1992, S. 103.

die zu einem bestimmten Zeitpunkt stattfinden und auf ein bestimmtes Objekt bezogen sind.[126] Ein Prozess hat während der Simulation den Status aktiv oder inaktiv. In inaktiven Phasen führt ein Prozess ohne Zeitverbrauch Zustandänderungen durch. Dieser Prozessteil ist daher mit einer Ereignisroutine vergleichbar. Zeitverbrauchende Aktivitäten werden durch inaktive Phasen abgebildet. Der Prozess wartet sozusagen die Durchführung ab und aktiviert sich danach wieder.

Im Rahmen der Zeitsteuerung muss eine nicht a priori festliegende Anzahl von Prozessen, zwischen denen Abhängigkeiten bestehen, simultan gesteuert werden. Dazu werden zwei Listen geführt: die „future-event-list", welche alle Ereignisse enthält, deren Eintrittstermin in der Zukunft liegt, sowie die „current-event-list", in der diejenigen Ereignisse eingetragen sind, die entsprechend ihres Terminierungszeitpunktes schon eingetreten sein müssten, deren Eintrittsbedingungen jedoch noch nicht erfüllt sind. Zu Beginn eines Simulationsexperimentes wird aus der future-event-list derjenige Systembestandteil mit der frühesten „Reaktivierungs-zeit" entnommen und in die current-event-list eingestellt. Nun wird die current-event-list abgearbeitet, indem durch Überprüfen der jeweiligen Bedingungen für jeden Prozess entschieden wird, ob er vorangetrieben werden kann. Ist dies der Fall, wird geprüft, wie weit er vorangetrieben werden kann und es werden die entsprechenden Aktivitäten ausgeführt und der Systemzustand aktualisiert. Nachdem die current-event-list vollständig abgearbeitet ist, wird wiederum aus der future-event-list der Systembestandteil mit der dann frühesten Reaktivierungszeit bestimmt und der weitere Ablauf vollzieht sich analog.[127]

2.2.3.2 Modellierungsmethoden

Die Modellierung des zu untersuchenden Systems hat entscheidenden Einfluss auf die Art und Qualität der Simulationsergebnisse. Dabei hat der Modellersteller unter einer Fülle von Modellierungsmethoden die für ihn geeigneteste auszuwählen. Eine Klassifizierung dieser Konzepte zeigt die Tabelle 2-5.

---

[126] Vgl. Friederich, D.: Simulation in der Fertigungssteuerung, Wiesbaden 1998, S. 76 f.
[127] Vgl. Liebl, F.: Simulation: problemorientierte Einführung, 2. Auflage, München u. a., S. 107 - 110.

Tabelle 2-5: Modellierungsmethoden für die Simulation[128]

Anwendungs-orientierte Konzepte	- Prozesskettenmodell - Fabrikstrukturmodell - Messstellenmodell		
	- Structured Modeling -Process Graph Method		
	- Bausteinorientierte Konzepte - Listenkonzepte		
Theoretische Konzepte	**Erweiterter theoretischer Ansatz**	- System theoretic approach - Conical methodology	
		- Condition specification	
	Mathematische Modelle	- Petri-Netze - Automaten - Warteschlangen	
Generische Konzepte	- Entity-relationship-attribute -Objektorientiertes Paradigma		
	- Entity-attribute-set		
Sprach-konzepte	- (Objektorientierte) Programmiersprache - Simulationssprachen -		
	- Erweiterte Sprachen auf der Basis von mathematischen Modellen		

Unter *Sprachkonzepten* wird die große Vielfalt von Simulationssprachen zusammengefasst. Sie basieren auf Programmiersprachen, die teilweise um simulationsspezifische Konstrukte erweitert wurden. Wesentliche Eigenschaft dieser Konzepte ist damit die Abbildung eines Systems mit Hilfe vorgegebener, textueller Konstrukte unter Beachtung einer definierten Syntax. Viele Simulationssprachen bieten dem Benutzer zudem Programmmodule für die Simulationsverwaltung an (z. B. Ereignisverwaltung, Statistiken). Die Beschreibung der Domäne und Problemstellung mit Hilfe einer Programmiersprache führt einerseits zu einer hohen Flexibilität bei der Modellerstellung, andererseits ist der Aufwand zur Erstellung des Modells und bei nachträglichen Änderungen sehr hoch. Aus diesem Grund ist eine große Erfahrung im Umgang mit Programmiersprachen erforderlich.

Generische Konzepte basieren auf Methoden, die zur allgemeinen oder implementierungsnahen Beschreibung einer Domäne entwickelt wurden. Als Beispiel kann hier die objektorientierte Programmierung herangezogen werden. Ihren Grundlagen folgend wird ein Simulati-

---

[128] Die Klassifizierung erfolgt in Anlehnung an Wenzel, S.: Verbesserung der Informationsgestaltung in der Simulationstechnik unter Nutzung autonomer Visualisierungswerkzeuge, Dortmund 1998, S. 38.

onsmodell als Menge kommunizierender Objekte verstanden. Die Prinzipien der objektorientierten Programmierung wie Vererbung und Polymorphismus werden in den Simulationsmodellen genutzt. Ein weiteres Beispiel ist das Entity-Relationship-Modell, das einen Anwendungsbereich mit Hilfe von Entitäten und Beziehungen zwischen diesen Entitäten beschreibt. Die Entitäten und Beziehungen werden wiederum durch Attribute spezifiziert.[129] Auch hier gilt, dass die universelle Anwendbarkeit dieser Konzepte dem Modellierer große Freiheiten lässt, aber die aufwendige Modellierung ausgeprägte Fachkenntnisse erfordert.

Theoretische Konzepte zeichnen sich durch die formale Definition ihrer Elemente aus. Beispiele sind Automaten, Petri-Netze und Warteschlangen. Eine besondere Form des in der Informatik sehr gebräuchlichen Konzeptes Automat ist der endliche Automat. Ein endlicher Automat wird formal als Quintupel (Q,Σ,δ,q_0,F) definiert, wobei Q eine endliche Menge von Zuständen, Σ ein endliches Eingangsalphabet, δ die Übergangsfunktion von $Q \times \Sigma$ nach Q, q_0 der Startzustand und $F \subseteq K$ die Menge der Endzustände ist.[130] Auch Petri-Netze existieren in verschiedenen Ausprägungen, die jeweils formal definiert werden können. Die gängigste Form ist das Stellen-Transitions-System, das durch ein 6-Tupel $Y = (S,T,F,K,W,M_0)$ definiert wird, wobei (S,T,F) ein Netz ist, $K : S \rightarrow N \cup \{\infty\}$ (Kapazitäten der Stellen), $W : F \rightarrow N$ (Gewichte der Kanten), $M_0 : S \rightarrow N_0$ (Anfangsmarkierung) mit $\forall s \in S: M_0(s) \leq K(s)$ sind Funktionen. Ein Netz wiederum ist ein Tripel (S,T,F) mit $S \cap T = \emptyset$ und $F \subseteq (S \times T) \cup (T \times S)$. Die Elemente von S heißen Stellen, die von T heißen Transitionen, beide zusammen werden als Knoten bezeichnet. Die Elemente der Flussrelation F schließlich heißen Kanten.[131]

Durch ihre formale Definition besitzen theoretische Konzepte eine klare Syntax und Semantik. Andererseits erschwert die starke Abstraktion der Modellierungselemente in vielen Fällen die Anwendung.

Anwendungsorientierte Konzepte beschränken sich auf eine bestimmte Domäne und können auf diese Weise dem Nutzer angepasste Modellierungsmöglichkeiten anbieten. So werden bei der bausteinorientierten Modellierung Modellelemente in Form eines Bausteinvorrats benutzt, die ausreichend sind, um das zu analysierende Realsystem abzubilden. Die Definition der

---

[129] Vgl. Chen, P.: The Entity-Relationship-Model: Towards a unified view of data. In: ACM (Hrsg.): Transactions on database systems, Nr. 1., 1976, S. 9 – 36.

[130] Vgl. Hopcroft, J.; Ullman, J.: Einführung in die Automatentheorie, formale Sprachen und Komplexitätstheorie, 2. Auflage, Reading u. a. 1990, S. 16 und Lewis, H.; Papadimitriou, C.: Elements of the Theory of Computation, Englewood Cliffs, 1981, S. 51.

[131] Vgl. Baumgarten, B.: Petri-Netze - Grundlagen und Anwendungen, Wiesbaden 1990, S. 50 und S. 79. Zur Anwendung von Petri-Netzen bei der Prozessmodellierung vgl. Schmidt, G.: Prozeßmanagement: Modelle und Methoden, Berlin u. a. 1997.

Bausteine erfolgt nach einer systematischen Analyse der Funktionen und Abläufe des Anwendungsbereichs.[132] Für den Anwender ergeben sich dadurch folgende Vorteile:

- Durch die teilweise vorweggenommene Systemanalyse kann er sich auf die Parametrisie-
  rung der angebotenen Modellierungselemente konzentrieren.

- Durch die vereinheitlichte Definition von Kennzahlen können zur Bewertung der Simulationsergebnisse auch Kennzahlen anderer Projekte herangezogen werden.

- Die Auswertung und Dokumentation der Simulationsergebnisse kann auf einer standardi-
  sierten Basis erfolgen, was diesen Vorgang erheblich vereinfacht.

- Der Testaufwand wird im Vergleich zur Programmierung erheblich reduziert.[133]

Bei der listenorientierten Modellierung greift der Nutzer auf anwendungsspezifische Listenstrukturen zurück, die zur Modellbildung und Durchführung der Simulation notwendig sind.
Merkmale von Listenstrukturen sind die dynamische, nicht eingeschränkte Länge sowie die
flexiblen Möglichkeiten der Bearbeitung. Im logistischen Bereich beinhalten diese Listen
z. B. die Entfernungen, Routen oder die Anzahl der Transportvorgänge. Diese Listen können
verändert und bearbeitet werden.[134]

Einen anderen Weg gehen Prozessketten- oder Fabrikstrukturmodelle. Sie fokussieren auf
strukturelle Charakteristika des Anwendungsbereichs. Dem Anwender werden daher einfache
Konstrukte zur Abbildung von Prozessketten oder Fabrikstrukturen angeboten. Ein Beispiel
ist die ereignisgesteuerte Prozesskette (EPK), die die Modellierung von Geschäftsprozessen
erlaubt. Die EPK verwendet allgemeine Konstrukte, die aus der Verbindung von Bedingungs-
Ereignisnetzen der Petri-Netz-Theorie mit Verknüpfungselementen, wie sie z. B. bei stochastischen Netzplan-Verfahren benutzt werden, stammen.[135] Zudem kann der Benutzer auf
Konstrukte zurückgreifen, die typisch für das Umfeld der Geschäftsprozesse sind, wie z. B.
Organisationseinheiten, Dokumente oder Anwendungssysteme. Eine ausführliche Beschreibung der EPK erfolgt in Kapitel 3.

Anwendungsorientierte Konzepte ermöglichen eine schnelle und komfortable Modellerstellung. Die erforderlichen Kenntnisse aus dem Bereich der Modellierung und Simulation wer-

---

[132] Vgl. Friederich, D.: Simulation in der Fertigungssteuerung, Wiesbaden 1998, S. 104.
[133] Vgl. Kuhn, A.; Reinhardt, A.; Wiendahl, H.-P. (Hrsg.): Handbuch Simulationsanwendungen in Produktion
      und Logistik, Wiesbaden 1993, S. 271.
[134] Vgl. Friederich, D.: Simulation in der Fertigungssteuerung, Wiesbaden 1998, S. 103.
[135] Vgl. Scheer, A.-W.: Wirtschaftsinformatik – Referenzmodelle für industrielle Geschäftsprozesse, 7. Auflage,
      Berlin u. a. 1997, S. 50.

den stark reduziert, da der Anwender mit verständlichen, problemspezifischen Bausteinen arbeitet. Demgegenüber steht eine beschränkte Flexibilität und Abbildungsgenauigkeit.

2.3   Visualisierung von Dienstleistungsprozessen

Die Begriffe Visualisierung und Simulation sind eng miteinander verknüpft. Einerseits sind Simulationswerkzeuge auf eine verständliche Ausgabe von Modell- und Entscheidungsobjekten angewiesen und verfügen daher vielfach über Visualisierungskomponenten. Andererseits bilden Visualisierungen oft Systeme modellhaft ab und erlauben einfache Interaktionen mit diesem Modell. Damit stellen sie primitive Simulationswerkzeuge dar.

Neben dieser großen Schnittmenge von Visualisierung und Simulation besteht ein großes Potenzial zur gegenseitigen Ergänzung. Dies verdeutlicht die folgende Tabelle 2-6. Sie betrachtet die Anwendungsmöglichkeiten von Simulation und Animation.[136] Animation bezeichnet im Allgemeinen die Gestaltung von Laufbildern.[137] Daher kann Animation in Zusammenhang mit der Simulation als dynamische Visualisierung verstanden werden. Tabelle 2-6 unterscheidet dabei die Anwendung der Simulation und Animation jeweils als einzige Applikation und als gekoppelte Systeme.

Tabelle 2-6: Anwendungsmöglichkeiten von Simulation und Animation

	Simulation ohne Animation	Simulation und Animation	Animation ohne Simulation
Erkenntnisgewinn	●	●	○
Ersatz	●	●	●
Spiel		●	○
Präsentation		●	●
Training		●	●
Unterhaltung		○	●

○ teilweise anwendbar   ● anwendbar

Die Tabelle verdeutlicht, dass die Kopplung von Simulation einen eindeutigen Mehrwert erbringt. Während die reine Simulation überwiegend zur Gewinnung von Erkenntnissen über das untersuchte System und als Ersatz für dieses System eingesetzt werden kann, erweitert die Animation die Anwendungsmöglichkeiten der Simulation auf Spiele, Präsentationen, Training

---

[136] Vgl. Lorenz, P.: Simulation und Animation: Konvergenz oder Divergenz. In: Möller, R. (Hrsg.): 2. Workshop Sichtsysteme – Visualisierung in der Simulationstechnik, Berlin u. a. 1991, S. 2.

[137] Vgl. Wenzel, S.: Verbesserung der Informationsgestaltung in der Simulationstechnik unter Nutzung autonomer Visualisierungswerkzeuge, Dortmund 1998, S. 5.

und Unterhaltung. Die Animation alleine unterstützt ebenfalls nur einen Teil der genannten Anwendungen.

Im Folgenden wird das Zusammenwirken von Simulation und Visualisierung aus verschiedenen Perspektiven betrachtet. Nach der Abgrenzung des Begriffes Visualisierung in Abschnitt 2.2.1 werden in Abschnitt 2.3.2 die fachlich-psychologischen Grundlagen untersucht, indem die Auswirkungen der Visualisierung auf die menschliche Informationsverarbeitung beschrieben wird. Danach werden die inhaltlich-technischen Aspekte untersucht. Im Zentrum stehen dabei in Abschnitt 2.3.3 Verfahren zur Visualisierung und Visualisierungssysteme.

2.3.1 Begriffsabgrenzung

Visualisierung kann sehr allgemein als Sichtbarmachung von Dingen definiert werden. In der Literatur wird diskutiert, in welche Form die zu visualisierenden Objekte vorliegen müssen. KRÖMKER trennt zunächst Visualisierung und Informationstechnologie und definiert deshalb Materie, Energie, Information oder Prozesse als Ausgangspunkt.[138] MEYER bezieht den Visualisierungsbegriff auf Informationen (vgl. Abbildung 2-18). Diese Einschränkung ist aus praktischen Erwägungen zulässig, da letztlich nur Informationen über reale oder abstrakte Objekte dargestellt werden können, und aus diesem Grund die Ermittlung von Kennzahlen für ausgewählte Objekteigenschaften zwingend erforderlich ist.

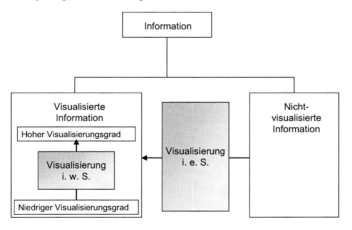

Abbildung 2-18: Formen der Visualisierung[139]

---

[138] Vgl. Krömker, D.: Visualisierungssysteme, Berlin u. a. 1992, S. 1.
[139] Meyer, J.-A.: Visualisierung von Informationen: Verhaltenswissenschaftliche Grundlagen für das Management, Wiesbaden 1999, S. 34.

Die Visualisierung hat nach MEYER zwei Ausprägungen Visualisierung im engeren Sinne bezeichnet die Transformation von nicht visuellen Darstellungsformen der Informationen in visuelle Darstellungsformen. Eine Darstellungsform ist visuell, wenn ihr Inhalt ausschließlich über das visuelle Wahrnehmungssystem aufgenommen und als Bild gespeichert wird. Diese Definition grenzt visuelle Informationen von Schriftzeichen ab, die zwar zunächst als Bild wahrgenommen werden, danach aber einer Bedeutung zugeordnet und auf semantischer Ebene weiterverarbeitet werden.

Visualisierung im weiteren Sinne bezeichnet die Erhöhung des Visualisierungsgrades einer bereits visuell dargestellten Information. Dazu wird von MEYER ein Maß für den Visualisierungsgrad entworfen, das sich an den Dimensionen Form, Farbe, Bewegung und gestalterische Bindung orientiert (vgl. Tabelle 2-7). Jeder dieser Dimensionen werden drei Ausprägungen zugeordnet, die wiederum mit einem Zahlenwert versehen sind. Der Visualisierungsgrad einer Darstellung ergibt sich aus der Summe der Einzelwerte in den verschiedenen Dimensionen. So erhöht die Transformation einer zweidimensionalen oder zweieinhalbdimensionalen Gebäudedarstellung in eine dreidimensionale Darstellung den Visualisierungsgrad um 1. Daher kann diese Transformation als Visualisierung bezeichnet werden.[140]

Tabelle 2-7: Zahlenwerte zur Ermittlung des Visualisierungsgrades

	0	1	2
Formdimension	eindimensional	zweidimensional, zwei-einhalb-dimensional	pseudo-dreidimensional, drei-dimensional
Farbdimension	s/w (mono)	Graustufen	Farbe
Bewegungsdimension	starr	-	bewegt
Gestalterische Bindung	Formbindung	Vektorbindung	Pixelbindung

Bei der Visualisierung ist generell zwischen manuellen und computerunterstützten Verfahren zu unterscheiden. Manuelle Verfahren erfreuen sich in vielen Bereichen immer noch großer Beliebtheit. Beispiele sind technische Zeichnungen im Architekturbereich oder Konzeptzeichnungen bei der Produktentwicklung. Diese Verfahren werden jedoch aufgrund der im-

---

[140] Vgl.: Meyer, J.-A.: Visualisierung von Informationen: Verhaltenswissenschaftliche Grundlagen für das Management, Wiesbaden 1999, S. 31 ff.

mensen Vorteile computerunterstützter Verfahren wie die einfachere Editierbarkeit oder Wiederverwendbarkeit computerbasierter Zeichnungen in nachgelagerten Phasen immer weiter zurückgedrängt. Im Folgenden werden daher nur computerunterstützte Verfahren betrachtet. Die technische Grundlage der Visualisierung ist in diesem Fall die Computergrafik.

Die Computergrafik ist eine relativ junge Disziplin der Informatik. Sie gliedert sich nach ENCARNACAO et al. in die Bereiche generative Computergrafik, Bilderverarbeitung und Bildanalyse. Generative Computergrafik beschäftigt sich mit künstlich erzeugten Bildern, die in Form von Bildbeschreibungen, d. h. Datenstrukturen, vorliegen und durch den Rechner mit Hilfe von Programmen erzeugt werden. Die Daten können vom Benutzer eingegeben oder vom Rechner erzeugt worden sein. Die Bilderverarbeitung bezieht sich auf bereits existierende Bilder. Die Bildverarbeitung stellt für diese Bilder Methoden und Techniken zur Verfügung, um ihre Darstellung so zu verändern, dass z. B. die menschliche Wahrnehmung den Informationsgehalt eines Bildes leichter erfassen kann. Die Bildanalyse entwickelt Methoden zur Zerlegung eines Bildes in Urbilder, d. h. in bekannte grafische Objekte wie Dreiecke, so dass bekannte Datenstrukturen aufgebaut werden können.[141] Den Zusammenhang zwischen diesen Teildisziplinen beschreibt die Abbildung 2-19.

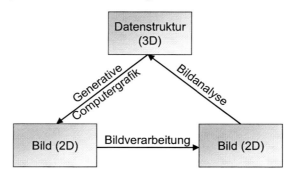

Abbildung 2-19: Teildisziplinen der Computergrafik

Die Entwicklung der Computergrafik und damit auch der computerunterstützten Visualisierung ist getrieben von der Entwicklung der zugehörigen Hardware, die bis heute die Möglichkeiten zur Umsetzung fachlicher Ideen beschränkt. Als erster Meilenstein wird die Entwicklung der computergesteuerten Kathodenstrahlröhre im Jahre 1950 gesehen, da sie die direkte

---

[141] Vgl. Encarnação, J.; Straßer, W.; Klein, R.: Graphische Datenverarbeitung 1, 4. Auflage, München Wien 1996, S. 11 ff.

Wahrnehmung von computergenerierten Grafiken durch den Menschen ermöglichte.[142] 1963
entstanden die Ursprünge moderner interaktiver Grafik in Sutherlands Dissertation über das
Zeichensystem Sketchpad, das viele noch heute übliche Methoden und Techniken zusammen-
fasste.[143] Mitte der sechziger Jahre wurden schließlich erste kommerziell nutzbare, grafische
Systeme entwickelt. Dies waren zunächst CAD- und CAM-Systeme im Fahrzeugbau, die jedoch zunächst nur sehr einfache grafische Darstellungen verwendeten.[144] Viele Jahre blieb die
Computergrafik Spezialisten vorbehalten, insbesondere wegen des hohen Preises der Hardware. Mitte der achtziger Jahre begann der kommerzielle Durchbruch mit dem Apple Macin-
tosh und IBM-PC, die für eine große Zahl von Anwendungen computergenerierte Grafiken
verfügbar machten. Gleichzeitig begann die Standardisierung der Grafiksysteme.[145]

Die wissenschaftliche Beschäftigung mit der Visualisierung begann in den 60er Jahren, als
erste Konzepte zu ihrer Anwendung entwickelt wurden. In der wissenschaftlichen Diskussion
wird meist zwischen wissenschaftlicher Visualisierung und Informationsvisualisierung unterschieden. Der Begriff wissenschaftliche Visualisierung (engl. Scientific Visualization) wurde
erstmals Mitte der 80er Jahre im Umfeld der National Science Foundation NSF in den USA
erwähnt. Die Visualisierung wissenschaftlicher Daten beinhaltet die Anwendung computer-
grafischer Methoden, um die Qualität der Interpretation wissenschaftlicher Daten zu erhöhen.
Diese Daten können von Messungen und Experimenten oder wissenschaftlichen Computersi-
mulationen stammen. Aufgabe ist es daher, geeignete Methoden zu entwickeln, die Daten so
filtern und präsentieren, dass neue Einblicke gewährt und ein besseres Verständnis in physikalische Prozesse, mathematische Konzepte und andere reale Phänomene vermittelt werden.[146]

Der Begriff Informationsvisualisierung (engl. Information Visualization) wurde Anfang der
90er Jahre am XEROX-PARC (Palo Alto Research Center) geprägt. Dort wurden neue, visuelle Metaphern für die räumliche Darstellung von Informationen entwickelt.[147] Informationsvisualisierung bezeichnet die Nutzung rechnergestützter, interaktiver, visueller Repräsentatio-
nen von abstrakten Daten zur Erweiterung der kognitiven Fähigkeiten. Diese abstrakten Daten
treten beispielsweise in Datenbanken, digitalen Bibliotheken oder anderen großen Daten-

---

[142] Vgl. Foley, J.; van Dam, A.; Feiner, S.; Hughes, J.; Philips, R.: Grundlagen der Computergraphik, Reading u.
       a. 1994 , S. 7 ff.
[143] Vgl. Bauer, C.: Nutzerorientierter Einsatz von Virtual Reality im Unternehmen, München 1996, S. 20 f.
[144] Vgl. Spur, G.; Krause, F.-H.: CAD-Technik, München, Wien 1984, S. 22 ff.
[145] Vgl. Watkins, C.; Marenka, S.: Virtual Reality Excursions, Boston u. a. 1994, S. 55 ff.
[146] Vgl. Däßler, R.; Palm, H.: Virtuelle Informationsräume mit VRML, Heidelberg 1998, S. 40 f.
[147] Vgl. Xerox PARC UIR: Information Visualization, URL: http://www.parc.xerox.com/istl/projects/uir/projects
       /InformationVisualization.html, online: 16.11.2000.

sammlungen auf.[148] Die Abbildung abstrakter Informationen in Informationsräumen stellt dabei teilweise höhere Anforderungen an die Visualisierung als die wissenschaftliche Visualisierung. Sie kann oft auf räumliche Gegebenheiten oder reale Objekte wie z. B. Molekülstrukturen oder Strömungskanäle zurückgreifen.[149]

Die Anwendung der Visualisierung im kommerziellen Bereich begann erst relativ spät. Auf Grund der erforderlichen Ressourcen wurden erst Mitte der 70er Jahre erste Grafikanwendungen entwickelt. In dieser Zeit wurde die Computertechnik bereits in vielen Betrieben zur Unterstützung administrativer Tätigkeiten eingesetzt. Erste Anwendungsgebiete der Visualisierung waren die Programmierung von CNC-Maschinen oder die Erstellung von Druckvorlagen.

Die visuelle Darstellung von Informationen bietet zahlreiche Vorteile bei der Aufnahme und Verarbeitung von Information. Dennoch ist die Visualisierung nicht in jedem Fall geeignet, Informationen zu vermitteln. In besonderen Fällen kann sogar die Informationsverarbeitung nachteilig beeinflusst werden. Die Bewertung der Vor- und Nachteile wird in der Wissenschaft z. B. innerhalb der „Grafik versus Text"-Thematik diskutiert. Im Folgenden werden einige Argumente aufgeführt. Die zugrunde liegenden Erkenntnisse der kognitiven Psychologie werden in Abschnitt 2.3.2.1 beschrieben. Der Einsatz von Grafiken stützt sich auf folgende Vorteile:

- Durch ihre zweidimensionale Struktur erlauben Grafiken einen schnelleren Zugriff auf gesuchte Informationen oder den Vergleich mit anderen Bildern. Texte müssen dagegen sequentiell durchlaufen werden.

- Ebenfalls auf Grund der Mehrdimensionalität können in Grafiken Informationen dichter kodiert werden.

- Der Zugriff und die Dekodierung von Grafiken verläuft innerhalb des menschlichen Wahrnehmungssystems wesentlich schneller als bei Texten. Bildverarbeitung wird im frühen Kindesalter eingeübt, wohingegen das Lesen erst mühsam erlernt werden muss.

- Grafiken können reale Objekte direkt darstellen, wohingegen Texte das nur indirekt können. Zudem kann durch die Verwendung geeigneter, realitätsnaher Metaphern ein abstrakter Zusammenhang intuitiv dargestellt werden.

---

[148] Vgl. Card, S.; Mackinlay, J; Shneiderman, B.: Information Visualization. In: Card, S.; Mackinlay, J; Shneiderman, B.(Hrsg.): Readings in information visualization, San Francisco 1999, S. 1 - 34.
[149] Vgl. Preim, B.: Entwicklung interaktiver Systeme, Berlin u. a. 1999, S. 358.

- Grafiken brauchen keinen Namen, da sie direkt mit realen Objekten in Beziehung stehen. Dagegen müssen Texte Bezeichnungen und Benennungen verwenden.[150]

Kritische Argumente beziehen sich überwiegend auf die benötigten Ressourcen und den Interpretationsschwierigkeiten von Grafiken. Auch dazu sollen einige Argumente aufgeführt werden:

- Oft fehlen geeignete Metaphern für abstrakte Zusammenhänge. In diesem Fall wird trotz der gewünschten grafischen Darstellung ein Stück Text integriert.

- Grafische Darstellungen benötigen teilweise mehr Platz als äquivalente textuelle Darstellungen.

- Die Entwicklung einer Grafik und ihre Darstellung benötigt oft mehr Zeit als für das Schreiben und Darstellen eines Textes.

- Regeln für die Entwicklung von Grafiken fehlen in vielen Bereichen. Meist werden Grafiken ad hoc entworfen und bleiben daher unverständlich.

2.3.2   Einsatzgebiete der Visualisierung

Generelles Ziel des Einsatzes der Visualisierung ist es, die menschliche Informationsaufnahme und –verarbeitung so zu beeinflussen, dass die Leistungsfähigkeit des gesamten Informationsverarbeitungssystems gesteigert wird. Ausgangspunkt der Visualisierung sind demnach die kognitiven Prozesse des menschlichen Gehirns. Diese Prozesse, die die menschliche Wahrnehmung, Aufmerksamkeit, das Denken, das Gedächtnis und die Sprache bestimmen, sind Gegenstand der kognitiven Psychologie.[151] Forschungsergebnisse dieser Disziplin zeigen, wo die Visualisierung nutzbringend eingesetzt werden kann, und liefert Gestaltungsregeln für die Entwicklung aufgabenangemessener Darstellungsformen.[152] Deshalb werden einige grundlegende Erkenntnisse der kognitiven Psychologie im Folgenden wiedergegeben. Darauf aufbauend können die fachlichen Ziele des Visualisierungseinsatzes beleuchtet werden.

---

[150] Vgl. Liebelt, M.: Ein interaktives System zur Visualisierung von Datenstrukturen, Berlin 1998, S. 10 f.
[151] Der Begriff „kognitive Psychologie" wurde von Ulric Neisser geprägt. Vgl. Neisser, U.: Kognitive Psychologie, Stuttgart 1974.
[152] Vgl. Meyer, J.-A.: Visualisierung von Informationen: Verhaltenswissenschaftliche Grundlagen für das Management, Wiesbaden 1999, S. 85 ff.

2.3.2.1 Kognitive Grundlagen

Als System steht die menschliche Informationsverarbeitung einer Umwelt gegenüber, von der sie verschiedene Elemente wahrnehmen oder gar als Hilfsmittel nutzen kann wie z. B. Bücher als externe Speicher. Neben äußeren Einflüssen spielen bei der Informationsverarbeitung auch interne Einflüsse eine wichtige Rolle. Hier sind insbesondere Emotionen zu nennen sowie die in Abschnitt 2.1.4.2 bereits beschriebenen Bedürfnisse. Das zentrale Subsystem der menschlichen Kognition ist das Bewusstsein, dessen Rolle als Exekutivsystem beschrieben werden kann. Über die Motorik kann es wieder Einfluss auf seine Umwelt nehmen. Als internes Hilfsmittel verfügt das Exekutivsystem über ein Speichersystem, das Gedächtnis, in dem Wissen über die Umwelt abgelegt wird.[153] Die beschriebenen Komponenten lassen sich in einer Architektur der menschlichen Kognition, wie sie Abbildung 2-20 zeigt, zusammenfassen.

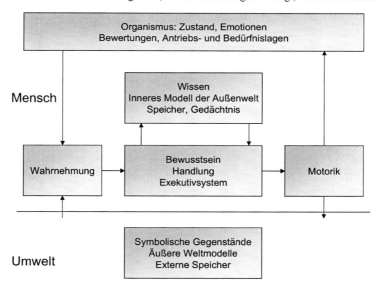

Abbildung 2-20: Architektur der menschlichen Kognition

Jede der beschriebenen Komponenten stellt wiederum ein Subsystem dar, in dem äußerst komplexe Prozesse ablaufen. Vielfach sind diese Prozesse noch nicht vollständig verstanden, weshalb man sich auf eine deskriptive Beschreibung der Funktionsweise beschränkt. Dies gilt auch für das Gedächtnis, das eine entscheidende Rolle bei der Bewertung der Visualisierung spielt. Zur Beschreibung seiner Funktionsweise hat sich das Multi-Speicher-Modell etab-

---

[153] Vgl. Glaser, W.: Menschliche Informationsverarbeitung. In: Eberleh, E.; Oberquelle, H.; Opperamann, R. (Hrsg.): Einführung in die Software-Ergonomie, Berlin, 2. Auflage, New York 1994, S. 6 – 52.

liert[154]. Obwohl einzelne Aspekte dieses Modells kritisiert wurden und davon ausgehend Modifikationen vorgenommen wurden, kann dieses Modell viele Eigenschaften des menschlichen Gedächtnisses erklären und wird deshalb insbesondere in seiner Erweiterung zum Arbeitsspeichermodell für weiterführende gedächtnispsychologische Forschungsarbeiten genutzt.[155] Das Multi-Speicher-Modell unterscheidet drei Ebenen der Verarbeitung: den sensorischen, den Kurzzeit- und den Langzeitspeicher (vgl. Abbildung 2-21).

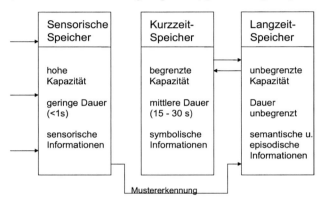

Abbildung 2-21: Multispeicher-Modell

Der sensorische Speicher kann für eine kurze Zeit eine sehr große Menge an unbearbeiteten Informationen wie die Wellenlängen des Lichtes oder Größenangaben der betrachteten Objekte aufnehmen, die direkt in den Sinnesorganen eingetroffen sind. Das Kurzzeitgedächtnis hingegen kann nur eine begrenzte Menge von Daten (etwa sieben Einheiten) für ca. 15 Sekunden speichern.[156] Dabei werden überwiegend symbolische Daten gespeichert. Durch eine geschickte Codierung kann hier die Menge der gespeicherten Informationen massiv erhöht werden. Ein Beispiel ist die Codierung von Binärzahlen als Dezimalzahlen. Während die Speicherung der binären Zahlengruppen 101 000 100 111 sehr aufwendig ist, lässt sich die dezimale Zahlenfolge 5047 sehr einfach merken.[157] Dieses Prinzip lässt sich auch auf die Darstellung von Prozessen im Dienstleistungsbereich anwenden. Hier lässt sich die Aufnahmefähigkeit von Informationen durch eine geschickte Gruppierung von Elementen und durch die Auswahl geeigneter Symbole bzw. Metaphern entscheidend verbessern.

---

[154] Vgl. Broadbent, D.: Perception and communication, London 1958.
[155] Vgl. Banyard, P. u. a.: Einführung in die Kognitionspsychologie, München, Basel 1995, S. 165 ff.
[156] Vgl. Preim, B.: Entwicklung interaktiver Systeme, Berlin u. a. 1999, S. 183 f.
[157] Vgl. Johnson-Laird, P.: Der Computer im Kopf, München 1996, S. 166.

Informationen, die sich im Kurzzeitgedächtnis befinden, gelangen durch Üben in Form von Wiederholen zum Langzeitgedächtnis.[158] Das Langzeitgedächtnis verfügt über einen fast unbegrenzten Speicher, in dem Informationen für eine fast unbegrenzte Zeit abgelegt werden können. Die Verfügbarkeit der gespeicherten Informationen variiert zwischen Minuten und Jahrzehnten. Sie hängt sehr stark von der Intensität des erlebten Sinneseindruckes ab, der gespeichert wurde. Zwischen einzelnen Wissenseinheiten bestehen assoziative Verknüpfungen, so dass über das Erinnern einer Einheit weitere Einheiten aktiviert werden können. Vergessen bedeutet deshalb, dass zu einer Einheit Verknüpfungen fehlen.[159]

In der Psychologie ist festgestellt worden, dass die Aufnahme und Verarbeitung von Informationen im menschlichen Gedächtnis wesentlich effizienter ist, wenn diese Informationen bildlich codiert sind („Bildüberlegenheitseffekt").[160] Zur Erklärung dieses Phänomens wird das multimodale Modell des sensumotorischen Systems benutzt.[161] Bei der Initiierung der Informationsverarbeitung wird in diesem Modell zwischen sprachlichen und nichtsprachlichen, in diesem Fall bildlichen, Informationen unterschieden (vgl. Abbildung 2-22).

Im Falle sprachlicher Informationen wird die Informationsverarbeitung durch visuelle oder akustische Signale ausgelöst. Dies führt zur Rezeption akustischer oder visueller Wortmarken. Diese Wortmarken entsprechen beide einer übergeordneten, abstrakten Wortmarke. Aufgrund der bedeutungsmäßigen Unbestimmtheit von Sprache werden abstrakte Wortmarken einem Wortkonzept und einem Referenzkonzept zugeordnet. Das Wortkonzept beinhaltet das linguistische Konzept, das Referenzkonzept dagegen die nonverbalen Konzepte. Im Falle der Prozessvisualisierung entspricht das Referenzkonzept den Prozessinhalten wie z. B. den durchgeführten Aktivitäten oder den beteiligten Personen.

Wesentlich direkter erfolgt die Verarbeitung bildlicher Signale. Die modalitätsspezifische Marke, die Bildmarke, wird direkt dem dahinterliegenden Konzept zugeordnet. Es ist jedoch zu beachten, dass zwischen der bildlichen Information und einer Bildmarke eine eindeutige Beziehung bestehen muss.

---

[158] Vgl. Banyard, P. u. a.: Einführung in die Kognitionspsychologie, München, Basel 1995, S. 165.

[159] Vgl. Preim, B.: Entwicklung interaktiver Systeme, Berlin u. a. 1999, S. 184 f.

[160] Der Bildüberlegenheitseffekt wird umgangssprachlich treffend mit dem Ausspruch „Ein Bild sagt mehr als 1000 Worte" charakterisiert. Ergebnisse der kognitiven Psychologie bestätigen diese Weisheit. Vgl. Strittmatter, P.: Ein Bild sagt mehr als 1000 Worte. In: Scheidgen, H.; Strittmatter, P.; Tack, W.: Information ist noch kein Wissen, Weinheim, Basel 1990, S. 127 – 142.

[161] Vgl. zu der Darstellung des sensumotorischen Systems Wittenberg, C.: Aufgabenorientierte Visualisierung eines komplexen verfahrenstechnischen Prozesses unter Verwendung dreidimensionaler Computergrafik. In: Arend, U.; Eberleh, E.; Pitschke, K.: Software Ergonomie 1999 – Design von Informationswelten, Stuttgart, Leipzig 1999, S. 335 – 344.

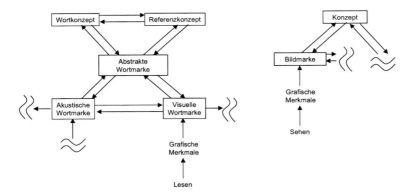

Abbildung 2-22: Ausschnitte aus dem sensumotorischen System[162]

Für die Gestaltung von Benutzungsoberflächen bedeutet dies, dass Menüs und Dialoge möglichst wenig Text verwenden sollten. Des Weiteren sind die Darstellungen von Prozessteilen so zu wählen, dass sie als Erinnerungshinweise geeignet sind. Insbesondere können dies Symbole und Bilder von Gegenständen des alltäglichen Lebens sein, die Assoziationen zu bekannten Abläufen herstellen. Dadurch kann die Verbindung zu einer Bildmarke direkt hergestellt werden. Falls diese Verbindung erfolgreich hergestellt wird, können sehr schnell verwandte Informationen abgerufen werden, da diese in einem Bild gleichzeitig präsent sind. Diese unkomplizierte Aktivierung von Kontextwissen wird als wesentlicher Vorteil der visuellen Kommunikation angesehen.[163]

Ein weiterer Aspekt, der bei der Gestaltung einer Visualisierung beachtet werden sollte, ist die menschliche Aufmerksamkeit. Sie wird als Verteilung kognitiver Ressourcen definiert. Der Mensch ist in der Lage, in Abhängigkeit von der aktuellen Situation diese begrenzten Ressourcen flexibel zuzuordnen. Dabei kann er seine ganze Aufmerksamkeit auf einen Prozess konzentrieren (selektive Aufmerksamkeit) oder nur einen Teil verwenden (geteilte Aufmerksamkeit).[164]

---

[162] Wittenberg, C.: Aufgabenorientierte Visualisierung eines komplexen verfahrenstechnischen Prozesses unter Verwendung dreidimensionaler Computergrafik. In: Arend, U.; Eberleh, E.; Pitschke, K.: Software Ergonomie 1999 – Design von Informationswelten, Stuttgart, Leipzig 1999, S. 340.

[163] Vgl. Strittmatter, P.: Ein Bild sagt mehr als 1000 Worte. In: Scheidgen, H.; Strittmatter, P.; Tack, W.: Information ist noch kein Wissen, Weinheim, Basel 1990, S. 127 – 142.

[164] Vgl. Banyard, P. u. a.: Einführung in die Kognitionspsychologie, München, Basel 1995, S. 92 ff.

Der Wechsel zwischen geteilter und selektiver Aufmerksamkeit kann sich sehr schnell vollziehen. Ein Beispiel hierfür ist das Autofahren. Während einer Fahrt kann sich der Fahrer in gefahrlosen Situationen auf das Fahren, das Gespräch mit seinem Beifahrer und die laufende Musik konzentrieren. Sobald aber ein Kind auf die Straße läuft, widmet der Fahrer seine volle Aufmerksamkeit seinem Fahrzeug, um einen Unfall zu vermeiden.[165]

Für die Gestaltung einer Visualisierung bedeutet dies, dass der Benutzer nicht durch zu viele und überflüssige Dinge von den durchzuführenden Aufgaben abgelenkt werden sollte. Falls nur die unbedingt notwendigen Informationen dargestellt werden, führt dies auch zu einer Entlastung des Informationsverarbeitungssystems.[166] Umgekehrt kann durch den geschickten Einsatz bestimmter Elemente die Aufmerksamkeit auf wichtige Informationen gelenkt werden.

2.3.2.2 Ziele der Visualisierung

Die beschriebenen Besonderheiten der Verarbeitung visueller Informationen lassen sich auf vielfältige Art und Weise nutzen. KRÖMKER unterscheidet hierbei drei grundsätzliche Ziele der Visualisierung:

- Kenntnisvermittlung,
- Erkenntnisgewinnung und
- Training.[167]

Kenntnisvermittlung war die ursprüngliche Intention naturalistischer, bildlicher Darstellungen. Erste Beispiele hierfür finden sich bereits in der Steinzeit, wo Höhlenmalereien Wissen über Pflanzen, Tiere oder Jagdtechniken weitergeben. Aus diesen bildlichen Zeichen entwickelte sich über Jahrtausende hinweg die Schrift. Heute wird in vielen Bereichen der Aus- und Weiterbildung diese Form der Wissensvermittlung wiederentdeckt und weiterentwickelt. Dabei macht man sich insbesondere zunutze, dass Bilder sich leichter und besser einprägen als Text.[168]

---

[165] Vgl. Preim, B.: Entwicklung interaktiver Systeme, Berlin u. a. 1999, S. 191-
[166] Vgl. Meyer, J.-A.: Visualisierung von Informationen: Verhaltenswissenschaftliche Grundlagen für das Management, Wiesbaden 1999, S. 123.
[167] Vgl. Krömker, D.: Visualisierungssysteme, Berlin u. a. 1992, S. 3 ff.
[168] Vgl. Moonen, J.: Visualisation and effective instruction. In: Schoenmaker, J.; Stanchev, I. (Hrsg.): Principles and tools for instructional visualisation, Twente 1994, S. 5 – 10.

Im Mittelpunkt dieser Arbeit steht die Erkenntnisgewinnung mit Hilfe der Visualisierung im Rahmen der Simulation von Dienstleistungsprozessen. Auch diese Anwendung lässt sich weit zurückverfolgen. So wurden bereits in der Bronzezeit erste technische Visualisierungen entwickelt, z. B. maßstabsgerechte Pläne für den Hausbau oder Muster für das Weben und Flechten, die das planmäßige, kreative Handeln unterstützen. Die Visualisierung macht dazu Informationen leichter zugänglich, erleichtert Schlussfolgerungen und steigert die Effizienz von Entscheidungen. Die Zugänglichkeit von Informationen wird dadurch erhöht, dass die Visualisierung die physische Informationsaufnahme, -verarbeitung und -speicherung verbessert. Auf diese Weise können größere Mengen von Informationen bewältigt werden Die Zugänglichkeit von Informationen wird dadurch erleichtert, dass Beziehungen zwischen Informationsobjekten direkt in der Darstellung präsent oder im Gedächtnis einfacher abrufbar sind.[169] In einer Visualisierung von Dienstleistungsprozessen können zudem leichter sinnvolle Aggregationen gebildet, Bezüge direkt aufgezeigt und die Aufmerksamkeit gezielt gelenkt werden.[170] Schlussfolgerungen werden gefördert, indem z. B. der Wissensbestand vollständig ausgeschöpft wird und dadurch reflektierte Entscheidungen getroffen werden.

Weitere Nutzenziele bestehen in der Beeinflussung des Betrachters, der Erhöhung der Entscheidungszufriedenheit und dem Stärken des Vertrauens in die eigene Entscheidung. Die Beeinflussung des Betrachters ist innerhalb einer Visualisierung durch die stärkere Einbeziehung des Betrachters und Steuerung der Aufmerksamkeit möglich.

Training kann als Sonderform oder Erweiterung der Kenntnisvermittlung angesehen werden. Neben der Vermittlung von Wissen werden auch bestimmte Fertigkeiten, Verhaltensmuster und Reaktionsweisen eingeübt.[171]

Um diese Ziele zu erreichen sind nach SCHUMANN et al. bei der Gestaltung der Visualisierung folgende Einflussfaktoren zu beachten:

- die Art und Struktur der Ausgangsdaten, z. B. den Typ der Daten oder die Dimension und Struktur des Beobachtungsbereichs,

- das Bearbeitungsziel der Visualisierung, z. B. Überblicken eines Systems, Detailanalyse oder Ergebnispräsentation für Dritte,

- das Vorwissen des Anwenders bzw. Betrachters,

---

[169] Vgl. Meyer, J.-A.: Visualisierung von Informationen: Verhaltenswissenschaftliche Grundlagen für das Management, Wiesbaden 1999, S. 98.
[170] Vgl. Herrmann, T.: Flexible Präsentation von Prozeßmodellen. In: Arend, U.; Eberleh, E.; Pitschke, K. (Hrsg.): Software Ergonomie 1999 – Design von Informationswelten, Stuttgart, Leipzig 1999, S. 123 – 136.
[171] Vgl. Krömker, D.: Visualisierungssysteme, Berlin u. a. 1992, S. 3 ff.

- die visuellen Fähigkeiten und Vorlieben des Betrachters, z. B. Farbenblindheit oder Farb-
präferenzen,

- die üblichen Metaphern oder Konventionen des Anwendungsgebietes,

- die Charakteristika des Darstellungsmediums wie Auflösung, Anzahl der darstellbaren
Farben und Rechenleistung.[172]

2.3.3   Visualisierungsverfahren

2.3.3.1 Visualisierungspipeline

Grundprinzip aller Visualisierungsverfahren ist die Visualisierungspipeline. Die drei wesentlichen Schritte der Visualisierungspipeline sind die Datenaufbereitung (Filtering), die Erzeugung eines Geometriemodells (Mapping) und die Bildgenerierung (Rendering).[173] Abbildung
2-23 fasst diese Stufen zusammen.

Daten → Filtering → Mapping → Rendering → Bild

Abbildung 2-23: Stufen der Visualisierungspipeline

Ausgangspunkt der Visualisierung sind die in einer Anwendung erhobenen Daten, die als
Rohdaten bezeichnet werden. Diese Daten werden für nachfolgende Stufen aufbereitet. In
bestimmten Fällen werden dazu fehlende Daten ergänzt, falls diese aus den vorhandenen Daten rekonstruierbar sind. Im umgekehrten Fall werden Datenbestände reduziert, um den Anwender nicht mit überflüssigen Details zu verwirren. Eine weitere Aufgabe im Rahmen der
Datenaufbereitung ist das Filtern, worauf die englische Bezeichnung Filtering zurückzuführen
ist. Durch das Filtern lassen sich bestimmte Datenwerte glätten oder korrigieren.

Die aufbereiteten Daten werden im zweiten Schritt dem Mapping zugeführt. Hierbei werden
nicht geometrische Daten in Geometriedaten transformiert. Das bedeutet, dass einzelne Daten
auf geometrische Primitive (z. B. Pixel) und ihre Attribute (z. B. Farbe) abgebildet werden.
Daher bestimmt das Mapping in entscheidendem Maße die spätere Repräsentation der dargestellten Daten. Bei der Abbildung auf zwei- und dreidimensionale Darstellungen werden acht
verschiedene Attributgruppen unterschieden:

---

[172] Vgl. Schumann, H.; Müller, W.: Visualisierung, Berlin u. a. 2000, S. 8 f.
[173] Vgl. Felger, W.: Innovative Interaktionstechniken in der Visualisierung, Berlin u. a. 1995, S. 38 ff und Schumann, H.; Müller, W.: Visualisierung, Berlin u. a. 2000, S. 15 ff.

- die Position auf der Ebene bzw. im Raum, angegeben durch die Koordinaten x, y und für dreidimensionale Darstellungen durch eine zusätzliche z-Koordinate,

- die Größe,

- der Helligkeitswert,

- die Musterung oder Textur,

- die Farbe,

- die Richtung oder Orientierung und

- die Form des Elements.[174]

Im letzten Schritt, dem Rendering, werden schließlich die Geometriedaten in Bilddaten transformiert. Diese Aufgabe wird im Allgemeinen von Grafikpaketen durchgeführt. Aus Sicht der Visualisierung ist an dieser Stelle zu entscheiden, welche Darstellungsart beim Rendering verwendet wird. Mögliche Darstellungsarten sind z. B. realitätsnahe Bilder, abstrahierende Bilder, mentale Bilder oder Animationen.

2.3.3.2 Klassifizierung von Visualisierungsverfahren

Zur Klassifizierung von Visualisierungsverfahren wurden zahlreiche Schemata entwickelt, die eine beträchtliche Zahl von Kriterien verwenden. Dabei ist die Bezeichung der einzelnen Kriterien bis auf wenige Ausnahmen nicht eindeutig. Die folgenden Ausführungen konzentrieren sich auf die häufig genannten Kriterien Zeitverhalten, Dimension, Abstraktionsgrad und Interaktion (vgl. Tabelle 2-8).

Tabelle 2-8: Klassifikationskriterien für Visualisierungsverfahren

Kriterium und Ausprägungen		Beispiele
Zeitverhalten	Statisch	Gebäudearchitektur
	Dynamisch	Personen innerhalb eines Prozesses
Dimension	1 D	Zeitstrahl
	2 D	Fabriklayout
	2 ½ D	Technische Zeichnung
	3 D	Flugsimulationen

---

[174] Vgl. Schumann, H.; Müller, W.: Visualisierung, Berlin u. a. 2000, S. 126.

Kriterium und Ausprägungen		Beispiele
	Symbolisch	Flussdiagramme
	Ikonisch	Warnschilder (Strahlung, Explosionsgefahr)
	Realitätsnah	Explosionszeichnung
	Fotorealistisch	Videobild
Interaktion	Ablaufsteuerung	Starten, Anhalten
	Objektsteuerung	Bewegung einer Person
	Modellmodifikation	Verschieben von Wänden

Das Zeitverhalten beschreibt, wie sich die Darstellung über die Zeit hin verhält. Falls keine Veränderungen auftreten, spricht man von einer statischen Darstellung. Beispiel ist die Darstellung der Architektur eines Gebäudes. Verändern dagegen einzelne Objekte der Darstellung mindestens einmal ihre Attribute wie z. B. Ort oder Farbe, handelt es sich um eine dynamische Visualisierung. Beispiele hierfür sind sich bewegende Personen oder Bearbeitungselemente innerhalb eines Prozesses.

Bei den Dimensionen der Darstellungen wird zwischen 1D, 2D, 2 ½ D und 3D unterschieden. Eine eindimensionale Darstellung ist aus geometrischer Sicht nicht möglich. In diesem Zusammenhang wird der Begriff verwendet, um Diagramme zu beschreiben, die keine zweite Dimension benötigen. Beispiele für zweidimensionale Darstellungen sind Fabriklayouts oder Balkendiagramme. Werden durch perspektivische Verfahren (z. B. Kavaliersperspektive oder Vogelperspektive in der Axonometrie) Objekte so dargestellt, dass ein räumlicher Eindruck entsteht, spricht man von 2 ½ D. Diese Verfahren sind beim technischen Zeichnen sehr verbreitet.[175] Meist werden zusätzlich verschiedene Ebenen verwendet, die übereinander gelegt werden. Die letzte Kategorie bilden dreidimensionale Darstellungen, deren Produktion mit dem größten Aufwand verbunden ist.

Der Abstraktionsgrad bezieht sich auf die Objekte innerhalb einer Darstellung und beschreibt ihren Bezug zu dem abgebildeten, realen Objekt. Werden bestimmte, optische Attribute eines realen Objektes nicht wiedergegeben, spricht man von einer abstrakten Darstellung. Durch a priori getroffene Konventionen erkennt der Betrachter meist trotz der Abstraktion, um welches Objekt es sich handelt. Diese Objekte werden als Symbol bezeichnet. Ist die Bedeutung eines Objektes trotz starker Abstraktion ohne Konventionen aus sich heraus erkennbar, spricht

---

[175] Vgl. z. B. Schörner, E.: Darstellende Geometrie, 3. Auflage, München 1977 oder Berns, H.: Zeichnerische Darstellungsmethoden, München 1962.

man von einer Ikone. Nimmt der Abstraktionsgrad der dargestellten Objekte ab, spricht man von realitätsnahen und schließlich fotorealistischen Darstellungen.

Die Formen der Interaktion innerhalb einer Darstellung sind vielfältig. Ohne Interaktion kann der Benutzer nach dem Start der Visualisierung nicht mehr eingreifen. Die einfachste Form der Interaktion ist die Steuerung der Darstellung durch Anhalten, Sprünge oder Veränderung der Perspektive. Weitergehende Interaktionsmöglichkeiten erlauben die Steuerung einzelner Objekte bis hin zur Modifikation des zugrundeliegenden Modells. Mit zunehmenden Interaktionsmöglichkeiten steigt der Grad der Immersion des Benutzers. In Verbindung mit dreidimensionalen, realistischen Darstellungen entstehen virtuelle Umgebungen oder eine „Virtual Reality".[176]

2.3.3.3 Visualisierungssysteme

Visualisierungssysteme unterstützen die Sichtbarmachung von Daten in einer oder mehreren Phasen der Visualisierungspipeline. Hauptaufgabe ist damit die Generierung von Bildern. KRÖMKER entwickelt ein vereinfachtes Strukturmodell für Visualisierungssysteme, das in Abbildung 2-24 dargestellt ist.[177] Die Rechtecke symbolisieren in der Darstellung Verarbeitungseinheiten, die Ovale Speichereinheiten.

Die Anwendungssicht beinhaltet anwendungsspezifisch definierte Objekte, die beliebige Anwendungsdaten beschreiben. Teile dieser Daten definieren im Anwendungskontext ein Bild. Die Schicht der symbolischen Repräsentation umfasst nur noch abstrakte Beschreibungen eines Bildes, die nicht explizit Geometrie und bildorientierte Merkmale beschreiben. Die Schicht der Geometrie- und Merkmalsrepräsentation beinhaltet geometrische Beschreibungen, Erscheinungsattribute und Merkmale sowie Betrachtungsparameter. Die Schicht der digitalen Pixelrepräsentation beschreibt das Bild in einer diskret abgetasteten und quantisierten Form. Die elektrische Schicht bezieht sich auf die Videorepräsentation. Schließlich wird die analog optische Repräsentation unmittelbar vom Menschen wahrgenommen.

---

[176] Zum Begriff „Virtual Reality" vgl. Steuer, J.: Defining Virtual Reality: Dimensions Determining Telepresence. In: Journal of Communications 42 (1992) 4, S. 72 – 93 und Leston, J.; Ring, K.; Kyral, E.: Virtual Reality: Business Applications, Markets and Opportunities, London 1996.

[177] Vgl. Krömker, D.: Visualisierungssysteme, Berlin u. a. 1992, S. 50 f.

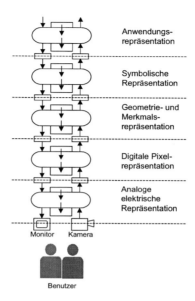

Abbildung 2-24: Strukturmodell von Visualisierungssystemen[178]

Zur Bewertung von Visualisierungssystemen formuliert KRÖMKER drei Kategorien von Anforderungen:

- die Bildqualität,

- die Interaktion und Geschwindigkeit sowie

- die Art und Anzahl der zu visualisierenden Objekte.

Die Bildqualität wird durch die gestalterische Qualität, die Realitätstreue der Darstellung und die technische Qualität charakterisiert. Die gestalterische Qualität beschreibt die Aussagefähigkeit, den psychischen Reiz und die ästhetische Wirkung. Die Realitätstreue der Darstellung kann mit dem Fotorealismus des Bildes gleichgesetzt werden. Sie beeinflusst maßgeblich den Generierungsaufwand. Die technische Bildqualität kann mit Hilfe der Teilaspekte Bildauflösung, Farbgradation, dem Grad der Vermeidung oder Verdeckung von Verzeichnungen und der Präsentationsqualität gemessen werden.

Interaktions- und Geschwindigkeitsanforderungen lassen sich durch die Kenngrößen System-antwortzeit, Bildaufbauzeit und Bildauffrischzeit charakterisieren. Durch ergonomische Un-

---

[178] Krömker, D.: Visualisierungssysteme, Berlin u. a. 1992, S. 51.

tersuchungen konnten für diese Größen Obergrenzen definiert werden. So sollte die System-antwortzeit bei Sichtsystemen 100 Millisekunden nicht überschreiten. Neben ergonomischen Aspekten sind bei der Bestimmung systemspezifischer Grenzen auch wirtschaftliche und nutzerbezogene Aspekte zu beachten.

Die Art und Anzahl der zu visualisierenden Objekte bezieht sich auf Primitive, die direkt dem Rendering unterzogen werden können. Für gleiche Bildinhalte ist die Art und Anzahl der Primitive durchaus variabel. So können komplexe Primitive wie Polygone in einfachere Primitive wie Dreiecke zerlegt werden. Ein weiteres Beispiel sind stark segmentierte Objekte, die als komplizierte Rendering-Primitive oder direkt als Pixelkombination beschrieben werden können. Damit hat die Art und Anzahl der Primitive einen entscheidenden Einfluss auf die Leistungsfähigkeit eines Visualisierungssystems.[179]

---

[179] Vgl. Krömker, D.: Visualisierungssysteme, Berlin u. a. 1992, S. 11 ff.

3 Methode der visuellen Simulation von Dienstleistungsprozessen

In Kapitel 2 wurden die fachlichen und technischen Grundlagen für das Zusammenwirken von Simulation und Visualisierung im Dienstleistungsbereich untersucht. Die Ergebnisse dieser Untersuchung werden in diesem Kapitel zu dem Konzept der visuellen Simulation zusammengeführt. Nach der Abgrenzung dieses Begriffs in Abschnitt 3.1 und der Darstellung der Einsatzszenarien der visuellen Simulation in Abschnitt 3.2 werden im Abschnitt 3.3 die Ziele der visuellen Simulation in den erwähnten Einsatzszenarien beschrieben. Zur Durchführung der visuellen Simulation wird eine Methode entwickelt, deren Aufbau in Abschnitt 3.4 erläutert wird. Schließlich werden die einzelnen Elemente dieser Methode, das Vorgehensmodell zur Simulation von Dienstleistungsprozessen (Abschnitt 3.5), das Vorgehensmodell zur Visualisierung von Dienstleistungsprozessen (Abschnitt 3.6) und das Metamodell der visuellen Simulation von Dienstleistungsprozessen (Abschnitt 3.7) beschrieben.

3.1 Begriffsabgrenzung

Unter visueller Simulation wird in dieser Arbeit die Nutzung sämtlicher Verfahren der Visualisierung, die in Abschnitt 2.3.3 klassifiziert wurden, während einer oder mehrerer Phasen der Simulation, wie sie in Abschnitt 3.5 beschrieben werden, verstanden. Dies bedeutet, dass Daten des Simulationsmodells und Experimentergebnisse als Eingangsdaten der Visualisierung zugeführt werden. Resultat des Visualisierungsvorgangs sind Bilder, die wiederum in der Simulation Verwendung finden (vgl. Abbildung 3-1).

Dieses Verständnis von „visueller Simulation" wird durch die Verwendung des Adjektivs „visuell" in wissenschaftlichen Publikationen gestützt. So definiert MEYER, dass eine Information visuell ist, „... wenn ihr Inhalt ausschließlich über das visuelle System (i. S. v. Paivio[1]) aufgenommen und zumindest auch als Bild gespeichert wird und nicht aus inneren, semantischen (sprachliche Beschreibungen, die innere Bilder hervorrufen), akustischen, geschmackssensorischen bzw. olfaktorischen oder haptischen Reizen entstanden ist"[2]. Das Adjektiv „visuell" beschreibt also lediglich die Form der Informationsvermittlung, nimmt aber keinen Bezug auf die Form der Interaktion.

---

[1] Das visuelle System wird in verschiedenen Arbeiten von Pavio beschrieben. Meyer nennt Paivio, A.: Imagery and verbal processes, New York u. a. 1991.

[2] Meyer, J.-A.: Visualisierung von Informationen: Verhaltenswissenschaftliche Grundlagen für das Management, Wiesbaden 1999, S. 33.

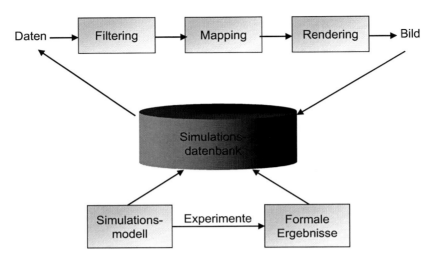

Abbildung 3-1: Visuelle Simulation

Damit grenzt sich visuelle Simulation gegenüber den Bezeichnungen „visual interactive si-mulation" (VIS) und „visual interactive modeling systems" (VIMS) ab, die im angelsächsi-schen Bereich vielfach verwendet werden. VIS und VIMS fordern explizit die Nutzung inter-aktiver Verfahren. So definiert HURRION „visual interactive simulation" als „ the process of displaying dynamics of a simulation model on a colour graphics screen and allowing user interaction during execution of it, bringing valuable insight in the system under investigati-on"[3]. Visuelle Simulation wird in dieser Arbeit weiter gefasst, sowohl auf der Seite der ver-wendeten Visualisierungsverfahren[4], als auch auf der Seite der möglichen Anwendungsge-biete, die im nächsten Abschnitt vorgestellt werden.

---

[3] Hurrion, R.: Using 3D animation techniques to help with the experimental design and analysis phase of a visual interactive simulation project". In: Journal of the Operations Research Society, Juli 1993, S. 693 – 700.

[4] Insbesondere wird auch die „animated simulation" eingeschlossen, gegen die sich die „visual interactive simu-lation" scharf abgrenzt.

3.2 Einsatzszenarien der visuellen Simulation von Dienstleistungsprozessen

Mit zunehmender Verbreitung der Simulation im betrieblichen Bereich und der breiten Verfügbarkeit von anspruchsvollen Visualisierungssystemen wird die Verknüpfung dieser Bereiche zur Anwenderunterstützung gefordert. Dabei ist es oftmals schwierig zu entscheiden, ob eine anspruchsvolle Visualisierung wirklich erforderlich ist oder ob reine Marketingaspekte deren Einsatz getrieben haben.[5] Es ist jedoch unbestritten, dass unabhängig von der Domäne in den folgenden Bereichen die Visualisierung ein geeignetes Hilfsmittel bei der Simulation darstellt:

- Die Visualisierung kann als Akquisitionswerkzeug eingesetzt werden, indem sie bei der Präsentation von Simulationswerkzeugen zusätzliche Nutzenpotenziale für den Kunden aufzeigt und erfolgreiche Simulationsstudien eindrucksvoll darstellt.

- Als Werkzeug bei der Modellerstellung unterstützt sie die Fehlersuche und Verifikation, indem sie dem Experten schnelleren Zugriff auf Informationen ermöglicht.

- Als Validierungshilfsmittel dient sie der Aufdeckung von Modellfehlern, indem sie inhaltliche Zusammenhänge insbesondere für Mitarbeiter der Fachabteilungen leichter verständlich macht.

- Durch die Hervorhebung kritischer Daten z. B. bei Konflikt- und Deadlocksituationen, Systemengpässen oder stochastischen Einflüssen wird sie als Analysewerkzeug und Erklärungsunterstützung für das Modellverhalten eingesetzt (explorative Analyse).

- Die Visualisierung vereinfacht die Kommunikation zwischen Simulationsspezialisten und Planer, z. B. bei Erläuterung von Prozessverläufen und zur Bestätigung von Hypothesen der explorativen Analyse (konfirmative Analyse).

- Im Rahmen von Präsentationen vor Entscheidern veranschaulicht sie die Ergebnisse der Simulationsstudie und vereinfacht damit den Entscheidungsprozess.

- Schließlich dient die Visualisierung oftmals Schulungszwecken, insbesondere bei der Vermittlung von betrieblichen Abläufen.[6] Zur Vermittlung von Prozessstrukturen können

---

[5] Vgl. Wenzel, S.: Die Visualisierung als ergänzende Methode zur Simulation in Produktion und Logistik. In: Hohmann, G. (Hrsg.): Tagungsband zum 13. Symposium Simulationstechnik, Ghent 1999, S. 463 – 468.

[6] Die Rolle der Simulation bei der Vermittlung von Prozessinhalten wird beschrieben u. a. in Pang, L.; Hodson, W.: The use of simulation in process reengineering education. In: Farrington, P.; Nembhard, D.; Sturrock, D.; Evans, G. (Hrsg.): Proceedings of the 1999 Winter Simulation Conference, New York 1999, S. 1397 – 1402.

Schüler innerhalb einer visuellen Simulationsumgebung im Rahmen von Fallstudien selbst Aktivitäten ausführen. Durch die Simulationsumgebung erhalten sie daraufhin individuelle Rückmeldungen.[7]

Verschiedene Arbeiten haben gezeigt, dass die Visualisierung aber auch zur Modellerstellung selbst genutzt werden kann.[8] Die Zuordnung dieser Anwendungsbereiche zum groben Vorgehensmodell aus Abbildung 3-10 zeigt die Abbildung 3-2.

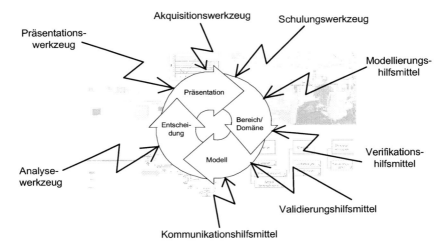

Abbildung 3-2: Einsatzszenarien der visuellen Simulation von Dienstleistungsprozessen

Die Visualisierung bietet im Rahmen der genannten Einsatzszenarien einen Zusatznutzen, indem die Qualität und Quantität der vom Anwender aufgenommenen Informationen erhöht wird. WENZEL gliedert diese erweiterten Möglichkeiten (dreidimensionaler) Visualisierung in drei Bereiche:

- die Herstellung des Realitätsbezuges und damit die Verbesserung der Interpretations- und Bewertungsbasis,

---

[7] Vgl.: Wenzel, S.: Verbesserung der Informationsgestaltung in der Simulationstechnik unter Nutzung autonomer Visualisierungswerkzeuge, Dortmund 1998, S. 21 und Lorenz, P.: Simulation und Animation: Konvergenz oder Divergenz. In: Möller, R. (Hrsg.): 2. Workshop Sichtsysteme – Visualisierung in der Simulationstechnik, Berlin u. a. 1991, S. 1 – 16.

[8] Vgl. Leinenbach, S.: Interaktive Geschäftsprozessmodellierung: Dokumentation von Prozesswissen in einer Virtual Reality-gestützten Unternehmensvisualisierung, Wiesbaden 2000, S. 58 ff.

- die Erweiterung der darzustellenden Informationsinhalte um raumbezogene Sachverhalte und Zusammenhänge,

- die Ableitung von exakten Steuerungslogiken und Maßnahmen in Bezug auf Störungen oder betriebliche Sondersituationen.[9]

---

[9] Vgl.: Wenzel, S.: Verbesserung der Informationsgestaltung in der Simulationstechnik unter Nutzung autonomer Visualisierungswerkzeuge, Dortmund 1998, S. 23.

3.3   Ziele der visuellen Simulation von Dienstleistungsprozessen

Generelles Ziel der visuellen Simulation ist in allen Anwendungsbereichen die optimierte Unterstützung der menschlichen Kognition durch die Visualisierung von Simulationsobjekten, um die Qualität der Ergebnisse eines Simulationsprojektes zu erhöhen. Der Visualisierung von Simulationsobjekten erleichtert die Rezeption von Informationen über größtenteils statische Strukturen der Unternehmung im Falle der Modellierung von Dienstleistungsprozessen oder über dynamische Systemeigenschaften im Falle der Modellprüfung, Analyse und Präsentation. Weitere Teilziele leiten sich aus diesem generellen Ziel ableiten und sind von den einzelnen Zielgruppen abhängig.

Mögliche Zielgruppen der visuellen Simulation sind fast alle Personen und Personengruppen, die an der Simulation beteiligt sind. Dies sind Unternehmungsleitung, Process Owner, Planer, Simulationsexperte und die Fachabteilung.[10] Auf die Aufgaben und das Zusammenwirken dieser Personen wird in Abschnitt 3.4 detailliert eingegangen. Jede Zielgruppe hat dabei eigene Anforderungen an die Visualisierung, die sich aus ihren unterschiedlichen Charakteristika hinsichtlich Wissen, Aufgabenstellung, Zielstellung und Informationsbedarf ergeben. Diese Besonderheiten müssen bei einer Visualisierung berücksichtigt werden, um eine optimale Informationsversorgung zu gewährleisten.

Der Simulationsexperte und der Planer als Experte der Domäne sind die häufigsten Nutzer des Simulationswerkzeugs. Durch die Modellierung und Simulation sind sie zudem mit den betrachteten Prozessen vertraut. Ihre Aufgabe besteht darin, Prozesse zu analysieren und Entscheidungen vorzubereiten. Sie benötigen daher viele Detailinformationen, die durch eine strukturierte Visualisierung leichter zu erfassen sind.

Im Rahmen dieser Arbeit wird auf die Unterstützung der Unternehmungsteile fokussiert, die mit den klassischen Simulationswerkzeugen nicht vertraut sind. Ein Beispiel ist der Process Owner. Obwohl er nur über eingeschränkte Kenntnisse aus dem Bereich Simulation verfügt, muss er die Modellerstellung unterstützen und daher auf alle verfügbaren Daten zugreifen. Im weiteren Verlauf der Simulationsstudie wird er zudem in die Entscheidungsfindung einbezogen. Somit benötigt er Entscheidungsdaten in einer aufbereiteten Form.

Als letzte Instanz im Entscheidungsprozess bestätigt oder korrigiert die Unternehmungsleitung die durch Planer und Simulationsexperten vorbereiteten Entscheidungen. Dazu muss sie

---

[10] Vgl.: Shannon, R.: Introduction to the art and science of simulation. In: Medeiros, D. J.; Watson, E.; Carson, J.; Manivannan, M. (Hrsg.): Proceedings of the 1998 Winter Simulation Conference, New York 1998, S. 7 – 14.

die wesentlichen Simulationsergebnisse und Argumentationslinien kennen und verstehen. Die erforderlichen Informationen sind stark verdichtet und stellen insbesondere Zusammenhänge dar. Eine intuitive Darstellung der relevanten Informationen ist Voraussetzung für schnelle und korrekte Entscheidungen.

Die größten Defizite im Bereich der Benutzungsschnittstellen und Modellierungskonzepte von Simulationswerkzeugen sind zur Zeit bei der Integration der Mitarbeiter der Fachabteilungen erkennbar. Sie sind Träger des Prozesswissens, weshalb ihre aktive Beteiligung in allen Phasen der Simulation wünschenswert ist. Dem stehen aber mangelnde Methodenkenntnisse entgegen (vgl. Abbildung 3-3). Die Problematik kann selbst durch die Nutzung semiformaler Modellierungssprachen[11] nur partiell überwunden werden.[12]

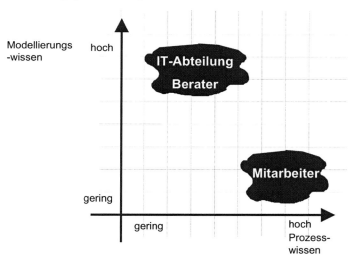

Abbildung 3-3: Kompetenzverteilung bei der Prozesssimulation

Die Aufgabe der Fachabteilungen besteht darin, ihr Prozesswissen in die Simulation einzubringen, um Prozesse zu dokumentieren, Modelle zu verifizieren und die Ergebnisse der Simulationsstudie zu validieren. Sie sind daher sowohl an Detailinformationen interessiert als auch an groben Zusammenhängen, die das gesamte Systemverhalten beschreiben. Dieses Wissen über Zusammenhänge wird auch in Schulungen benötigt, in denen neue Mitarbeiter in

---

[11] Vgl.: Remme, M.: Konstruktion von Geschäftsprozessen - ein modellgestützter Ansatz durch Montage generischer Prozesspartikel, Wiesbaden 1997, S. 43 f.
[12] Vgl.: Lullies, V.; Pastowsky, M.; Grandke, S.: Geschäftsprozesse optimieren – ohne Diktat der Technik. In: Harvard Business Manager 20(1998)2, S. 65 – 72.

die Abläufe der Unternehmung eingewiesen werden. Die folgende Abbildung 3-4 fasst die vorgestellten Ziele der visuellen Simulation zusammen. Sie zeigt zudem auf welche Funktionen in der Simulation sich diese Ziele beziehen und welche Organisationseinheiten diese Funktionen ausführen. Die genannten Funktionen werden in Abschnitt 3.5 in das Vorgehensmodell der visuellen Simulation von Dienstleistungsprozessen eingeordnet.

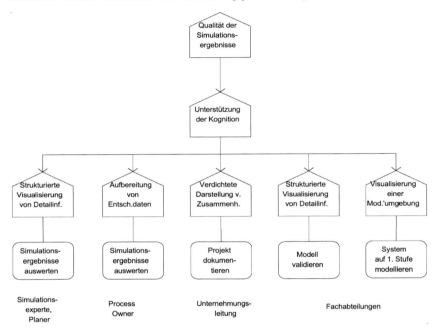

Abbildung 3-4: Ziele der visuellen Simulation

Durch die intuitive, dienstleistungsspezifische Vermittlung von Prozessinformationen ist es möglich, die Organisation von Simulationsprojekten zu optimieren. Zielgruppenspezifische Visualisierungen von Simulationsobjekten erlauben es mit der Modellierung von Dienstleistungsprozessen nicht vertrauten Mitarbeitern, die Abläufe im untersuchten Bereich nachzuvollziehen und wesentliche Charakteristika aufzunehmen. Dadurch sollen sie zunächst in die Lage versetzt werden, die Richtigkeit der Simulationsmodelle und Experimentergebnisse im Rahmen der Verifikation und Validierung zu prüfen.

Des Weiteren dient die starke Einbeziehung der fachlich verantwortlichen Mitarbeiter auch dazu, mit ihrer Hilfe während der Analyse Schwachstellen im Prozessablauf aufzudecken und ihre Kompetenz zu nutzen, um Optimierungsmöglichkeiten zu erarbeiten. Von der dazu erforderlichen intuitiven Visualisierung profitieren auch der Process Owner und die Unternehmungsleitung bei einer sich anschließenden Präsentation der Simulationsergebnisse.

Schließlich ermöglicht die Visualisierung ausgewählter Simulationsobjekte die stärkere Einbeziehung der fachlich verantwortlichen Mitarbeiter bei der Modellierung der Dienstleistungsprozesse. Mittel dazu ist eine intuitive Beschreibungssprache, die die direkte Beteiligung der Mitarbeiter bei der Modellierung ermöglicht. Dadurch werden Informationsverluste bei der Kommunikation zwischen fachlich verantwortlichen Mitarbeitern und Modellierern vermieden.

3.4   *Aufbau der Methode der visuellen Simulation von Dienstleistungsprozessen*

Bei der Durchführung einer visuellen Simulation von Dienstleistungsprozessen ist der Anwender darauf angewiesen, Anweisungen hinsichtlich der durchzuführenden Aktivitäten sowie Hilfsmittel zur Beschreibung seiner Domäne und Problemstellung zu erhalten. Deshalb
wird in den folgenden Abschnitten dieses Kapitels ein Vorgehensmodell und ein Metamodell
der Simulationsobjekte zu einer methodischen Unterstützung zusammengeführt (vgl.
Abbildung 3-5). Diese methodische Unterstützung deckt alle Bereich der visuellen Simulation, wie sie in Abbildung 3-1 zusammengefasst wurden, ab. Dabei wird auf die fachlichen
Aspekte fokussiert. Technische Aspekte verlieren auf Grund der inhaltlichen Zielsetzung der
visuellen Simulation an Bedeutung. In Kapitel 4 wird auf Basis der vorgestellten Methode ein
Werkzeug entwickelt, das Teile der durchzuführenden Tätigkeiten unterstützt oder automatisiert.

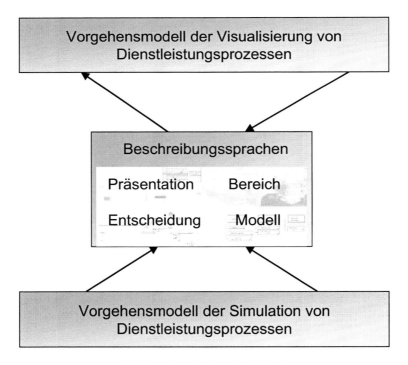

Abbildung 3-5: Aufbau der Methode

Die Definition der visuellen Simulation von Dienstleistungsprozessen hat verdeutlicht, dass die Simulation um die Visualisierung ausgewählter Objekte erweitert wird. Dadurch werden sowohl das Vorgehensmodell als auch die Beschreibungssprachen der Simulation modifiziert. Zur leichteren Verständlichkeit wird bei der Entwicklung des Vorgehensmodells der visuellen Simulation zunächst ein Vorgehensmodell für die Simulation von Dienstleistungsprozessen erarbeitet.

Innerhalb dieses Vorgehensmodells werden die Phasen ermittelt, in denen die Visualisierung angewendet wird. Für diese Phasen wird ein detailliertes Vorgehensmodell der Visualisierung von Dienstleistungsprozessen entwickelt. Die Verzahnung dieser beiden Vorgehensmodelle, die zusammen das Vorgehensmodell der visuellen Simulation von Dienstleistungsprozessen bilden, wird durch Hinterlegungsbeziehungen in dem zugrunde liegenden ereignisgesteuerten Prozessketten abgebildet. In Kapitel 4 wird das Vorgehensmodell herangezogen, um die Aufgaben einer Werkzeugunterstützung für die visuelle Simulation von Dienstleistungsprozessen zu spezifizieren. Zudem wird das Vorgehensmodell zur Visualisierung von Dienstleistungsprozessen genutzt, um die Aktivitäten des Entwurfsprozesses für die Werkzeugunterstützung abzuleiten.

Das Vorgehensmodell bildet bereits die verwendeten oder erzeugten Simulationsobjekte auf einer abstrahierten Ebene ab. Dabei wird deutlich, dass die Fülle dieser Objektwelt sich in Anlehnung an die groben Phasen der visuellen Simulation strukturieren lassen. Diese Phasen spiegeln auch verschiedene Sichten auf die Simulation wieder, die sich mit den Begriffen Bereich, Modell, Entscheidung und Präsentation beschreiben lassen. Diese Sichten sind Ausgangspunkt für die Definition sogenannter Packages (Pakete), in denen die Simulationsobjekte dieser Sichten zusammengefasst werden. Für jedes Package werden Metamodelle entwickelt, die die auftretenden Objekte und ihre Eigenschaften beschreiben. Sie dienen damit als Bezugsrahmen für eine anwendungsspezifische Ableitung von Simulationsobjekten. Des Weiteren bilden sie die fachliche Grundlage zum Entwurf einer Werkzeugunterstützung für die visuelle Simulation von Dienstleistungsprozessen.

3.5   *Vorgehensmodell der Simulation von Dienstleistungsprozessen*

3.5.1   Umfelddaten eines Simulationsprojektes

Bei der Entwicklung eines Vorgehensmodells für die Simulation von Dienstleistungsprozessen wird davon ausgegangen, dass noch kein Simulationsmodell vorliegt. Damit wird der typische Fall eines Simulationsprojektes betrachtet, das zur Unterstützung der strategischen oder taktischen Planungen initiiert wurde. Für die sich anschließende operative Planung kann dagegen auf ein vorhandenes Simulationsmodell zurückgegriffen werden, das in bestimmten Teilen angepasst werden muss.[13] Abbildung 3-6 zeigt in der Notation IDEF[14] einen Überblick über das Umfeld eines Simulationsprojektes. Die dort dargestellten Umfelddaten gliedern sich in Rahmenbedingungen (oben), Eingangsdaten (links), Werkzeuge (unten) und Ausgangsdaten (rechts).

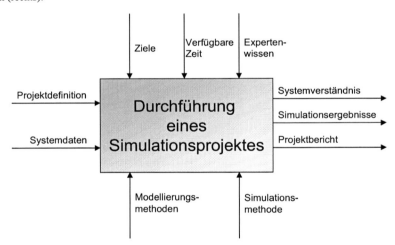

Abbildung 3-6: Umfeld eines Simulationsprojektes[15]

Rahmenbedingungen, die durch die betrachtete Unternehmung vorgegeben werden, sind dessen Ziele, die verfügbare Zeit und das vorhandene Expertenwissen im Bereich der Simulation. Bevor das Simulationsprojekt gestartet wird, erhalten die Durchführenden eine Projektdefinition. Des Weiteren sind die Daten des zu analysierenden Systems fest vorgegeben und müssen

---

[13] Vgl. dazu Abschnitt 2.2.2.
[14] Vgl.: ICAM: IDEF0, IDEF1, IDEF2 Methods. Integrated Computer Aided Manufacturing Materials Laboratory, Ohio, 1983.
[15] Vgl.: Monsef, Y.: Modélisation et simulation des systèmes complexes, Paris u. a. 1996 , S. 36.

teilweise für die Simulation erfasst werden. Auf Basis der genannten Rahmenbedingungen und Eingangsdaten werden die geeignete Modellierungs- und Simulationsmethode ausgewählt, um die Simulation durchführen zu können. Als Output der Simulation entstehen in verschiedenster Form aufbereitete Simulationsergebnisse. Die für die Fragestellung relevanten Teile werden zusammen mit der Ablaufbeschreibung im Projektbericht festgehalten. Zudem vermittelt die Simulation ein vertieftes Verständnis des betrachteten Systems

3.5.2   Aufbauorganisation eines Simulationsprojektes

Die Organisationsstruktur eines Simulationsprojektes gleicht sehr stark den Strukturen in klassischen Prozessoptimierungsprojekten[16] in Dienstleistungsunternehmungen.[17] Ursache dafür ist der hohe Modellierungsanteil in Simulationsprojekten, in dem die Abläufe der Unternehmung abgebildet werden müssen. Einen Überblick über die Projektaufbauorganisation gibt die Abbildung 3-7.

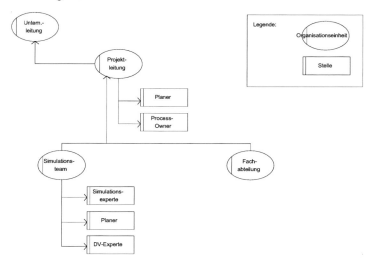

Abbildung 3-7: Projektorganisation

---

[16] Zur Aufbauorganisation von Reorganisationsprojekten vgl. Scheer, A.-W.; Nüttgens, M.; Zimmermann, V.: Business Process Reengineering in der Verwaltung. In: Scheer, A.-W.; Friedrichs, J. (Hrsg.): Innovative Verwaltung 2000, Wiesbaden 1996, S. 11 – 30.

[17] Vgl.: Robinson, S.: Successful Simulation: Practical Approach to Simulation Projects, Maidenhead 1994, S. 21 ff und Shannon, R.: Introduction to the art and science of simulation. In: Medeiros, D. J.; Watson, E.; Carson, J.; Manivannan, M. (Hrsg.): Proceedings of the 1998 Winter Simulation Conference, New York 1998, S. 7 – 14.

Eine zentrale Rolle nimmt im gesamten Projektverlauf der Planer ein. Seine Aufgabe ist die Planung neuer oder optimierter Dienstleistungsprozesse in seiner Unternehmung. Im Idealfall ist der Planer auch der Process Owner der entsprechenden Prozesse und leitet das Simulationsprojekt alleinverantwortlich. Sollte er nicht verantwortlich für die betrachteten Prozesse sein, bildet er zusammen mit den Process Ownern die Projektleitung. Sie nimmt die verbindende Position zwischen Unternehmungsleitung und dem Simulationsteam ein. Das Simulationsteam besteht aus dem Planer, einem oder mehreren Simulationsexperten und unterstützenden Mitarbeitern z. B. aus der DV-Abteilung. Während des Simulationsprojektes werden zudem die Mitarbeiter der betroffenen Fachabteilungen eingebunden, die über das erforderliche Wissen bezüglich der Prozessdetails verfügen.

3.5.3   Ablauforganisation eines Simulationsprojektes

Im Folgenden wird nun die Ablauforganisation eines Simulationsprojektes beschrieben, indem die Transformation von Input-Daten zu Output-Daten, wie sie Abbildung 3-6 zeigt, detailliert spezifiziert wird. In Abbildung 3-8 und Abbildung 3-9 wird dieses Vorgehen in der Notation der ereignisgesteuerten Prozesskette zusammengefasst. Dieses Vorgehensmodell wird im folgenden Abschnitt 3.7 um eine genaue Definition der verwendeten Objekte erweitert.

3.5.3.1 *Prüfung der Simulationswürdigkeit*

Grundlage des gesamten Simulationsprojektes ist die Projektdefinition, die im Allgemeinen von der Unternehmungsleitung vorgegeben wird. Hier werden die Ziele der Prozessanalysen genannt und in manchen Fällen bereits alternative Szenarien grob beschrieben. Mit Hilfe dieser Informationen hat der Planer zu entscheiden, ob das betrachtete Problem simulationswürdig ist. Kriterien für diese Entscheidung sind die Komplexität und Struktur der Fragestellung. In Abschnitt 2.2.2.2 wurden alternative Verfahren beschrieben, die mit weniger Aufwand verbunden sind und möglicherweise das Problem lösen können.

BLECHER und LIEM haben zur Beantwortung der Frage, ob die Simulation von Prozessen sinnvoll ist, ein dreistufiges Verfahren entwickelt.[18] Der erste Schritt prüft, ob alle erforderlichen Daten erfassbar sind. Im zweiten Schritt wird untersucht, ob die Funktionalität von Simulationswerkzeugen die Ziele der Prozessoptimierung unterstützt.

---

[18] Vgl.: Blecher, G.; Liem, S.: Pro/Contra Simulation in der Geschäftsprozeßoptimierung: Eine Entscheidungsunterstützung. In: Hofer-Alfeis, J. (Hrsg.): Geschäftsprozeßmanagement - innovative Ansätze für das wandlungsfähige Unternehmen, Ergebnisbericht b_b3_41e.

Im dritten Schritt wird schließlich eine Checkliste benutzt, die in einer Grobanalyse Komplexität und Struktur der Fragestellung untersucht. Die folgende Tabelle 3-1 gibt einen Überblick über die verwendeten Kriterien und Fragestellungen dieser Grobanalyse.

Tabelle 3-1: Grobanalyse des Anwendungsbereichs

Kriterium	Fragestellung
Vernetzungsgrad des Prozesses	Sind die Teilprozesse stark miteinander vernetzt?
Anzahl der Rückschleifen	Existieren viele Rückschleifen oder Rückkopplungen im Prozess und zwischen Teilprozessen?
Repetetiver Prozesscharakter	Wie oft wiederholen sich die Prozesse?
Qualität der ermittelbaren Daten	Kann die Mindestanforderung eingehalten werden?
Menge der notwendigen Daten	Wie groß ist der Aufwand, der für die Datenerfassung erforderlich ist?
Stabilität der Prozessstruktur	Wie gut ist die Stabilität der Prozessstruktur des Untersuchungsbereichs?
Stabilität der Datengrundlage	Wie stabil sind die Daten, die für die Simulationsexperimente eingesetzt werden?
Anzahl der beteiligten Stellen/Personen	Wie wird die Anzahl eingeschätzt?
Zeitlichen Schwankungen	Wie häufig können zeitliche Schwankungen auftreten?
Anzahl der Störungen	Wie häufig treten Störungen im Prozess auf?

3.5.3.2 Modellerstellung

Hat die Untersuchung des Problems ergeben, dass die Simulation ein geeignetes Verfahren zu dessen Lösung ist, muss ein Simulationsteam aufgebaut werden. Dazu prüft der Planer in Zusammenarbeit mit der Personalabteilung seiner Unternehmung, ob das entsprechende Expertenwissen intern vorhanden ist. Sollte das nicht der Fall sein, wird ein externer Simulationsdienstleister von der Unternehmungsleitung beauftragt. Dabei ist zwischen Dienstleistern, die eng mit einem Produkt verbunden sind, und unabhängigen Dienstleistern zu unterscheiden. Hier ist zwischen hervorragender Produktkenntnis und unabhängiger Beratung abzuwägen.

Im Projektverlauf ist es darüber hinaus von besonderer Bedeutung, neben den Projektzielen die exakten Unternehmungsziele zu kennen. Sie geben den Rahmen für die zu analysierenden Parameter und für alternative Szenarien vor. Hier ist Aufgabe des Planers, die von der Unternehmungsleitung vorgegebene Zielstruktur, d. h. Gesamtziele und Teilziele, zu dokumentieren und für die Simulation nutzbar zu machen. Diese werden später als entscheidungsunterstützende Objekte benötigt.

Mit dem Aufbau einer Datenbasis für die Simulation beginnt eine der schwierigsten Phasen der Simulation. Dabei muss das Simulationsteam in Zusammenarbeit mit den Fachabteilungen die Daten sammeln, die zur Erstellung eines Simulationsmodells erforderlich sind. Viele Daten können dabei nur mündlich erfragt werden und müssen in ein Rechnersystem eingegeben werden. Andere Daten liegen bereits in elektronischer Form, z. B. als Tabellenblätter oder CAD-Zeichnungen, vor und können importiert werden. Die vielfältigen Quellen wurden in Abschnitt 2.2.2.2 beschrieben. Neben dem Aufwand für den Import der Daten ist aber auf jeden Fall mit einer Nachbearbeitung der verwendeten Daten zu rechnen, da sich Fehler bei der Übernahme und bei der Zuordnung der übernommenen Daten nie ganz ausschließen lassen. Manuell eingegebene und importierte Daten sind schließlich in ihrem Zusammenhang auf Plausibilität zu prüfen. Bei fehlerhaften Daten müssen Ergänzungen und Korrekturen durchgeführt werden. Nach Abschluss dieser Phase liegt die fachliche Basis der Simulation durch den Aufbau einer umfassenden Bereichdokumentation fest.

Der Simulationsexperte prüft nun die bisher gesammelten Daten auf ihre Konsistenz, indem er grob abschätzt, ob die definierten Ziele unter den gegebenen Rahmenbedingungen überhaupt erreichbar sind. Hierzu werden einfache Flussdiagramme verwendet. Sollte eine überschlägige Abschätzung ergeben, dass die Ziele nicht erreichbar sind, müssen diese Ziele und die verwendete Datenbasis nochmals überprüft werden (vgl. Abbildung 3-8).

Nach diesen analysierenden Tätigkeiten beginnt die Modellierung des Systems, die in zwei Stufen aufgeteilt wird. In einer ersten Stufe entwickelt der Planer, als Schnittstelle zwischen Unternehmung und Simulationsexperte, ein noch nicht experimentierbares Modell, ohne mögliche Restriktionen der späteren Implementierung in einer Simulationssprache zu beachten. Sofern dies möglich ist, sollte daran die Fachabteilung mitwirken. Die Hauptaufgabe in dieser Phase besteht darin, zu einer geeigneten Abstraktion der erfassten Sachverhalte zu kommen. Der Planer ist dazu am besten qualifiziert, da er mit seinem Verständnis der Problemstellung entscheiden kann, welche Systemeigenschaften relevant und welche vernachlässigbar sind. Auf diese Weise entwickelt er die Bereichsobjekte, die Grundlage einer späteren Implementierung sind.

Im Allgemeinen wird bei der Modellierung auf der 2. Stufe ein Simulationswerkzeug, das auch Simulator genannt wird, verwendet. Der Simulator unterstützt den Simulationsexperten bei der Modellierung, beim Experimentieren und bei der Auswertung. Zur Lösung technischer Probleme des Simulators wird ein DV-Experte hinzugezogen. Bei der Modellierung bietet der Simulator für abgegrenzte Anwendungsgebiete Bausteine an, die eine schnelle und fehlerfreie

Modellerstellung ermöglichen. Der Simulationsexperte kann aber auch eine Programmiersprache verwenden. In diesem Fall muss er aber sämtliche Verwaltungskomponenten des Simulators, z. B. Datenverwaltung oder Schnittstellen, zu anderen Anwendungssystemen sowie die Benutzungsschnittstelle selbst entwickeln.[19] Resultat dieser Phase sind die Modellobjekte, die alle relevanten Eigenschaften des betrachteten Realitätsausschnitts in einer experimentierbaren Form wiedergeben müssen.

Vor der Durchführung von Experimenten erfolgt eine Validierung des Modells. Hierbei unterstützen der Planer und die Fachabteilung den Simulationsexperten, um mögliche fachliche Fehler zu beseitigen. Bei der Validierung sind Vergangenheitswerte besonders hilfreich. Diese können zu ersten Experimenten mit dem Simulationsmodell genutzt werden, um die Plausibilität der Ergebnisse zu überprüfen. Sollte das Modell mit Fehlern behaftet sein, die keine gültigen Experimente zulassen, müssen beide Stufen der Modellierung überprüft werden, um die Fehlerquellen zu beseitigen.

Die Besonderheit der visuellen Simulation besteht darin, dass bei der Modellerstellung und bei der Validierung der Prozessmodelle auf Visualisierungssysteme zurückgegriffen wird. Im Falle der Modellierung wird dazu eine statische Unternehmungsumgebung nachgebildet, in der die fachlich verantwortlichen Mitarbeiter auf intuitive Art und Weise ihre Prozesse dokumentieren können.[20]

Zur Validierung werden die Prozessmodelle intuitiv dargestellt, um eine möglichst breite Beteiligung bei der Modellanalyse zu gewährleisten. In beiden Fällen ist jedoch zuvor eine adäquate Visualisierung zu entwickeln. Die Vorgehensweise hierzu wird im Vorgehensmodell zur Visualisierung von Dienstleistungsprozessen in Abschnitt 3.6 beschrieben. In Abbildung 3-8 verweisen die Prozessschnittstellen auf dieses Vorgehensmodell.

3.5.3.3 Experimentdurchführung und Auswertung

Auf Basis eines gültigen Modells werden schließlich die Simulationsexperimente durchgeführt. Zunächst werden in dieser Phase die Startwerte der Simulation festgelegt. Hierzu können Zufallsgeneratoren genutzt werden. Danach werden die verschiedenen Prozessvarianten mit unterschiedlichen Lastdaten, Ablaufregeln oder Anfangszuständen in Experimenten zusammengefasst. Diese werden in einer festzulegenden Reihenfolge in den Simulator eingestellt. Aus der Fülle der entstehenden Ergebnisdaten und daraus abgeleiteten Aggregationen

---

[19] Zur Beschreibung verschiedener Modellierungsmethoden vgl. Abschnitt 2.2.3.
[20] Vgl.: Leinenbach, S.: Interaktive Geschäftsprozessmodellierung: Dokumentation von Prozesswissen in einer Virtual Reality-gestützten Unternehmungsvisualisierung, Wiesbaden 2000.

werden weitere Objekte und Attribute extrahiert, die die zu treffende Entscheidung unterstützen. Zusammen mit den Unternehmungszielen bilden sie die Entscheidungsobjekte.

Die Entscheidungsobjekte sind Basis der Auswertung der Simulationsexperimente. Hier können Schwachstellen der geplanten Prozesse („Flaschenhälse") ermittelt oder geplante Verbesserungen bewertet werden. Um diese Aufgabe zu erleichtern, werden die Ergebnisobjekte
benutzergerecht präsentiert. Wie bereits bei der Modellerstellung und Validierung muss hierzu vorab eine Visualisierung erfolgen. Die erforderlichen Tätigkeiten beschreibt das Vorgehensmodell zur Visualisierung von Dienstleistungsprozessen in Abschnitt 3.6.

Die Visualisierung kann teilweise bereits während der Simulationsexperimente erfolgen, indem dynamische Aspekte und bestimmte Ergebniswerte präsentiert werden. Es ist auch möglich, Ergebnisobjekte nach den eigentlichen Experimenten – zum Teil auch dynamisch – zu
präsentieren. Viele Simulatoren greifen zur Präsentation der Ergebnisse auf externe Systeme
zurück, zu denen Schnittstellen existieren. Die eigentliche Interpretation der Daten muss aber
der Planer selbst vornehmen.

Die letzte Phase der Simulationsdurchführung fasst die Ergebnisse in einer Projektdokumentation zusammen. Dabei werden der Planer und der Simulationsexperte im Wesentlichen auf
die zuvor generierten Präsentationsobjekte zurückgreifen. In dieser Dokumentation werden
auch die Konsequenzen beschrieben, die sich aus dem Simulationsprojekt ergeben. Insbesondere wird aufgezeigt, wie die zukünftigen Dienstleistungsprozesse gestaltet werden sollten.
Adressat der Projektdokumentation ist die Unternehmungsleitung (vgl. Abbildung 3-9).

Die Modellierung auf der zweiten Stufe, die Modellvalidierung und die Auswertung der Simulationsergebnisse können in besonderer Weise von der Visualisierung profitieren. Wie in
Abschnitt 3.3 erläutert wurde, kann die intuitive Darstellung der Prozessinhalte im Simulationsmodell und der Simulationsergebnisse die Partizipation der fachlich verantwortlichen Mitarbeiter steigern. Des Weiteren kann eine verständliche Visualisierung der statischen Unternehmungsstrukturen Ausgangspunkt für die interaktive Erhebung der Ablauforganisation
sein. Die Durchführung dieser Visualisierung beschreibt das folgende Vorgehensmodell für
die Visualisierung von Dienstleistungsprozessen. Dieses Vorgehensmodell wird den genannten Phasen der Simulation hinterlegt. Dies deuten die Prozesssymbole an den Funktionssym-
bolen in Abbildung 3-8 und Abbildung 3-9 an.

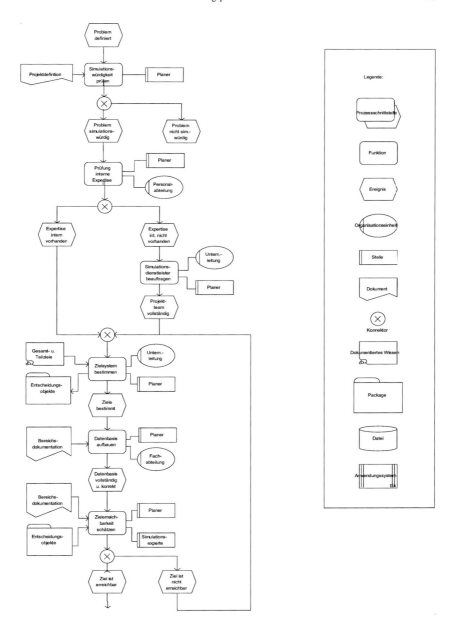

Abbildung 3-8: Vorgehensmodell der Simulation - Teil 1

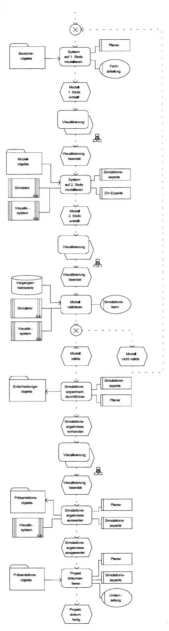

Abbildung 3-9: Vorgehensmodell der Simulation - Teil 2

3.6   *Vorgehensmodell für die Visualisierung von Dienstleistungsprozessen*

3.6.1   Aufbauorganisation für die Visualisierung von Dienstleistungsprozessen

Grundlage für eine erfolgreiche Visualisierung ist eine klare Zuteilung von Zuständigkeiten und die Verfügbarkeit der erforderlichen Kompetenzen. Dazu wird eine hierarchische Aufbauorganisation definiert, die sich an der Projektstruktur bei der Entwicklung von Software orientiert. Die Visualisierung beinhaltet in den meisten Fällen die Entwicklung von Software und stellt für die betreffende Unternehmung eine innovatives und komplexes Entwicklungsvorhaben dar. Für diesen Fall betrachtet BALZERT eine Projektstruktur als die beste Organisation.[21] Ihre Charakteristika sind:

- eine organische Struktur mit geringer Verhaltensformalisierung,

- eine hohe horizontale Aufgabenspezialisierung,

- die Integration der marktorientierten Projektteams in die verwaltungsinternen Gruppierung der Mitarbeiter in funktionalen Einheiten führt zur projektorientierten Matrixstruktur.

Zentrale Person der Aufbauorganisation ist der Projektmanager. Im Falle einer Prozessvisualisierung übernimmt er zusammen mit dem (Prozess-)Planer und dem Process Owner die Projektleitung. Die meisten Projektmanager sind keine klassischen Führungskräfte, die durch persönliche Weisung Aufträge erteilen. Vielmehr widmen sie sich der Kontaktpflege und Verhandlungsführung. Viele der Manager sind selbst Experten, die im Team mitarbeiten. Entscheidungsbefugnisse sind auf Führungskräfte aller Hierarchieebenen verteilt.

Als Auftraggeber einer Visualisierung treten meist die für Prozessplanungen zuständigen Einheiten und Personen einer Unternehmung auf. Diese müssen sich nach einer Prüfung des Visualisierungsbedarfs gemäß den disziplinarischen Richtlinien die Zustimmung der Unternehmungsleitung einholen, da die Visualisierung mit Kosten für Personal, Hardware und Software verbunden ist.

Die Koordination der Visualisierung übernimmt danach die Projektleitung. Ihr werden für die weiteren Projektphasen ein Visualisierungsteam, die betroffenen Fachabteilungen und Prozessmodellierer zugeordnet. Das Visualisierungsteam ist für die eigentlich Entwicklung einer visuellen Darstellung zuständig und besteht aus einem Visualisierungsexperten, dem Planer und dem DV-Experten. Die Fachabteilung unterstützt bei der Klärung fachlicher Fragen, insbesondere bei der Beschreibung von Zusammenhängen innerhalb eines Prozesses. Der Pro-

---

[21] Vgl. dazu und zu den Charakteristika der Projektstruktur Balzert, H.: Lehrbuch der Software-Technik - Software-Entwicklung, Heidelberg 1996, S. 87 f.

zessmodellierer ist für die Erstellung eines Prozessmodells zuständig, falls dies noch nicht vorliegt, und begleitet die Auswahl und Aufbereitung der Modellobjekte.

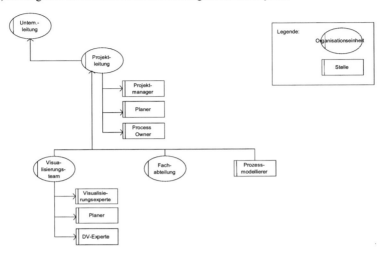

Abbildung 3-10: Aufbauorganisation der Visualisierung

3.6.2 Ablauforganisation für die Visualisierung von Dienstleistungsprozessen

Bei der im Folgenden beschriebenen Ablauforganisation der Visualisierung wird davon ausgegangen, dass es sich hierbei um ein initiales Vorhaben handelt, das naturgemäß mit dem Aufbau entsprechender Datenbasen und Verfahren verbunden ist. Nach dem ersten Durchlauf dieser Schritte können in nachfolgenden Visualisierungen im gleichen Anwendungsgebiet einzelne Schritte übersprungen oder automatisiert werden.

Die Entwicklung einer Prozessvisualisierung kann als spezielle Form einer Softwareentwicklung angesehen werden. Resultat des gesamten Visualisierungsprozesses ist ein Programm, das bestimmte Sachverhalte mehr oder weniger interaktiv auf dem Bildschirm darstellt. In Vorgehensmodellen für das Software-Engineering wird die enorme Bedeutung eines korrekten Fachkonzeptes, das die Anforderungen der Benutzer möglichst vollständig beschreibt, hervorgehoben.[22] Dies gilt folgerichtig auch für die Visualisierung. Das hier vorgestellte Vorgehensmodell, das in Abbildung 3-11 und Abbildung 3-12 dargestellt ist, fokussiert deshalb auf diesen Aspekt.

---

[22] Vgl. z. B. Sommerville, I.: Software Engineering, 5. Auflage, New York 1995. S. 61 – 206.

Die Auswahl eines Visualisierungsverfahrens, als Teil einer DV-Konzeption, bildet einen weiteren Schwerpunkt des Vorgehensmodells. Implementierungstechnische Fragen sind von der Plattform, der vorhandenen Hardware und natürlich der verwendeten Software abhängig. Daher können für diesen Bereich nur eingeschränkt allgemeingültige Aussagen getroffen werden.

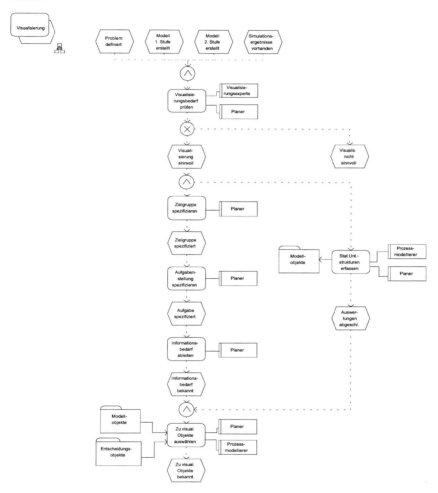

Abbildung 3-11: Vorgehensmodell der Visualisierung – Teil 1

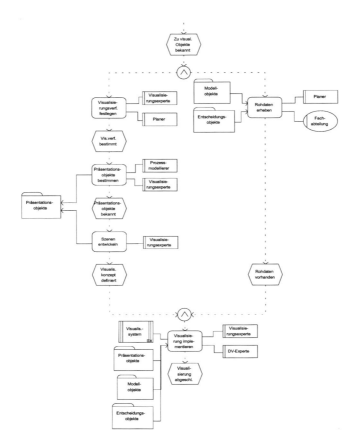

Abbildung 3-12: Vorgehensmodell der Visualisierung – Teil 2

3.6.2.1 Fachkonzept der Visualisierung

Ausgangspunkt eines Visualisierungsvorhabens ist eine definierte Problemstellung bezüglich eines oder mehrerer Prozesse. Im Falle der visuellen Simulation sind dies die Modellierung von Prozessen, die Validierung vorhandener Prozessmodelle und die Auswertung von Simulationsergebnissen. Diese Aufgaben werden durch die Ereignisse, dass ein Modell 1. bzw. 2. Stufe erstellt ist oder dass Simulationsergebnisse vorhanden sind, ausgelöst. Weitere Anwendungen der visuellen Simulation, wie die Präsentation der Simulationsergebnisse oder die Schulung von Mitarbeitern,[23] sind in dem folgenden Vorgehensmodell ebenfalls implizit ab-

---

[23] Vgl. Abschnitt 3.2.

gedeckt, werden jedoch nicht näher betrachtet. Zur Lösung dieser Aufgaben wurde ein Planer bestimmt, der meist mit dem Process Owner identisch ist. Bevor die betroffenen Prozesse visualisiert werden, ist zunächst von Visualisierungsexperten zu prüfen, ob eine Visualisierung überhaupt sinnvoll ist. Gemäß der in Abschnitt 2.3.1 vorgestellten Definition der Visualisierung kann in der betrachteten Unternehmung durchaus bereits eine visuelle Prozessbeschreibung, z. B. in Form eines Struktogramms vorliegen. Aus Gründen der Anschaulichkeit ist es jedoch in bestimmten Fällen erforderlich, den Grad der Visualisierung zu erhöhen.

Hat die Bedarfsanalyse ergeben, dass eine Visualisierung sinnvoll ist, wird die Zielgruppe für die Visualisierung bestimmt. Dabei müssen neben der aktuellen Problemstellung auch die zukünftigen Anforderungen berücksichtigt werden. Hierzu zählt insbesondere die Präsentation der Ergebnisse bei der Unternehmungsleitung. Eine frühzeitige Einbeziehung dieser Anforderungen führt in nachgelagerten Phasen zu Kostenreduktionen.

Danach wird die mit der Visualisierung verbundene Aufgabenstellung definiert. Dies entspricht einer Präzisierung der Problemstellung. So kann die Problemstellung, Schwachstellen im Prozessverlauf aufzudecken, genauer auf die Auslastung einzelner Mitarbeiter bezogen werden. Aus dieser Aufgabenstellung lässt sich der Informationsbedarf für den Planer ableiten. Dieser Bedarf kann von Detailinformationen über einzelne Maschinen, z. B. ihre Auslastung, bis zu aggregierten zeitlichen Abläufen innerhalb des Prozesses reichen. Die Auswahl der Zielgruppen, die Bestimmung der Aufgabenstellung und die Ableitung des Informationsbedarfs sind die Aufgaben des Planers.

Parallel zu diesen Tätigkeiten muss im Falle der Modellierung im Rahmen einer Visualisierung der Unternehmung mit der Erfassung der statischen Unternehmungsstrukturen begonnen werden. Dabei werden die beteiligten Organisationseinheiten, die elektronischen und papierbasierten Dokumente, die benutzten Anwendungssysteme sowie die produzierten Leistungen erfasst. Diese Objekte bilden den Rahmen für die spätere Dokumentation der Abläufe in der Unternehmung durch die fachlich verantwortlichen Mitarbeiter.[24] Dieser Schritt kann im Falle der Modellvalidierung oder der Auswertung von Simulationsergebnissen entfallen, da hier die Ausgangsdaten der Visualisierung bereits vorliegen.

Zusammen mit der Beschreibung des Informationsbedarfs dienen Modell- und Entscheidungsobjekte im folgenden Schritt dazu, die zu visualisierenden Objekte auszuwählen. Auf diese Weise kann die spätere Darstellung auf diejenigen Objekte beschränkt werden, die für

---

[24] Leinenbach, S.: Interaktive Geschäftsprozessmodellierung: Dokumentation von Prozesswissen in einer Virtual Reality-gestützten Unternehmungsvisualisierung, Wiesbaden 2000, S. 80 ff.

die gewählte Aufgabenstellung relevant sind. Für diese Aufgabe sind Prozessmodellierer als Träger des Modellwissens und Planer als Träger des Fachwissens gemeinsam verantwortlich.

3.6.2.2 DV-Konzept der Visualisierung

Für die zu visualisierenden Objekte wählen Visualisierungsexperte und Planer ein Visualisierungsverfahren aus. Dazu kann man auf Verfahren aus dem Bereich der Prozessvisualisierung zurückgreifen. MEYER ordnet diese in vier Klassen ein: Prozessbild, Stepping in Prozessbildern, Prozessstatistik und Prozessfilm.[25] Auf Grund der mangelnden Interaktivität der Prozessvisualisierung muss jedoch ein weiteres Verfahren berücksichtigt werden, das in dieser Arbeit als virtuelle Prozessumgebung bezeichnet wird.

Tabelle 3-2 ordnet den genannten Verfahren die in Abschnitt 2.3.3.2 eingeführten Kriterien zur Klassifizierung von Visualisierungsverfahren zu. Dabei ist zu beachten, dass einigen Formen der Visualisierung mehrere Ausprägungen der Kriterien zugeordnet werden. Z. B. können Prozessbilder symbolisch oder auch realitätsnah dargestellt werden. Diese Verfahren werden im Folgenden genauer beschrieben.

Tabelle 3-2: Visualisierungsverfahren für die visuelle Simulation

		Prozess-bilder	Stepping in Prozess-bildern	Prozess-statistiken	Pro-zess-filme	Virtuelle Prozess-umgebung
Zeitver-halten	Statisch	•				
	Dynamisch		•	•	•	•
Dimension	1 D			•		
	2 D	•	•	•		
	2 ½ D	•	•	•		
	3 D	•	•	•	•	•
Abstrakti-onsgrad	Symbolisch	•	•	•		
	Ikonisch	•	•	•		
	Realitätsnah	•	•		•	•
	Fotorealistisch				•	•
Interakti-on	Ablaufsteuerung		•	•	•	•
	Objektsteuerung		•			•
	Modellmodifikation					(•)

[25] Vgl.: Meyer, J.-A.: Visualisierung von Informationen: Verhaltenswissenschaftliche Grundlagen für das Management, Wiesbaden 1999, S. 73 ff.

Prozessbilder geben statisch den Ablauf eines Prozesses wieder. Sie sind auf abstrakte Elemente wie Pfeile angewiesen, um Leistungs- oder Informationsflüsse zu vermitteln. Objekte, die eine Entsprechung in der Realität haben, können aber durchaus realitätsnah dargestellt werden. Beispiele für Prozessbilder sind Flussbilder[26], Struktogramme[27], Petri-Netze[28] oder ereignisgesteuerte Prozessketten[29].

Stepping in Prozessbildern bezeichnet das Durchlaufen von Prozessbildern mit der Hervorhebung der jeweils aktiven Prozesskomponenten. Damit können sowohl die Struktur als auch der Fortschritt eines Prozesses dargestellt werden. Die visuellen Eigenschaften dieser Form entsprechen im Wesentlichen denen der Prozessbilder. Veränderungen ergeben sich im Zeitverhalten, da nun dynamische Aspekte hinzukommen, und bei den Interaktionsmöglichkeiten, da das Durchschreiten der Prozesse vom Benutzer gesteuert werden sollte.

Prozessstatistiken sind Darstellungen, die während des Prozesses laufend aktuelle Informationen über den Stand des Prozesses liefern. Prozessstatistiken können in Prozessbilder, Prozessfilme und auch virtuelle Prozessumgebungen, die später beschrieben werden, integriert werden. Die Darstellungsformen für Statistiken sind äußerst vielfältig. Bekannte zweidimensionale Beispiele sind Punkte-, Kurven-, Linien-, Säulen- und Balkendiagramme sowie Histogramme.[30] Aber auch dreidimensionale Diagrammtypen sind gebräuchlich. Der Benutzer kann wiederum die Aufrufe der Prozessstatistiken steuern. Denkbar ist auch eine Wahlmöglichkeit der Darstellungsform, wie dies gängige Tabellenkalkulationsprogramme bereits erlauben.

Prozessfilme sind Aufzeichnungen, die Bearbeitungspfade durch den Prozess unter Einbeziehung der Aktionen der Bearbeiter dokumentieren. Sie eignen sich besonders zur Benutzerschulung. Um dem Benutzer ein intuitives Verständnis der dargestellten Sachverhalte zu ermöglichen, sind Prozessfilme auf eine dreidimensionale und zumindest realitätsnahe Darstellung angewiesen. Die Interaktionen des Benutzer beschränken sich jedoch auf die Steuerung des Filmablaufs.

---

[26] Vgl.: DeMarco, T.: Structured analysis and system specification, Englewood Cliffs 1978.
[27] Vgl.: Nassi, I.; Sneidermann, B.: Flowchart Techniques for Structured Programming. In: ACM-SIGPLAN Notices, 8(1973), S. 12 – 26.
[28] Vgl.: Baumgarten, B.: Petri-Netze - Grundlagen und Anwendungen, Mannheim 1990.
[29] Vgl.: Keller, G.; Nüttgens, M.; Scheer, A.-W.: Semantische Prozeßmodellierung auf der Grundlage "Ereignisgesteuerter Prozeßketten". In: Scheer, A.-W. (Hrsg.): Veröffentlichungen des Instituts für Wirtschaftsinformatik, Heft 89, Saarbrücken 1992.
[30] Vgl.: Schumann, H.; Müller, W.: Visualisierung, Berlin u. a. 2000, S. 127 ff.

Die Beschreibung der Visualisierungsverfahren hat gezeigt, dass eine weitere Form zu berücksichtigen ist, die eine verstärkte Benutzerinteraktion ermöglicht. Es handelt sich dabei um die realitätsnahe, dreidimensionale Prozessdarstellung, in die der Benutzer „eintauchen" kann, indem er zusätzliche Steuerungsmöglichkeiten erhält. Dies wird in Virtual Reality-Umgebungen möglich. Dabei kann der Benutzer direkt mit Objekten interagieren. In bestimmten Fällen ist es auch sinnvoll und umsetzbar, dass der Benutzer das zugrunde liegende Visualisierungs- oder sogar Prozessmodell modifiziert. Diese Form der Visualisierung wird im Weiteren als „Virtuelle Prozessumgebung" bezeichnet.

Die Auswahl der Visualisierungsverfahren erfolgt in Abhängigkeit verschiedener Parameter, die sich aus der Zielgruppe, der gewählten Aufgabenstellung und den betrachteten Prozessen ergeben. Beispiele hierfür sind die Funktion der Zielpersonen und das sich daraus ergebende Vorwissen, der vorgegebene Zeitraum zur Problemlösung oder der Abstraktionsgrad der verwendeten Prozessinhalte. Die Tabelle 3-3 ordnet diesen Kriterien Visualisierungsverfahren zu. Diese Zuordnung kann als Anhaltspunkt bei der Auswahl geeigneter Verfahren verwendet werden.[31]

Tabelle 3-3: Auswahlkriterien

		Prozess-bilder	Stepping in Prozessbil-dern	Pro-zesssta-tistiken	Prozess-filme	Virtuelle Prozess-umgebung
Zielgruppe	Unternehmungsleitung		•	•	•	•
	Planer	•	•	•		
	Fachabteilung			•	•	•
Aufgabe	instruktiv	•	•		•	•
	nicht instruktiv	•	•	•		•
Verfügbare Zeit	kurz	•		•	•	
	flexibel	•	•	•	•	•
Prozessinhalt	real	•	•	•	•	•
	abstrakt	•	•	•		
Darstellungs-inhalt	Prozessstruktur	•	•			
	Prozessfortschritt		•	•	•	•
Darstellungs-zeitpunkt (bzgl. Prozess)	vor	•				•
	während		•	•	•	
	nach	•				•

---

[31] Vgl. dazu auch Meyer, J.-A.: Visualisierung von Informationen: Verhaltenswissenschaftliche Grundlagen für das Management, Wiesbaden 1999, S. 73 ff.

Nach der Festlegung des Visualisierungsverfahrens wählt der Visualisierungsexperte in Abstimmung mit dem Prozessmodellierer geeignete Präsentationsobjekte aus. Dabei bestimmt die Wahl des Visualisierungsverfahrens die Gestaltungsmöglichkeiten. Die gewählten Präsentationsobjekte werden danach von Visualisierungsexperten zu Szenen kombiniert.

Die Komposition der Präsentationsobjekte entscheidet über die Gestalt der Visualisierung und den Eindruck, der dem Betrachter vermittelt wird. Wesentliche Aspekte bei der Komposition sind die Bestimmung eines Bildformats, die Aufteilung der Fläche, die Bestimmung der Perspektive sowie die Zuordnung von Licht, Schatten, Farbe und Material zu den Objekten bei dreidimensionalen Darstellungen.[32]

Während das Bildformat meist durch die Fläche des Bildfensters eines Monitors definiert ist, können Flächenaufteilung und Perspektive dazu genutzt werden, dem Benutzer die Aufnahme von Informationen zu erleichtern. Die visuellen Eigenschaften der einzelnen Objekte werden jedoch häufig vernachlässigt. Meist orientiert sich der Visualisierungsexperte grob an den Gegebenheiten der abgebildeten Objekte. Dabei kann gerade Licht Darstellungen realistischer erscheinen lassen oder die Aufmerksamkeit des Betrachters steuern. Schwieriger ist dagegen der gezielte Einsatz von Farben und Materialien. Insbesondere die Farbwahrnehmung ist geprägt durch das individuelle Wissen und den Charakter des Betrachters.

Parallel zur Auswahl des Visualisierungsverfahrens und der Bearbeitung der Präsentationsobjekte erfolgt die Sammlung der Rohdaten durch den Planer. Dabei greift er auf das Wissen der einzelnen Fachabteilungen zurück. Die Rohdaten stellen Ausprägungen der Modell- und Entscheidungsobjekte dar. Somit werden hier konkrete Objekte und deren Attributwerte erfasst.

Die Ergebnisse der bisher beschriebenen Aktivitäten werden im Fachkonzept und im DV-Konzept dokumentiert. Fachkonzept und DV-Konzept fließen schließlich in die Implementierung ein. Von besonderer Bedeutung sind dabei die erwähnten, in Packages zusammengefassten Modell-, Entscheidungs- und Präsentationsobjekte.

3.6.2.3 Implementierung der Visualisierung

Der Visualisierungsexperte nutzt zur Implementierung im einfachsten Fall Prozessmodellierungswerkzeuge oder aber Visualisierungssysteme[33], die ihn mit einer Fülle von Funktionalitäten unterstützen. Dazu zählen Objekt- und Szeneeditoren, Bausteinbibliotheken, Import-

---

[32] Vgl.: Brugger, R.: Professionelle Bildgestaltung in der 3D-Computergrafik, Bonn u. a. 1995, S. 71 ff.
[33] Vgl. Abschnitt 2.3.3.3.

schnittstellen für gängige Datenformate sowie Renderer.[34] Des Weiteren sollte auf vorhandene CAD-Daten zurückgegriffen werden, die meist über Importschnittstellen in Visualisierungssysteme übernommen werden können. Sie beschleunigen die Erstellung einer Abbildung der Unternehmung. Zur Sicherung der Qualität sollte sich die Implementierung an erprobten Vorgehensmodellen orientieren, die Prototypenentwicklungen und umfangreiche Testphasen vorsehen.[35]

Der Aufwand, der bei der Erstellung des Fachkonzeptes, des DV-Konzeptes und bei der Implementierung erforderlich ist, kann durch Wiederverwendung reduziert werden. Im Falle der Visualisierung ist es beispielsweise möglich, erprobte Visualisierungskonzepte oder implementierte Präsentationsobjekte zu übernehmen. Dazu können Werkzeuge dienen, die Bausteine für spezifische Anwendungssituationen, wie sie die Aufgabenstellung und Zielgruppen definieren, automatisch auswählen, anordnen und technisch visualisieren. Diese automatische Generierung von Präsentationsobjekten ist ein Kennzeichen des in Kapitel 5 vorgestellten Werkzeuges ATLAS.

---

[34] Vgl. z. B. Bezel, M.; Kobzan, M.: 3D-Rendering und Animation, Haar 1996.
[35] Vgl. z. B. Balzert, H.: Lehrbuch der Software-Technik - Software-Entwicklung, Heidelberg 1996, S. 391 ff. oder Sommerville, I.: Software Engineering, 5. Auflage, New York 1995, S. 443 ff.

3.7   Metamodelle der Simulationsobjekte

Das Vorgehensmodell im letzten Abschnitt hat gezeigt, dass die grundlegende Voraussetzung einer erfolgreichen visuellen Simulation die Kenntnis der relevanten Objekte des Anwendungsbereiches und des Simulationssystems ist. Dies betrifft sowohl die Entwickler von Simulationssystemen als auch die Ersteller von Simulationsmodellen. Deshalb werden in diesem Abschnitt alle Objekte, die während einer visuellen Simulation von Dienstleistungsprozessen benutzt und beschrieben werden, in Modellen zusammengefasst. Da diese Modelle von einem konkreten Anwendungsfall abstrahieren, werden diese Modelle im Folgenden als Metamodelle bezeichnet.

In einem definierten Anwendungsfall dienen diese Metamodelle als Muster oder Patterns und sind deshalb auch als Referenzmodelle zu verstehen. Ein Referenzmodell kann als Empfehlung oder idealtypisches Bezugsobjekt zur Durchführung von Modellierungs- und Gestaltungsaufgaben angesehen werden.[36] Das Referenzmodell bündelt dazu das Wissen eines Anwendungsbereichs auf einer abstrahierten Ebene. Bei der Nutzung in einem konkreten Zusammenhang dient das Referenzmodell dann als Muster zur schnelleren Ableitung von detaillierteren, spezifischen Modellen. Dadurch sinkt der Aufwand zur Modellerstellung und steigt die Qualität des Ergebnisses.

In diesem Sinne werden die hier entwickelten Metamodelle in Abschnitt 4.5 genutzt, um anwendungsspezifische Simulationsobjekte für den Bereich der Bildungsverwaltung abzuleiten. Des Weiteren sind sie die fachliche Grundlage des Entwurfs einer Werkzeugunterstützung für die visuelle Simulation von Dienstleistungsprozessen in Abschnitt 4.2. Der Einsatz der Metamodelle wurde zudem im Bereich der Krankenhausverwaltung untersucht.[37]

3.7.1   Sichten der visuellen Simulation

Auf Grund der Komplexität der Objektwelt der visuellen Simulation und des unterschiedlichen Betrachtungswinkels der Beteiligten auf diese Objektwelt ist es sinnvoll, verschiedene Sichten zu bilden. In Anlehnung an ZELL[38] werden die vier Sichten Bereich, Modell, Entscheidung und Präsentation zugrunde gelegt:

---

[36] Vgl.: Kruse, C.: Referenzmodellgestütztes Geschäftsprozessmanagement: ein Ansatz zur prozessorientierten Gestaltung vertriebslogistischer Systeme, Dissertation, Wiesbaden 1996, S. 15.

[37] Vgl. Veldt, J.: Simulation im Dienstleistungsbereich, Diplomarbeit, Saarbrücken 2000, S. 86 ff.

[38] Vgl.: Zell, M.; Scheer, A.-W.: Simulation als Entscheidungsunterstützungsinstrument in CIM, Veröffentlichungen des Instituts für Wirtschaftsinformatik, Heft 62, Saarbrücken 1989, S. 8.

- Bereichsobjekte (oder Domänenobjekte):

  Diese Sicht fokussiert auf die realen Objekte eines Anwendungsgebietes. Hierbei muss jedoch auf Grund der Vielzahl dieser Objekte eine Vorauswahl gemäß ihrer Relevanz erfolgen.

- Modellobjekte:

  Diese Sicht erfasst die Objekte die zur Modellierung eines Bereichs in einer bestimmten Sprache benutzt werden.

- Entscheidungsunterstützende Objekte:

  In dieser Sicht werden alle Objekte abgelegt, die neben den Modellobjekten und deren Attributen eine Entscheidung unterstützen. Dies sind erstens das durch die Unternehmungsleitung vorgegebene Zielsystem und zweitens die aufbereitenden Simulationsergebnisse.

- Präsentationsobjekte.

  Diese Sicht beschreibt Objekte, die der Visualisierung der Simulation und ihrer Ergebnisse dienen.

Im Vorgehensmodell aus Abschnitt 3.4 wurden die Objekte einer Sicht zu Packages zusammengefasst. Ein Package ist ein Konzept der Unified Modeling Language (UML)[39] und ist als Sammlung von Objekten oder von anderen Packages definiert. Packages dienen der Erzeugung abstrahierter Sichten auf ein Modell.[40] Diese Sichtenbildung bietet nach ZELL folgende Vorteile:

- Es besteht die Möglichkeit zu einer strukturierten Erfassung der zur Unterstützung des Entscheidungsprozesses notwendigen Komponenten, wie Zielsetzungen, Strategien und Kennzahlen.

- Die Informationskomplexität wird durch die Trennung elementarer Bereichsdaten und verdichteter, entscheidungsrelevanter Daten reduziert.

- Durch die Trennung von Entscheidungsdaten und Präsentationsdaten wird die Definition unterschiedlicher Benutzersichten bzw. Benutzermodelle unterstützt.[41]

---

[39] Zur Notation der Unified Modeling Language vgl.: Rational Software u. a.: UML Notation Guide, Version 1.1, 1997, URL: http://www.rational.com/uml/resources/documentation/formats.jsp, online: 28.12.2000. Die Anwendung von Packages zur Modellorganisation wird beschrieben in Booch, G.; Rumbaugh, J.; Jacobson, I.: Das UML-Benutzerhandbuch, 2. Auflage , München u. a. 1999, S. 191 ff.

[40] Vgl.: Quatrani, T.: Visual modeling with rational rose and UML, Reading u. a. 1998, S. 51.

[41] Vgl.: Zell, M.; Scheer, A.-W.: Simulation als Entscheidungsunterstützungsinstrument in CIM, Veröffentlichungen des Instituts für Wirtschaftsinformatik, Heft 62, Saarbrücken 1989, S. 9.

Das Zusammenspiel dieser Sichten zeigt in einer vereinfachten Form die Abbildung 3-13. Die unabhängig von Simulationsrestriktionen festgelegten Bereichsobjekte und ihre Attribute werden zu Modellobjekten transformiert. Die Attribute dieser Modellobjekte werden durch die Simulation gefüllt oder auch modifiziert.

Nach der Simulation werden durch Zusammenfassungen oder Verdichtungen aus Einzelergebnissen Entscheidungsobjekte generiert. Diese wiederum werden in Präsentationsobjekte transformiert, die zusammen mit Visualisierungen der Modellobjekte als Schnittstelle zum Benutzer fungieren. Auf Basis der Präsentation der Entscheidungsobjekte werden Veränderungen am realen System vorgenommen, d. h. die Bereichsobjekte werden modifiziert. Auf diese Weise schließt sich der Simulationszyklus und erhält die Struktur eines kontinuierlichen Verbesserungsprozesses.

Im Folgenden werden die einzelnen Sichten detailliert beschrieben und Metamodelle für die auftretenden Simulationsobjekte entwickelt. Dabei wird die Notation der Unified Modeling Language verwendet. Als Modelltyp wird das Klassendiagramm als gebräuchlichstes Diagramm bei der Modellierung objektorientierter Systeme benutzt.[42]

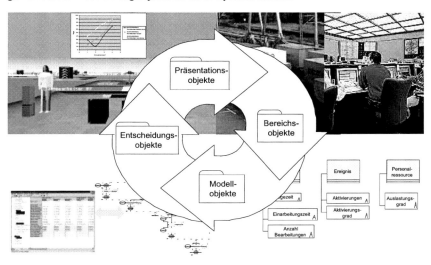

Abbildung 3-13: Sichten der Simulation

---

[42] Zur Anwendung der UML, insbesondere zu der Erstellung von Klassendiagrammen vgl.: Oestereich, B.: Objektorientierte Softwareentwicklung: Analyse und Design mit der Unified Modeling Language, 4. Auflage, München 1998, S. 201 ff.

3.7.2   Bereichsobjekte

3.7.2.1 Entwicklung der Objektstruktur

Vor einer Simulationsstudie ist zunächst zu klären, welche Objekte und Attribute von Dienstleistungsprozessen in ein Simulationsmodell einfließen. Dabei spielen viele Objekte, die in industriellen Modellen wichtig sind, im Dienstleistungsbereich keine Rolle. Beispiel hierfür sind Lagerkapazitäten für Dienstleistungen, die auf Grund der Immaterialität der Dienstleistung nicht benötigt werden.[43]

Dennoch können die Konzepte bei der Analyse und Beschreibung von Fertigungsprozessen als Vorbild zur Beschreibung von Dienstleistungsprozessen dienen, da hier auf eine lange Erfahrung bei der Prozessbeherrschung zurückgegriffen werden kann. Grundlage für die Steuerung von Fertigungsprozessen sind detaillierte Arbeitspläne, in denen die auszuführenden Materialtransformationen, die zuständigen Organisationseinheiten und Maschinen, die Reihenfolge der Bearbeitung sowie die Zeitdauer festgelegt sind. Auf Basis dieser Arbeitspläne erfolgt die Zuordnung von Aufträgen zu Kapazitäten. Diese Zuordnung kann zur Berechnung von Kapazitätsauslastungen und Kosten je Fertigungsauftrag genutzt werden. Die genannten Zusammenhänge werden in Abbildung 3-14 dargestellt.

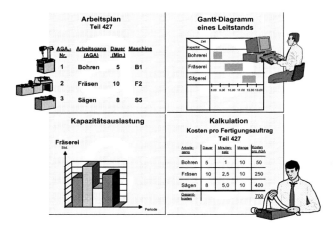

Abbildung 3-14: Methoden zur Prozessbeherrschung in der Produktion[44]

---

[43] Ausnahme bilden hier Logistikdienstleistungen, bei denen meist ein Lager als Umschlagplatz benötigt wird. In diesem Fall wandelt sich jedoch die Rolle des Lagers zu einem Bearbeitungselement.

[44] Scheer, A.-W.: ARIS-House of Business Engineering. In: Scheer, A.-W. (Hrsg.): Veröffentlichungen des Instituts für Wirtschaftsinformatik, Heft 133, Saarbrücken 1996.

Das Konzept des Arbeitsganges wird auf Grund der beschriebenen Vielfalt der Anwendungsmöglichkeiten im Folgenden auf Dienstleistungsprozesse übertragen. Die Beschreibung der an einem Arbeitsgang beteiligten Elemente orientiert sich an der Klassifizierung der Objekte im Bereich der Produktionssysteme von KOSTURIAK.[45] Jedoch entfällt hier die gesonderte Herausstellung von Transportelementen, da der Transport im Bereich der Dienstleistung selbst eine marktfähige Dienstleistung darstellt und damit als Bearbeitung anzusehen ist.

3.7.2.2 Bestimmung der Bereichsobjekte

Ein grobes Klassendiagramm der Bereichsobjekte zeigt Abbildung 3-15. Ein Dienstleistungsprozess besteht aus mehreren Arbeitsgängen, deren Reihenfolge durch eine Vorgänger-Nachfolger-Beziehung definiert wird. Innerhalb eines Arbeitsganges werden Bearbeitungsobjekte, Bearbeitungselemente, Informationselemente und Schnittstellenelemente kombiniert. Resultat eines Arbeitsganges sind eine oder mehrere Dienstleistungen. Diese werden in vielen Fällen mit Sachleistungen zu einem Leistungsbündel zusammengefasst, das dann als Paket von einem Kunden abgenommen wird.[46] In diesem Fall sind die wesentlichen Informationen über die Sachleistung in die Simulation einzubeziehen. Dies sind insbesondere Bearbeitungszeiten, die mit der Dienstleistungsproduktion synchronisiert werden müssen. Umgekehrt kann eine Dienstleistung auch in einen Arbeitsgang einfließen.

Wichtigstes Bearbeitungsobjekt innerhalb einer Dienstleistung ist der externe Faktor, der als Person oder als Gegenstand auftreten kann. Weitere Bearbeitungsobjekte dienen der Kommunikation während der Dienstleistungserstellung. Dies sind Anträge oder auch Anfragen, die meist vom externen Faktor gestellt werden. Sie durchlaufen im Gegensatz zu Informationsobjekten den gesamten Dienstleistungsprozess und sind in veränderter Form Ergebnis der Dienstleistung.

Informationsobjekte sind dagegen Nachrichten, Steuerungsinformationen oder Dokumente, die in einzelnen Arbeitsgängen benötigt werden. Steuerungsinformationen bestimmen den Ablauf einzelner Arbeitsgänge. Im Bereich der Dienstleistung sind dies Vorschriften, Dienstanweisungen, Richtlinien oder auch Verträge.

---

[45] Kosturiak, J.; Gregor, M.: Simulation von Produktionssystemen, Wien, New York 1995, S. 72 ff.
[46] Vgl.: Goecke, R.; Stein, S.: Marktführerschaft durch Leistungsbündelung und kundenorientiertes Service Engineering. In: Information Management & Consulting 13(1998), Sonderausgabe Service Engineering, S. 11 – 13.

Einzelne Bearbeitungs- und Informationsobjekte dienen auch der Kommunikation über die Systemgrenzen hinweg. Insbesondere können mit ihrer Hilfe eingehende Aufträge oder Anfragen abgebildet werden. Umgekehrt werden einzelne Aufträge nach Bearbeitung aus dem System austreten. Zur Abbildung dieser Außenwelt werden Schnittstellenobjekte benutzt, die Bearbeitungs- und Informationsobjekte als Quelle generieren oder als Senke löschen.

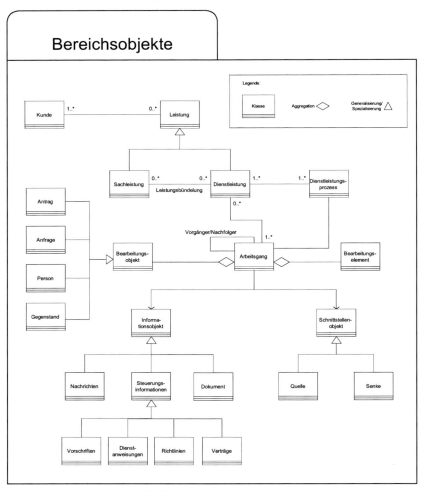

Abbildung 3-15: Bereichsobjekte

Auch im Bereich der Dienstleistungsproduktion werden Bearbeitungselemente benutzt, die den Faktor Mensch, der einzelnen Organisationseinheiten zugeordnet wird, bei der Durchführung eines Arbeitsganges unterstützen. Als besonderes Hilfsmittel wird hier die Arbeitsumgebung herausgestellt, da sie nicht direkt in den Arbeitsgang eingreift, aber durch ihre räumlichen Restriktionen und ihren Einfluss auf das Empfinden des externen Faktors eine wichtige Rolle in Dienstleistungsprozessen spielt. Als Hilfsmittel im engeren Sinne werden Werkzeuge, Anwendungs- und Transportsysteme verwendet. Beispiele für Transportsysteme sind Flugzeuge oder Fahrzeuge (vgl. Abbildung 3-16).

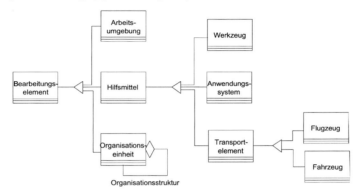

Abbildung 3-16: Detaillierung Bearbeitungselement

Innerhalb einer Simulationsstudie werden die Eigenschaften der beschriebenen Bereichsobjekte vor, während und nach der Produktion einer Dienstleistung untersucht, um einzelne Szenarien zu bewerten. Deshalb ist es nach der Bestimmung der Bereichsobjekte notwendig zu erfassen, welchen Einfluss diese Bereichsobjekte auf die produzierte Dienstleistung haben. Die Betrachtung der Bereichsobjekte orientiert sich dabei an der Kunden- und Anbieterperspektive. Aus Sicht des Kunden ist die Qualität der Dienstleistung in ihren Dimensionen Potenzial, Verrichtung und Ergebnis der Bewertungsmaßstab.[47]

Zur Erbringung eines hervorragenden Dienstleistungspotenzial tragen die beteiligten Organisationseinheiten, die verwendeten Hilfsmittel und die Arbeitsumgebung bei. Dem Dienstleistungspotenzial sind auch die Beratung und Information des Kunden bei Anfragen zuzuordnen. Der Abruf einer Dienstleistung erfolgt mit Hilfe von Bestellungen und Anträgen.

---

[47] Vgl. Abschnitt 2.1.6.2.

Die Verrichtung der Dienstleistung erfolgt am Bearbeitungsobjekt durch die beteiligten Organisationseinheiten unter Verwendung entsprechender Bearbeitungselemente in einzelnen Arbeitsgängen. Für das subjektive Wohlbefinden des Kunden hat die Gestaltung der Arbeitsumgebung nun eine große Bedeutung. Schließlich führt die Verrichtung zu dem Ergebnis einer Dienstleistung. Dieses Ergebnis wird vom Kunden in Abhängigkeit von den Veränderungen am Bearbeitungsobjekt, den vorangegangenen Eindrücken von der Unternehmung aber auch vom Image der Unternehmung beeinflusst.

Aus Sicht des Anbieters ist die Effizienz der Dienstleistungserstellung das entscheidende Kriterium. Sie hängt von dem optimierten Zusammenspiel der beteiligten Objekte und Personen während des gesamten Dienstleistungsprozesses ab. Damit sind die einzelnen Arbeitsgänge sowie die beteiligten Organisationseinheiten und Hilfsmittel zu betrachten. Des Weiteren spielt für die Effizienz des Prozesses die Qualität des Ergebnisses eine Rolle, da bei mangelhafter Qualität Reklamationen zusätzlich bearbeitet werden müssen.

3.7.2.3 Bestimmung der Bereichsattribute

Aus dieser komprimierten Darstellung der Bereichsobjekte, die die Qualität und Effizienz beeinflussen, wird deutlich, dass die Abhängigkeiten zwischen Objekten und einzelnen Qualitätskriterien sehr komplex sind. Einzelne Objekte beeinflussen ein Vielzahl von Kriterien und bestimmte Qualitätskriterien sind von mehreren Objekten abhängig. Für die Objekte, die die Effizienz und Qualität beeinflussen, werden im Folgenden die wichtigsten Attribute ermittelt. Diese Attribute werden an Anlehnung an die Definition in Abschnitt 2.1.6 auch als Kennzahlen bezeichnet.

Anschließend müssen den Bereichsobjekten Attribute zugeordnet werden, die zur Beurteilung der Qualität von Dienstleistungen und der Effizienz des Erstellungsprozesses geeignet sind. Für eine genauere Analyse und aussagekräftige Bewertungen werden diese Attribute gruppiert oder arithmetischen Operation unterzogen. Dabei werden objektive und subjektive Kriterien kombiniert, um spätere Simulationsstudien nicht a priori einzuschränken. Beispiele für objektive Kriterien sind die Bearbeitungszeit innerhalb einer bestimmten Bearbeitungsfunktion oder der Stundenlohn eines Sachbearbeiters. Subjektive Kriterien sind die Zufriedenheit eines Kunden oder die Benutzerfreundlichkeit eines Antrages.

Obwohl subjektive Kriterien vielfach nur schwer zu messen oder zu prognostizieren sind, gibt es doch inhärente Zusammenhänge zwischen subjektivem Empfinden und objektiven Gegebenheiten, die es ermöglichen, subjektive Kriterien ohne empirische Erhebungen in Modelle zu integrieren. Diese Zusammenhänge werden durch so genannte Performanzfunktionen be-

schrieben. Performanzfunktionen messen die Beziehung zwischen einzelnen Performanzattri-
buten und verschiedenen Design-Faktoren und operativen Charakteristika.[48]

Zur Verdeutlichung kann das Beispiel der Freundlichkeit eines Sachbearbeiters während einer
Anfrage dienen. Diese kann durch den Kunden in verschiedene Kategorien von sehr freund-
lich bis abweisend eingeteilt werden. In diesem Fall kann man die Abhängigkeit zwischen der
Freundlichkeit des Sachbearbeiters und seiner Auslastung als Grundlage für eine Prognose
seines Verhaltens heranziehen. Sollte die Auslastung des Sachbearbeiters über 95% liegen, ist
davon auszugehen, dass er gegenüber dem Kunden abweisend wird. Sollte jedoch eine Unter-
forderung durch eine geringe Auslastung (<10%) auftreten, nimmt er sich sehr viel Zeit für
den Kunden, was auf den Kunden einen sehr freundlichen Eindruck macht.

Performanzfunktionen werden auch verwendet, wenn objektive Kriterien große Varianzen
aufweisen. In diesem Fall können Performanzfunktionen genauere Prognosen für Simulationsexperimente liefern. Beispiele zeigt die folgende Tabelle 3-4.

Tabelle 3-4: Performanzfunktionen für objektive Kennzahlen

Kriterium	Parameter der Performanzfunktion
Zeit für Antragsbestätigung	Auslastung des Sachbearbeiters
Verfügbarkeit einer Antragsprüfung	Typ und Anzahl gestellter Anträge
Wissen des Sachbearbeiters über Antrags-stellung	Zeitbedarf zum Lesen des Antrages
Antragsliegezeit	Anzahl eingetroffener Anträge, Typ des An-trags
Antragsbearbeitungszeit	Auslastungsgrad
Anzahl korrekter Anträge	Auslastungsgrad
Zeit zum Ausfüllen eines Antrages	Zeitbedarf zum Lesen der Erklärungen

Die folgende Aufzählung will nicht alle denkbaren Kennzahlen aufzählen, sondern gibt einen
repräsentativen Querschnitt durch das breite Spektrum. Bearbeitungselemente zeichnen sich
zunächst durch ihre Verfügbarkeit aus. Diese ergibt sich aus der Auslastung und ihrer Kapazität. Weitere wichtige Kennzahlen sind ihre Stundensätze und die Anzahl der auftretenden
Unterbrechungen. Die Verfügbarkeit eines Bearbeitungselements determiniert die Liegezeit
innerhalb eines Arbeitsganges. Die Performanz eines Arbeitsganges wird zudem durch die
Einarbeitungs- und Bearbeitungszeit gekennzeichnet.

---

[48] Vgl.: Ramaswamy, R.: Design and management of service processes, Reading 1996, S. 184 - 187.

Durch den Einsatz von Organisationseinheiten und Bearbeitungselementen wird der Status eines Bearbeitungsobjektes verändert. Zudem kann einem Bearbeitungsobjekt selbst eine Einarbeitungszeit zugeordnet werden. Als Summe der Liege-, Einarbeitungs- und Bearbeitungszeiten in den einzelnen Arbeitsgängen ergibt sich die Durchlaufzeit für eine Dienstleistung, die eine der wichtigsten Kennzahlen aus Kundensicht ist. Weitere Kennzahlen, die der Dienstleistung direkt zugeordnet werden, sind ihre variablen und fixen Kosten, auftretende Fehler und Reklamationen sowie die Termineinhaltung.

Die bisher genannten Attribute geben objektive Attribute wieder. Um in Simulationsstudien möglichst alle Aspekte einer Dienstleistung behandeln zu können, sollen auch noch einige subjektive Kennzahlen den erwähnten Bereichsobjekten zugeordnet werden. Im Falle der Organisationseinheiten, die während der Leistungserstellung direkten Kundenkontakt haben, sind dies Freundlichkeit, Hilfsbereitschaft, Verständnis und Kompetenz. Für diese Kennzahlen müssen anwendungsspezifische Performanzfunktionen definiert werden. Dies gilt auch für weitere Objekte, mit denen der Kunde in Kontakt kommt. Beispiele sind Anträge, die sich durch ihre Benutzerfreundlichkeit und Verfügbarkeit auszeichnen, und die Arbeitsumgebung, die sich ebenfalls durch Benutzerfreundlichkeit und Sauberkeit auszeichnet. Als wichtigste Kennzahl ergibt sich die Zufriedenheit des Kunden, die von sehr vielen Parametern aus dem gesamten Dienstleistungsprozess abhängig ist.

Einen Überblick über die genannten Kennzahlen gibt die folgende Tabelle 3-5. Die aufgeführten Kennzahlen können für verschiedene Prozessvarianten errechnet werden. Dabei können auch Ausnahmesituationen berücksichtigt werden, die sich durch eine besondere Konfiguration der Eingangsgrößen abbilden lassen. Problematisch sind lediglich die Erwartungen des Kunden. Sie sind nicht berechenbar und müssen anhand von empirischen Untersuchungen als Konstanten vorgegeben werden.

Tabelle 3-5: Bereichsobjekte und ihre Kennzahlen

Bereichsobjekte	Kennzahlen
Objektive Kennzahlen	
Bearbeitungselement	Auslastung, Verfügbarkeit, Kapazität, Stundensatz, Funktion, Unterbrechungen
Bearbeitungsobjekt	Status, Bearbeitungszeit
Arbeitsgang	Liegezeit, Einarbeitungszeit, Bearbeitungszeit
Dienstleistung	Durchlaufzeit, variable Kosten, fixe Kosten, Fehler, Reklamationen, Termineinhaltung

Bereichsobjekte	Kennzahlen
Subjektive Kennzahlen	
Organisationseinheit	Freundlichkeit, Hilfsbereitschaft, Verständnis, Kompetenz
Kunde	Zufriedenheit
Antrag	Benutzerfreundlichkeit, Verfügbarkeit
Arbeitsumgebung	Benutzerfreundlichkeit, Sauberkeit

Abbildung 3-17 zeigt die Zuordnung der vorgestellten Kennzahlen zu den Bereichsobjekten aus Abbildung 3-15 in der UML-Notation. Dabei wird einem einzelnen Bereichsobjekt jeweils ein Wert für jedes der genannten Attribute zugeordnet. Für die Simulation von besonderem Interesse sind aber auch Attribute, die Informationen über die Einzelobjekte aggregieren, z. B. durchschnittliche Durchlaufzeiten bestimmter Antragstypen. Dies sind Attribute, die direkt den Klassen zugeordnet werden. Durch eine entsprechende Strukturierung der Klassenhierarchie können zudem beliebige Aggregationen abgebildet werden.

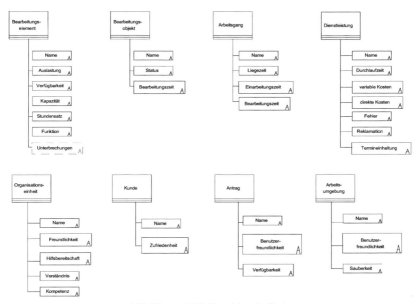

Abbildung 3-17: Bereichsattribute

Für die Simulation sind zudem die Methoden der einzelnen Objekte von großer Bedeutung, da durch sie die Dynamik innerhalb des untersuchten Systems abgebildet wird. Die Methoden beschreiben z. B., wie die Beziehung eines Arbeitsganges zu einem Bearbeitungsobjekt im Detail aussieht. Dabei können Verbrauch oder Zeitverhalten spezifiziert werden, was im Lauf der Simulation zu Attributveränderungen in den beteiligten Objekten führt.

Die Beschreibung der simulationsrelevanten Elemente zeigt, dass eine Modellierung der Vorgänge im Dienstleistungsumfeld starke Ähnlichkeiten zur Modellierung im industriellen Umfeld aufweist. Die spezifischen Eigenschaften der Dienstleistung, insbesondere die Immaterialität der Dienstleistung, hat im wesentlichen folgende Auswirkungen auf Simulationsmodelle:

- die Rolle von Transportmedien wandelt sich vom Hilfsmittel zu einem Mehrwert erzeugenden Bearbeitungselement,

- die mit der Nutzung von Lagern verbundenen Modellierungsfragen können im wesentlichen vernachlässigt werden, da Dienstleistungen selbst nicht lagerfähig sind,

- Attribute, die physikalische Eigenschaften von Objekten beschreiben, verlieren an Bedeutung,

- weiche Faktoren wie Kundenzufriedenheit, deren Messung großen Ungenauigkeiten unterliegt, gewinnen an Bedeutung, da sie oft die einzige Möglichkeit zur qualitativen Beurteilung darstellen.

3.7.3   Modellobjekte

Die beschriebenen Objekte des Dienstleistungssektors müssen nun während der Modellierung den Objekten der gewählten Simulationssprache zugeordnet werden. Dieser Vorgang kann nicht automatisiert werden. Denn die Zuordnung von Modellierungs- und Bereichsobjekten kann vom Anwendungsgebiet abhängen. Zudem werden bestimmte Bereichsobjekte und –attribute nicht in das Simulationsmodell aufgenommen, da sie zur Steuerung oder Auswertung nicht benötigt werden. Dennoch kann eine gute Modellierung der Bereichsobjekte die Generierung der Modellobjekte wesentlich beschleunigen. Dies gilt insbesondere dann, wenn die Durchgängigkeit der Methoden zur Erzeugung von Bereichs- und Modellobjekten gegeben ist.

Auf Grund des starken Einflusses des Simulationswerkzeuges innerhalb der Modellierung auf der 2. Stufe unterscheiden sich die Modellobjekte in Abhängigkeit der verwendeten Simulations- und Modellierungsmethoden stark. Dadurch lassen sich die verfügbaren Modellobjekte auch nur relativ grob spezifizieren. V. UTHMANN et al.[49] beschreiben die Grundbausteine einer Prozessmodellierung für die Simulation und formulieren gleichzeitig Konventionen für diese Grundbausteine, die sie aus den Grundsätzen ordnungsmäßiger Modellierung (GoM)[50] ableiten. Diese Grundbausteine stehen nicht in Zusammenhang mit konkreten Anwendungs- oder Organisationsproblemen, sondern stellen kontextunabhängige Strukturanalogien dar. Eine wichtige Grundlage bei ihrer Definition ist die Unterscheidung zwischen Prozess- und Ressourcenobjekten. Ressourcenobjekte dienen der Ausführung von Funktionen, während Prozessobjekte den Input und Output von Funktionen innerhalb eines Prozesses bilden. Die folgende Tabelle zeigt einige exemplarische Grundbausteine und ihre Zuordnung zu einzelnen Phasen des Entwurfs eines Simulationsmodells.

Tabelle 3-6: Grundbausteine von Prozesssimulationsmodellen

Phase	Grundbausteine
Prozessobjekten zugeordnete Strukturen der Funktionssicht	Funktion, Zustand/Bedingung, Sequenz, XOR, ODER, UND, Iteration, deterministischer/stochastischer Split, horizontale/hierarchische Verknüpfung, fixe/stochastische/dynamische Zeiten für Funktionen/Zustände, Zahl der Prozessobjekte
Ressourcenobjektfluss	Lager-/Speicherkapazitäten, Ressourcennutzung und –freigabe, Ressourcenanzahl und –kapazität, konkurrierende Funktionen, Prioritätsregeln, Warteschlangedefinition
Formale Spezifikation des Datenmodells	Kontroll-/Anwendungsdaten/-objekte, Datentypen, Attribute, Attributwerte, Datengewinnung
Beschreibung der Funktionsübergänge	Programmkonstrukte, Verknüpfung von Prozeduren und Zuständen
Zusammenhänge mit der Prozessumgebung	Stochastische, deterministische Inputquellen, Verknüpfung Quellen zu Kernmodell
Störgrößen und Veränderungen	Quellen
Startzustandsmodell	Startzustand

An einem Beispiel soll die Struktur der Modellobjekte einer Simulationssprache für Dienstleistungsprozesse konkretisiert werden. Als Beschreibungssprache eines Simulationsmodells wird die ereignisgesteuerte Prozesskette (EPK) verwendet. Die EPK wurde am Institut für Wirtschaftsinformatik der Universität des Saarlandes ursprünglich mit dem Ziel entwickelt,

---

[49] Vgl.: v. Uthmann, C.; Becker, J.: Guidelines of Modelling (GoM) or Business Process Simulation. In: Scholz-Reiter, B.; Stahlmann, H.-D.; Nethe, A. (Hrsg.): Process Modelling, Berlin u. a. 1999, S. 100 – 116.

[50] Vgl.: Becker, J.; Rosemann, M.; Schütte, R.: Grundsätze ordnungsmäßiger Modellierung. In: Wirtschaftsinformatik 37(1995)5, S. 435 – 445.

Zusammenhänge eines integrierten Informationssystems auf einer betriebswirtschaftlichen Ebene aufzuzeigen. Innerhalb des ARIS-Konzeptes dient sie als Standardmethode zur Beschreibung der Daten, Funktionen, Organisationen und Leistungen integrierenden Steuerungssicht von Geschäftsprozessen.[51]

Mittlerweile hat sie zur allgemeinen Modellierung von Geschäftsprozessen von Dienstleistungsunternehmungen insbesondere in den Bereichen Handwerk[52] und öffentliche Verwaltung[53] eine große Verbreitung gefunden. Zudem wird die direkte Simulation der EPK durch Werkzeuge unterstützt. Die EPK ist in das verbreitete Werkzeug ARIS-Toolset[54] integriert. Über eine Schnittstelle können um Simulationsattribute ergänzte ereignisgesteuerte Prozessketten und weitere simulationsrelevante Informationen in das Simulationswerkzeug Simple++[55] übertragen werden[56]. Dabei hat sie als anwendungsspezifisches Konzept den Vorteil, dass der Modellersteller auf sehr intuitive Modellobjekte zurückgreifen kann. Dies ermöglicht eine schnelle und komfortable Modellerstellung.[57]

Zur Darstellung des Kontrollflusses eines Dienstleistungsprozesses verwendet die EPK Funktionen, Ereignisse und Informationsobjekte[58]. Eine Funktion bezeichnet jeweils einen Vorgang und beschreibt das „Was". Ereignisse lösen Funktionen aus und sind deren Ergebnis.[59] Ein Ereignis kann als Auftreten eines Objektes oder Änderung einer bestimmten Attributausprägung definiert werden. Im Gegensatz zu einer Tätigkeit, die ein Zeit verbrauchendes Ge-

---

[51] Vgl.: Scheer, A.-W.: ARIS - Modellierungsmethoden, Metamodelle, Anwendungen, Berlin u. a. 1998, 3. Auflage, S. 124 ff.

[52] Vgl. z. B. Markus, U.: Informationsdienstleistungen und Existenzgründung – IDEX. In: Institut für Technik der Betriebsführung (Hrsg.): Handwerk als Leitbild für Dienstleistungsorientierung in innovativen KMU, Gifhorn 1999, S. 185 – 219.

[53] Vgl. z. B. Breitling, M.; Heckmann, M.; Luzius, M.; Nüttgens, M.: Ministerialverwaltung. In: Information Management & Consulting 13(1998) Sonderausgabe Service Engineering, S. 91 - 98 und Ege, C.; Seel, C.; Scheer, A.-W.: Integration von Workflow und Internet am Beispiel des Lehrermanagements im Saarland, Tagungsband zur KoopaADV, Braunschweig 1998.

[54] Das ARIS-Toolset ist ein Produkt der IDS Scheer AG. Vgl. dazu auch Scheer, A.-W.: ARIS-Toolset: Die Geburt eines Softwareproduktes. In: Scheer, A.-W. (Hrsg.): Veröffentlichungen des Instituts für Wirtschaftsinformatik, Heft 111, Saarbrücken 1994.

[55] Simple++ ist dem Produkt eM-Plant der Tecnomatix Technologies Ltd. aufgegangen. Simple++ verwendet ein objektorientiertes Sprachkonzept als Modellierungsmethode. Dieses Konzept wurde in Abschnitt 2.2.3 vorgestellt. Vgl.: Tecnomatix Technologies Ltd.: eM-Plant, URL: http://www.emplant.de/default.html, online: 18.01.01 und Kuhn, A.; Reinhardt, A.; Wiendahl, H.-P. (Hrsg.): Handbuch Simulationsanwendungen in Produktion und Logistik, Wiesbaden 1993, S. 337.

[56] Zur Kopplung des ARIS-Toolset mit Simple++ vgl. Blecher, G.; Brenner, M.; Maiworm, C.; Schmauder, R.: Simulation von Geschäftsprozessen. In: Hofer-Alfeis, J. (Hrsg.): Geschäftsprozeßmanagement - innovative Ansätze für das wandlungsfähige Unternehmen, Marburg 1999, S. 81 – 94.

[57] Vgl. Abschnitt 2.2.3.

[58] Vgl.: Keller, G.; Nüttgens, M.; Scheer, A.-W.: Semantische Prozeßmodellierung auf der Grundlage "Ereignisgesteuerter Prozeßketten". In: Scheer, A.-W. (Hrsg.): Veröffentlichungen des Instituts für Wirtschaftsinformatik, Heft 89, Saarbrücken 1992.

[59] Scheer, A.-W.: Wirtschaftsinformatik – Referenzmodelle für industrielle Geschäftsprozesse, 7. Auflage, Berlin u. a. 1997, S. 19.

schehen ist, ist ein Ereignis auf einen Zeitpunkt bezogen.[60] Die Verbindung von Funktionen und Ereignissen erfolgt über Kanten, die somit entweder eine Funktion aktivieren oder ein Ereignis erzeugen.

Logische Operatoren beschreiben die Verbindung zwischen einzelnen Ereignissen. Dabei wird zwischen der Verknüpfung der Eingänge und der Verknüpfung der Ausgänge unterschieden. Eingang und Ausgang eines Operators können jeweils die logischen Verknüpfungen UND, ODER und exklusives ODER anwenden. Auch logische Operatoren werden über Kanten, die von Funktionen oder Ereignissen ausgehend aktiviert. Die Anwendung der Operatoren unterliegt formalen Restriktionen, auf die hier jedoch nicht näher eingegangen wird.

Neben dem Kontrollfluss beschreibt die EPK auch den Informationsfluss innerhalb eines Dienstleistungsprozesses. Dazu werden die Input-/Output-Beziehungen innerhalb einer Funktion modelliert. Als Modellobjekte stehen zur Beschreibung von Informationsobjekten Entitäten und Beziehungen aus dem Umfeld der Entity-Relationship-Modellierung zur Verfügung. Intuitive Beschreibungen für Dokumente, Listen, Dateien und Ordner können in das Modell integriert werden und tragen so zum Verständnis der Zusammenhänge bei. Diese werden bei der Simulation aber nicht berücksichtigt.

Zur Beschreibung der bei einer Funktion eingesetzten Ressourcen dienen Kapazitäts-, Material- und Personalressourcen. Unter Kapazitätsressourcen werden Leistungen und allgemeine Ressourcen verstanden. Materialressourcen umfassen technische Hilfsmittel, Lagereinrichtungen, Transportsysteme und Betriebsmittel. Personalressourcen können auf unterschiedlichen Aggregationsebenen modelliert werden, z. B. als Stelle, Person, Personentyp, Gruppe oder Organisationseinheit.

Schließlich können die verwendeten Anwendungssysteme auf intuitive Weise abgebildet werden, indem Objekte wie Anwendungssysteme, Maske, Telefon oder Fax benutzt werden. Auch diese Objekte tragen lediglich zum Verständnis des Gesamtzusammenhanges bei und werden bei der Simulation nicht berücksichtigt. Eine Zusammenfassung der beschriebenen Objekte gibt die Abbildung 3-18. Dabei werden nur die Modellobjekte der EPK und deren Beziehungen dargestellt, die im Rahmen der Simulation relevant sind. Bestimmte Verknüpfungen innerhalb der EPK, die z. B. im Rahmen der Workflow-Modellierung erforderlich sind, wurden deshalb vernachlässigt.

---

[60] Scheer, A.-W.: Wirtschaftsinformatik – Referenzmodelle für industrielle Geschäftsprozesse, 7. Auflage, Berlin u. a. 1997, S. 49.

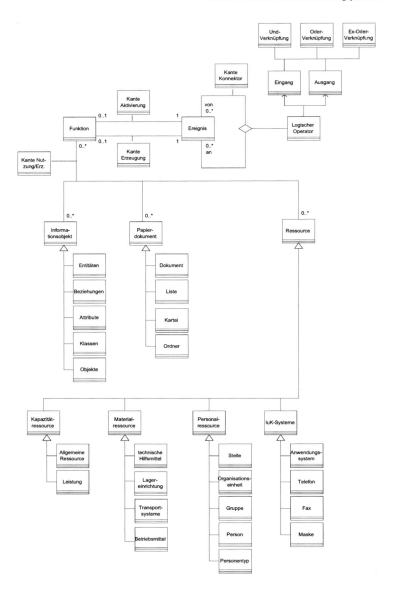

Abbildung 3-18: Modellobjekte der ereignisgesteuerten Prozesskette

Neben der Abbildung von Informations- und Kontrollflüssen innerhalb der EPK müssen für eine Simulation zusätzliche, zeitliche Informationen erfasst werden. Diese betreffen Schichtkalender sowie die Instanziierung von Prozessen (vgl. Abbildung 3-19). Schichtkalender bilden in Schichten, Pausen, Schichtzyklen und Schichtplänen die Arbeitszeiten von Personal- und Materialressourcen ab. Schichten beschreiben täglich wiederkehrende Arbeitsintervalle und können durch Pausen unterbrochen werden (z. B. Frühschicht oder Spätschicht). Schichtzyklen können mehrere Schichten zusammenfassen und legen fest, in welcher Reihenfolge die zugeordneten Schichten wiederholt werden (z. B. Schichtzyklus Wochentag oder Samstag). Ein Schichtplan wiederum fasst mehrere Schichtzyklen zusammen (z. B. Schichtplan 2000/2001).

Ein Prozessinstanziierungsmodell beschreibt, wann und wie viele Prozesse gestartet werden. Auch hier wird eine Hierarchie aus Prozessinstanziierungsintervall, Prozessinstanziierungszyklus und Prozessinstanziierungsplan verwendet. Für jedes Intervall können Prozesshäufigkeiten und eine spezifische Verteilung definiert werden (z. B. Intervall vormittags). Diese Intervalle können in bestimmten Abständen wiederholt werden. Instanziierungszyklen fassen wiederkehrende Folgen von Intervallen zusammen.

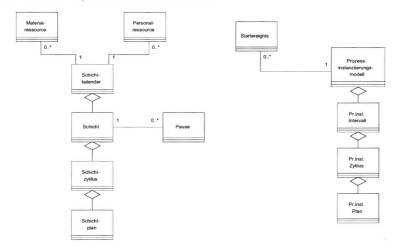

Abbildung 3-19: Schichtkalender und Prozessinstanziierungsmodell

Grundlage für planerische Entscheidungen nach den Simulationsexperimenten sind die Attribute der Modellobjekte. Dort werden die Bereichsattribute, die für eine Simulation relevant sind, abgelegt. Beispiele hierfür zeigt die Abbildung 3-20. Bei Funktionen werden insbesondere die Zeiten und Aufrufe, bei Ereignissen die absolute und relative Häufigkeit der Aktivierung modelliert. Im Rahmen der Analyse von Ressourcen ist deren Auslastung von besonderer Bedeutung. Des Weiteren stehen während der Simulation die Werte der Attribute von ER-Modellen zur Verfügung. Auf diesen Attributen können Funktionen einfache numerische Operationen durchführen.

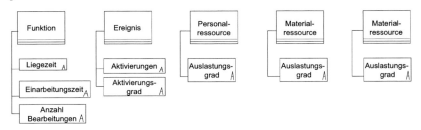

Abbildung 3-20: Modellattribute der ereignisgesteuerten Prozesskette

Damit ist es mit Hilfe der ereignisgesteuerten Prozesskette möglich, eine diskrete Simulation von Dienstleistungsprozessen durchzuführen. Die Bereichsobjekte können meist direkt auf ähnliche Modellobjekte abgebildet werden. Sollte dies nicht möglich sein, kann der Modellierer auf Entitäten und Attribute zurückgreifen, um damit in einer typfreien Notation innerhalb der EPK einen Sachverhalt zu beschreiben. Ein einfaches Mapping der statischen Strukturen zeigt die Tabelle 3-7. Dynamische Aspekte werden durch Operatoren in den Kanten der EPK beschrieben. Dies wird auch im Anwendungsbeispiel in Abschnitt 4.5 verdeutlicht. Problematischer ist die Darstellung funktionaler Zusammenhänge. Das ARIS-Toolset unterstützt intern nur einfache arithmetische Operationen. Der Aufruf von externen Funktionen ist nicht möglich.

Tabelle 3-7: Mapping Bereichsobjekte und Modellobjekte

Bereichsobjekt	Modellobjekt
Arbeitsgang	Funktion
Bearbeitungsobjekt	Informationsobjekt, Papierdokument (, Personalressource)
Bearbeitungselement	Materialressource, Personalressource, IuK-System, Schichtkalender
Dienstleistung	Kapazitätsressource
Informationsobjekt	Informationsobjekt, Papierdokument
Schnittstellenelement	Prozessinstanziierungsmodell

Die Modellobjekte zur Darstellung von Dienstleistungsprozessen werden zu einzelnen Prozessen zusammengefasst. Diese Prozesse werden wiederum zusammen mit Prozessinstanziierungsmodellen und Schichtkalendern zu Szenarien zusammengefasst. Szenarien stellen somit eine mögliche Ausprägung des zu analysierenden Systems dar (vgl. Abbildung 3-20). Bei der Zusammenstellung der Prozesse ist darauf zu achten, dass sie ein vollständiges Bild des Systems darstellen. Dies gilt insbesondere für die Ressourcen, deren Auslastung nur von den modellierten Objekten abhängen darf.

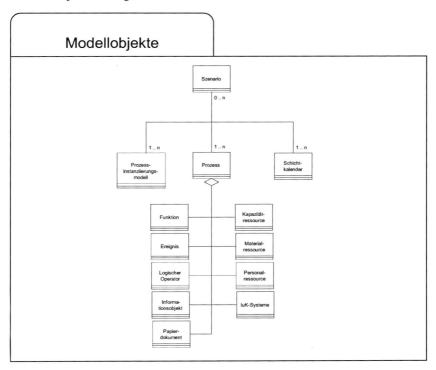

Abbildung 3-21: Zusammenfassung der Modellobjekte

3.7.4   Entscheidungsobjekte

Die auf Modellebene gebildeten Szenarien stellen Lösungsansätze im Rahmen der Gestaltung von Dienstleistungsprozessen dar. Zu ihrer Bewertung werden diese Szenarien in verschiedenen Simulationsläufen analysiert. Die während eines Simulationslaufes in Modellobjekten und Modellattributen gespeicherten Einzelergebnisse sind für eine planerische Entscheidung

wenig aussagekräftig und noch zu detailliert. Deshalb werden die anfallenden Daten zu geeigneten Auswertungen zusammengefasst und aufbereitet, damit eine einfache und schnelle Bewertung der untersuchten Lösungsalternativen möglich ist. Des Weiteren ist es erforderlich
über Rechenvorschriften aus den Elementardaten geeignete, zusammengesetzte Kennzahlen
zu generieren.

Die Gestaltung der Auswertungen orientiert sich an den vorab definierten Zielen der Unternehmung und der Untersuchung. Dabei sind die Kombinationsformen äußerst vielfältig, weshalb hier lediglich einige Beispiele genannt werden können:

- Ergebnisse können aus mehreren Simulationsläufen zusammengestellt werden.

- Ergebnisse können über unterschiedliche Zeiträume sowie in Abhängigkeit des zeitlichen
  Verlaufs betrachtet werden.

- Ergebnisse können für unterschiedliche Modellobjekte ausgegeben werden.

- Unterschiedliche Kennzahlen können zu einzelnen Modellobjekten aufgelistet werden.[61]

Die Auswertungen beziehen sich demnach auf einzelne Simulationsläufe, Szenarien, Prozesse
und unterschiedliche Zeitintervalle. Eine Zusammenfassung der genannten Entscheidungsobjekte zeigt die folgende Abbildung 3-22.

---

[61] Vgl.: Kuhn, A.; Reinhardt, A.; Wiendahl, H.-P. (Hrsg.): Handbuch Simulationsanwendungen in Produktion
und Logistik, Wiesbaden 1993, S. 375.

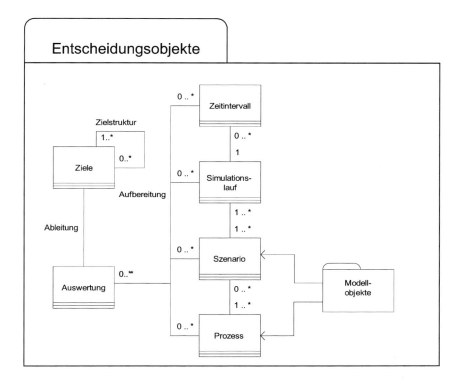

Abbildung 3-22: Entscheidungsobjekte

Des Weiteren ist zu beachten, dass innerhalb der Auswertung die in der Domäne gebräuchliche Terminologie verwendet werden kann und nicht die oft unverständlichen Bezeichnungen im Modell übernommen werden. Auf diese Weise kann gewährleistet werden, dass die Mitarbeiter der Fachabteilungen an der Auswertung der Ergebnisse partizipieren können.

Nicht alle entscheidungsunterstützenden Objekte müssen neu angelegt werden, wie das Beispiel der EPK zeigt. Einige entscheidungsunterstützende Objekte und Attribute können bereits in die EPK integriert werden. So können selbst definierte Kennzahlen als freie Attribute in den Modellelementen hinterlegt werden. Des Weiteren ist es möglich, Ziele direkt mit Funktionen zu verknüpfen. Sollten weitere Objekte und Attribute erforderlich sein, z. B. Strategien oder Kennzahlenalgorithmen, können diese außerhalb der EPK verwaltet und über entsprechende Schnittstellen mit Daten der EPK versorgt werden.

3.7.5   Präsentationsobjekte

Die Darstellung von Simulationsergebnissen erfolgt in den meisten Simulationswerkzeugen durch textuelle Ausgaben, einfache Diagramme oder durch zweidimensionale, teilweise animierte Grafiken, wie dies im Beispiel der ARIS-Simulation der Fall ist. In vielen Fällen reicht diese Form der Ergebnisvisualisierung aus, um dem Benutzer verständlich die relevanten Informationen zu vermitteln.

Tendenziell stellt die Simulation von Dienstleistungen jedoch höhere Anforderungen an die Visualisierung. Durch ihre Immaterialität entzieht sich die Dienstleistung bereits in der Realität der visuellen Erfassung. Entsprechend problematisch ist die menschliche Wahrnehmung der Dienstleistung in einem Simulationsexperiment. Dieses Problem gewinnt an Bedeutung, wenn die Simulation auch zur Schulung verwendet wird, bei der das Anwendungsziel der Simulation darin besteht, betriebliche Abläufe zu vermitteln. Das bedeutet für die Visualisierung, dass sich die Darstellungselemente von industriellen Darstellungselementen unterscheiden werden. Des Weiteren hängt die Form der Visualisierung stark vom Ziel und den vorhandenen Informationen über den darzustellenden Sachverhalt ab. Abbildung 3-23 zeigt eine Zusammenfassung der Präsentationsobjekte, die sich bei der Visualisierung eines Dienstleistungsprozesses ergeben, der mit Hilfe der EPK modelliert wurde.

Kern einer Visualisierung sind Darstellungselemente wie Tabellen oder Körper. Sie repräsentieren möglichst intuitiv die beschriebenen Modellobjekte Funktionen, Ereignisse, Kanten, Operatoren, Input-/Output-Daten und Ressourcen sowie einige elementare Entscheidungsobjekte. Die Darstellungselemente werden innerhalb einer Szene möglichst realitätsnah angeordnet. Auf diese Weise entsteht eine statische Beschreibung eines Zustandes in der Realität bzw. im Simulationsmodell. Im Idealfall ist dabei innerhalb einer Szene das Gesamtszenario, das innerhalb eines Simulationsexperiments untersucht wird, zu erkennen. Aus Gründen der Übersichtlichkeit ist es aber oft notwendig, ein Szenario auf mehrere Szenen aufzuteilen.

Durch einen Simulationslauf werden die Attribute der Modellobjekte verändert. Diese Veränderungen bilden den in der Realität stattfindenden Kontroll-, Informations- und Materialfluss innerhalb der abgebildeten Prozesse ab. Die Veränderungen in den Modellobjekten lösen einen Trigger aus, der Methoden des zugehörigen Darstellungselements aufruft. Diese verändern die Attribute des zugeordneten Darstellungselements (z. B. Position oder Größe) und in bestimmten Fällen auch Attribute weiterer Darstellungselemente, die in einem Wirkzusammenhang mit dem direkt betroffenen Darstellungselement stehen. Auf diese Weise wird eine dynamische Visualisierung eines Prozesses innerhalb einer Szene erzeugt.

Einen Sonderfall stellen Auswertungen dar. Diese sind zwar inhaltlich direkt mit den Präsentationsobjekten verbunden. Dennoch können die zugeordneten Darstellungselemente aus zwei Gründen meist nicht direkt in die Szene integriert werden. Erstens entstehen die zugehörigen Werte erst nach einem Simulationslauf, so dass bei einer Online-Visualisierung entsprechende Werte noch nicht vorliegen. Zweitens sind Auswertungen naturgemäß komplex, weshalb sie einen hohen Platzbedarf haben.

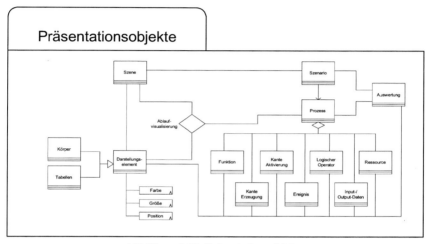

Abbildung 3-23: Präsentationsobjekte

Die Auswahl und Gestaltung der Präsentationsobjekte wird durch verschiedene Faktoren bestimmt. Wesentliche Determinanten sind die Zielgruppe der Visualisierung, die unterstützte Aufgabenstellung und das verwendete Visualisierungsverfahren. Daher werden diese Determinanten im folgenden Kapitel genauer beschrieben. Des Weiteren wird ein Vorgehensmodell erstellt, das die Entwicklung einer Visualisierung unter Berücksichtigung der genannten Zusammenhänge darstellt.

Visualisierungsverfahren und die von ihnen erzeugten Präsentationsobjekte für Dienstleistungsprozesse sind vielfältig. Für sämtliche Ausprägungen der in Abschnitt 2.3.3.2 vorgestellten Kriterien Zeitverhalten, Dimension, Abstraktionsgrad und Interaktion lassen sich Beispiele finden. Im Folgenden werden jedem Prozessvisualisierungsverfahren typische Präsentationsobjekte zugeordnet. Um das Spektrum möglicher Präsentationsobjekte vollständig zu erfassen, werden auch Beispiele aus dem Umfeld von Produktion und Logistik aufgeführt, da auch dort Dienstleistungen erbracht werden (vgl. Kapitel 2).

3.7.5.1 Prozessbilder

Prozessbilder sind zur Zeit das am weitesten verbreiteten Visualisierungsverfahren für Prozesse. Ursache dafür ist, dass dieses Verfahren von den meisten Prozessmodellierungsmethoden verwendet wird. Diese Methoden benutzen als Beschreibungssprache abstrakte und reale Konstrukte wie z. B. Funktionen, Dokumente und Akteure. Den genannten Konstrukten werden einfache, abstrakte und zweidimensionale Präsentationsobjekte zugeordnet, die auf einer Fläche zu einem Bild verknüpft werden.

Die Präsentationsobjekte, die üblicherweise für die Darstellung der Modellobjekte der EPK verwendet werden, sind in vielen Abbildungen dieser Arbeit zu sehen (vgl. z. B. Abbildung 3-11 und Abbildung 3-12) und sollen deshalb hier nicht wiederholt werden. Die Modellierungsmethode der Unified Modeling Language für Prozesse sind Use-Cases. Sie beschreiben im Wesentlichen die Systeminteraktionen zwischen dem Benutzer und einem Computersystem.[62] Als Präsentationsobjekte werden stilisierte Personen, Ellipsen und Pfeile verwendet. Diese Objekte können beschriftet werden (vgl. Abbildung 3-24).

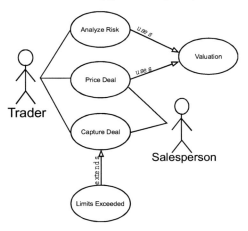

Abbildung 3-24: Präsentationsobjekte eines Use-Case-Diagramms

Um die Intuitivität der Prozessbilder zu erhöhen, verwenden die Modellierungsmethoden zunehmend realitätsnahe Präsentationsobjekte. Dies wird natürlich auch als Marketinginstrument genutzt. Hier stellt sich das Problem, das die meist von der Anwendung unabhängigen Beschreibungssprachen keine Informationen über den Bezug zu realen Objekten enthalten. Im

---

[62] Fowler, M.; Scott, K.: UML Distilled: Applying the Standard Object Modeling Language, Reading u. a. 1997, S. 44 ff.

Falle des ARIS-Toolset löst man dieses Problem durch die Einordnung von Prozessen in die Kategorien „Industrieprozess" und „Büroprozess". Auf diese Weise lassen sich domänenspezifische, realitätsnahe Symbole für Ereignisse, Funktionen, Akten oder Personen definieren (vgl. Abbildung 3-25).

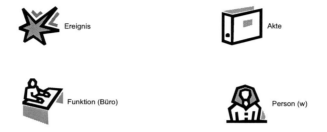

Abbildung 3-25: Präsentationsobjekte des ARIS-Toolset für Büroprozesse

Neben der Intuitivität der verwendeten Präsentationsobjekte spielt bei der Weiterentwicklung der Prozessbilder die benutzergerechte Navigation eine wichtige Rolle. In den meisten Fällen bewegt sich der Benutzer über die Prozessbilder und betrachtet sequentiell die dargestellten Objekte. Durch Interaktion mit Objekten ist es möglich, Detail- und Zusatzinformationen abzurufen, die selbst wiederum in Prozessbildern dargestellt werden können. Eine weitere Vereinfachung stellt in diesem Zusammenhang das automatische oder halb-automatische Einblenden, Gruppieren und Ausblenden von Informationen dar.[63]

In den letzten Jahren wird in Forschungsprojekten intensiv untersucht, wie die Fortschritte in der Computergrafik genutzt werden können, um dem Benutzer den Zugang zu Prozessbildern weiter zu erleichtern. Eine Schlüsselrolle kommt dabei der dritten Dimension zu. Sie erlaubt es, die Intuitivität von grafischen Darstellungen zu erhöhen und die Navigationsmöglichkeiten des Benutzers zu erweitern.

Am Institut für Wirtschaftsinformatik (IWi) der Universität des Saarlandes wurde im Forschungsprojekt VISIER (Virtual Reality-basierte Visualisierung und Steuerung des Leitplans Computer Integrated Railroading CIR) in Zusammenarbeit mit der Deutschen Bahn AG ein Ansatz zur VR-basierten Visualisierung von ereignisgesteuerten Prozessketten entwickelt. Neben den intuitiven Visualisierungsmöglichkeiten wird auch die für VR typische Navigation

---

[63] HERRMANN untersucht Anforderungen an derartige Mechanismen und technische Lösungen am Beispiel der Modellierungsmethode SeeMe. Vgl.: Herrmann, T.: Flexible Präsentation von Prozeßmodellen. In: Arend, U.; Eberleh, E.; Pitschke, K. (Hrsg.): Software Ergonomie 1999 – Design von Informationswelten, Stuttgart, Leipzig 1999 , S. 123 – 136.

im dreidimensionalen Raum bei der Darstellung von Geschäftsprozessen genutzt. Geeignete Level-of-Detail-Verfahren ermöglichen den Detaillierungsgrad ganzer Modelle oder einzelner Objekte stufenlos zu verändern. Beispielsweise werden erst bei Annäherung an Objekte hinterlegte und weiter beschreibende Modelle eingeblendet. Im Gegensatz dazu werden aus einer größeren Entfernung nur die wesentlichen Elemente eines Modells dargestellt. Dadurch wird die Komplexität des dargestellten Prozesses möglichst gering gehalten, um einen einfachen Überblick zu gewährleisten. Des Weiteren ist es mit Hilfe der Navigation in der dreidimensionalen Umgebung möglich, durch Eintauchen in Funktionen, deren Hinterlegungen automatisch zu öffnen.[64]

Die Visualisierung einer Funktion innerhalb einer ereignisgesteuerten Prozesskette zeigt die Abbildung 3-26. Als Präsentationsobjekte werden Quader und Zylinder sowie die für den Anwendungszusammenhang Bahnverkehr typischen Gleise verwendet. Durch Annäherung an die Funktion in der Mitte der Abbildung werden Ereignisse, Organisationseinheiten, Anwendungssysteme und Daten eingeblendet. Durch Annäherung können auch diese wiederum detailliert werden. Der Kontrollfluss wird durch Schienen abgebildet. Zur Darstellung ganzer Prozessketten werden auf diese Weise visualisierte Funktionen entlang der Schienenstränge gemäß ihrer zeitlichen Abfolge positioniert.

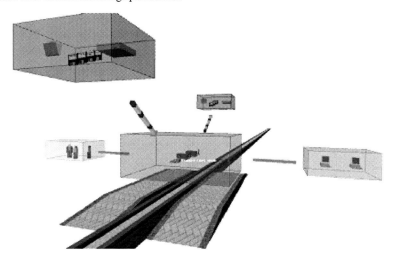

Abbildung 3-26: Präsentationsobjekte von VISIER

---

[64] Vgl. Leinenbach, S.; Scheer, A.-W.: Geschäftsprozeßoptimierung auf Basis einer Virtual- gestützten Prozeßvisualisierung im Intranet. In: Lorenz, P.; Preim, B. (Hrsg.): Proceedings der Tagung „Simulation und Visualisierung '98" in Magdeburg. Delft u. a. 1998, S. 249-263.

Das von der Deutschen Forschungsgemeinschaft geförderte Projekt ProVision[3D] (Process Visualization in 3 Dimensions)[65] untersucht die Möglichkeiten der VR-Unterstützung zur kooperativen Gestaltung und Steuerung von Geschäftsvorgängen aus dem Verwaltungsbereich. Dazu wurde eine VR-Workbench entwickelt, die die Visualisierung der Soll- und Istabläufe dynamischer Prozesse ermöglicht. Organisationsdiagramme für den Administrationsaufbau wurden in diesem System als drehbare Cone-Trees[66] visualisiert. Als Präsentationsobjekte können dabei die Knoten eines Baumes angesehen werden. Der Vaterknoten befindet sich an der Spitze eines jeden Kegels, während alle Kinderknoten am Rand des unteren Kegelkreises hängen. Geschäftsprozessketten wurden als ein dynamisches dreidimensionales Diagramm visualisiert. Ergänzt wurde diese Visualisierung durch eine skalierbare Landkarte. Die im Organigramm enthaltenen Organisationseinheiten sind auf der Landkarte in unterschiedlichen Gebäuden platziert. Dadurch sind die dynamischen Vorgangsabläufe auch geografisch verfolgbar. Durch die Aktivierung ausgewählter Organisationsobjekte im Cone-Tree oder Aufgaben im Prozessmodell werden entsprechende Gebäude bzw. Büros auf den Landkarten besonders gekennzeichnet (vgl. Abbildung 3-27).

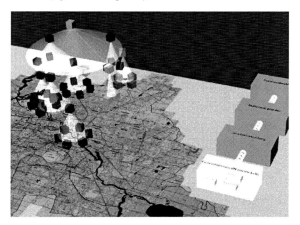

Abbildung 3-27: Präsentationsobjekte von ProVision[3D] [67]

[65] Vgl.: Krallmann, H.; Gu, F.; Mitritz, A.: ProVision[3D] - Eine Virtual Reality Workbench zur Modellierung, Kontrolle und Steuerung von Geschäftsprozessen im virtuellen Raum. In: Wirtschaftsinformatik 41(1999)1, S. 48 – 57.

[66] Vgl. z. B. Robertson, G.; Card, S.; Mackinlay, J.: Information Visualization using 3D interactive animation. In: Card, S.; Mackinlay, J; Shneiderman, B.(Hrsg.): Readings in information visualization, San Francisco 1999, S. 515 – 529.

[67] Gu, F.; Mitritz, A.; Krallmann, H.: Adaptivität und Adaptierbarkeit in einer Virtual Reality-Workbench zur Gestaltung, Kontrolle und Steuerung von betrieblichen Vorgängen. In: Schäfer, R.; Bauer, M. (Hrsg.): A-BIS-97: 5. Workshop Adaptivität und Benutzermodellierung in interaktiven Softwaresystemen, Saarbrücken 1997, S 21.

3.7.5.2 Stepping in Prozessbildern

Das Durchlaufen einzelner Prozessbilder unter Hervorhebung der aktiven Elemente ist die Form der Prozessvisualisierung, die von den meisten Simulationswerkzeugen verwendet wird. Als Präsentationsobjekte werden hierzu abstrakte, zweidimensionale Symbole benutzt, die im Unterschied zu den oben beschriebenen Objekten bestimmte Attribute wie Farbe oder Größe bei ihrer Aktivierung verändern können. Ein Beispiel ist die Simulationskomponente des ARIS-Toolsets. Die Abbildung 3-28 zeigt einen Ausschnitt aus einem Prozessbild, in dem eine Funktion während eines Simulationslaufes durch einen Rahmen markiert ist.

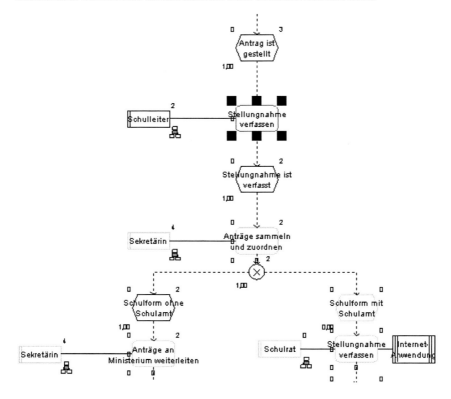

Abbildung 3-28: Präsentationsobjekte der Simulationskomponente des ARIS-Toolset

Ein weiteres Beispiel stellt das Simulationswerkzeug eMPlant, das früher unter dem Namen Simple++ vertrieben wurde, dar. Hier werden zur Erzeugung von Prozessbildern abstrakte, quadratische Symbole als Präsentationsobjekte verwendet. Eine Textur deutet die Funktiona-

lität dieser Symbole an. Die Abbildung 3-29 zeigt Symbole für Quellen, Senken, Lager, Ein-
fach- und Zweifachprozessoren, Entscheidungstabellen oder Methoden. Die Aktivierung eines
Präsentationsobjektes wird durch Blinken angezeigt.

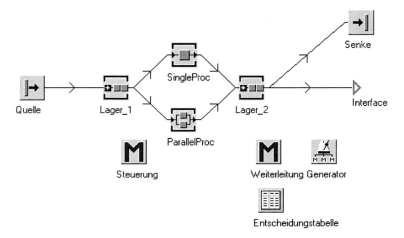

Abbildung 3-29: Präsentationsobjekte von eMPlant

3.7.5.3 Prozessstatistiken

Prozessstatistiken unterscheiden sich nicht grundsätzlich von anderen Statistiken im betrieblichen Bereich. Daher werden zu ihrer Visualisierung die gleichen Darstellungsformen wie bei
klassischen Grafiken zur Darstellung von Unternehmungskennzahlen verwendet. Hierbei unterscheidet man zwischen klassischen Geschäftsgrafiken in Form von Diagrammen, die typischerweise bis zu drei Dimensionen abbilden können, Grafiken für multidimensionale Werte
und Strukturdarstellungen, die in diesem Zusammenhang jedoch nicht weiter betrachtet werden.[68] Diagramme sind die am häufigsten eingesetzten Darstellungsformen zur Visualisierung
von betrieblichen Informationen. Folgende Diagrammtypen können unterschieden werden:

- Balkendiagramme,

- Säulendiagramme,

- Kurvendiagramme,

---

[68] Vgl.: Reiterer, H.; Mann, T.; Mußler, G.; Bleimann, U.: Visualisierung von entscheidungsrelevanten Daten für
das Management. In: HMD 37(2000)212, S. 71 – 83.

- Punktediagramme,

- Kreisdiagramme,

- Flächendiagramme und

- Netzdiagramme.[69]

Säulen- und Balkendiagramme visualisieren Zahlenwerte durch Balken. Der Unterschied zwischen beiden Formen liegt in der Ausrichtung der Balken. Bei Balkendiagrammen werden horizontal ausgerichtete Balken, bei Säulendiagrammen vertikal ausgerichtete Balken verwendet. Die Größe des Zahlenwertes wird durch die Länge der Balken abgebildet. Breite und Tiefe haben keine Bedeutung. Zur Ermittlung einzelner Zahlenwerte erfolgt eine Beschriftung der Achsen (vgl. Abbildung 3-30).

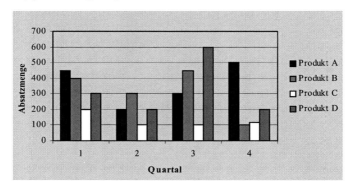

Abbildung 3-30: Säulendiagramm

Üblicherweise werden Balken- und Säulendiagramme zweidimensional dargestellt. Zur optischen Aufwertung der Darstellung kann jedoch der einzelne Balken perspektivisch dargestellt werden. In diesem Fall spricht man von einer 2 ½ D Darstellung. Eine echte 3D Darstellung ist eher selten, da eine dritte Dimension in dieser Diagrammform nur schwierig zu erkennen ist. Sie kommt daher nur in Betracht, wenn die dritte Dimension nur wenige Werte besitzt und eine zusammenfassende Visualisierung zusätzliche Erkenntnisse vermittelt. Ein Beispiel für eine dreidimensionale Darstellung zeigt die Abbildung 3-31.[70] Hier besitzt die dritte Dimension nur wenige Werte, so dass alle Säulen sichtbar bleiben.

---

[69] Vgl. Meyer, Jörn-Axel: Visualisierung von Informationen, Wiesbaden 1999, S. 42.
[70] Typische dreidimensionale Säulendiagramme sind nur aus einer Perspektive sichtbar. Man spricht daher von pseudo-3D, um diese Visualisierungsform von multiperspektivischen Formen abzugrenzen, die zu diesem Zweck zusätzliche, geometrische Daten verwalten müssen.

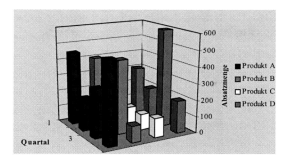

Abbildung 3-31: Dreidimensionales Säulendiagramm

Auch Kurven-, Punkte-, Kreis- und Flächendiagramme können maximal drei Wertedimensionen darstellen. Um bis zu sechs Wertedimensionalen zu visualisieren werden Netzdiagramme verwendet. Diese können auf jeder räumlichen Achse zwei Wertedimensionen abbilden. Einzelwerte auf diesen Achsen werden durch Linien verbunden, wodurch der Eindruck eines Netzes entsteht. Die Bestimmung von Einzelwerten oder die Analyse von Zusammenhängen ist entsprechend schwierig (vgl. Abbildung 3-32).

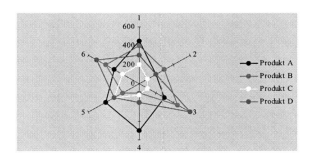

Abbildung 3-32: Netzdiagramm

Die Darstellungsmöglichkeiten von Diagrammen in der bisher vorgestellten Form sind jedoch prinzipiell durch die physikalischen Gegebenheiten von Raum und Zeit begrenzt. Deshalb beschäftigt man sich im Bereich der Informationsvisualisierung mit Möglichkeiten, zusätzliche Attribute in eine Ebene oder in den Raum zu projizieren. Ein Ansatz stellt die Verwendung von Farbe dar. Das System ThemeScape, das vom Pacific Northwest National Laboratory entwickelt wurde, zeigt die Themen einer Menge von Dokumenten innerhalb einer dreidimensionalen Gebirgslandschaft. Berge deuten dabei auf dominierende Themen hin. Die Farbe der Berge repräsentiert die relative Bedeutung der Themen in der Dokumentmenge. Diese Farben erscheinen in Abbildung 3-33 als Graustufen.

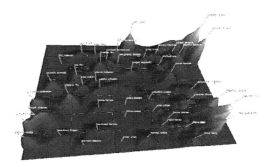

Abbildung 3-33: 3D-Darstellung mit ThemeScape[71]

Die Fähigkeit des Menschen, markante Elemente von Gesichtern zu lesen und zu speichern, nutzt man bei den Chernoff Faces. Bei diesen Strichgesichtern werden ausgewählte Merkmale wie Mund, Augen oder Nase verändert (vgl. Abbildung 3-34). Die Länge der Nase oder die Größe der Augen können jeweils ein Attribut repräsentieren. Für diese Form der Informationserfassung ist jedoch ein gewisses Training erforderlich.[72]

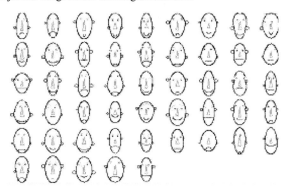

Abbildung 3-34: Chernoff Faces

[71] Pacific Northwest National Laboratory: Our Technologies, URL: http://multimedia.pnl.gov:2080/ infoviz/technologies.html#galaxies , online: 5.11.1999.
[72] Vgl. Meyer, Jörn-Axel: Visualisierung von Informationen, Wiesbaden 1999, S. 56.

3.7.5.4 Prozessfilme

Prozessfilme werden für ein Anwendungsgebiet individuell erstellt. Grundlage sind meist abstrakte Prozessbilder, die in einer Unternehmung vorab erhoben wurden. Da sie der intuitiven Vermittlung von Prozessabläufen dienen sollen, werden dreidimensionale und möglichst reale Präsentationsobjekte verwendet. Die Benutzerinteraktion sollte sich auf ein Minimum reduzieren, um den ungeübten Benutzer nicht zu überfordern.

Die Abbildung 3-35 zeigt einen Ausschnitt aus einem Prozessfilm, der auf der Grundlage einer EPK entwickelt wurde. Diese EPK beschreibt den Ablauf einer Kundenakquisition. Als Präsentationsobjekte zur Darstellung der Funktion „Akquisition planen" werden der Durchführende und sein Büro mit den in der Realität vorhandenen Einrichtungsgegenständen verwendet. Um zusätzliche Informationen über diese Funktion zu vermitteln, wird ein Fenster mit Textbausteinen eingeblendet.[73]

Der Ablauf dieses Prozessfilmes kann durch den Benutzer gesteuert werden. Dazu stehen ihm am unteren Fensterrand verschiedene Schaltflächen zur Verfügung. Damit kann er den Film starten, anhalten oder zu der Vorgänger- bzw. Nachgängerfunktion springen. Des Weiteren kann der Benutzer durch die Buttons am oberen Fensterrand entscheiden, ob zusätzlich der dargestellte Prozess als Prozessbild und die erwähnten Informationsfenster eingeblendet werden sollen.

Abbildung 3-35: Prozessfilm über die Kundenakquisition

---

[73] Vgl.: Seel, C.; Leinenbach, S.; Scheer, A.-W.: Ergonomische Geschäftsprozessmodellierung und -visualisierung mit ARIS. In: Gärtner, K.-P. (Hrsg.): Ergonomische Gestaltungswerkzeuge in der Fahrzeug- und Prozeßführung, DGLR-Bericht 99-02, Bonn 1999, S. 105 – 118.

In einem Gemeinschaftsprojekt der Fraunhofer-Institute IML in Dortmund und IGD in Darm-
stadt entstand das System CASUS, das Prozessfilme in den Bereichen Produktion und Logistik generiert. Das Gesamtkonzept des Systems sieht vor, dass Simulationstraces verschiedener
Simulationswerkzeuge mit Hilfe eines Translators in zielgruppenspezifische und der verfügbaren Technik angepasste Animationen übersetzt werden. Der Benutzer kann dazu eigene
Präsentationsobjekte in einem Editor erstellen oder die umfangreiche Animationsbibliothek
des Systems nutzen. Diese Bibliothek stellt Präsentationsobjekte in drei Abstraktionsgraden
für Ladehilfsmittel, Lager, Maschinenelemente, Personal und verschiedene Förderer zur Verfügung.[74] Einen Ausschnitt aus den realitätsnahen Präsentationsobjekten für Maschinenelemente zeigt die Abbildung 3-36.

Maschinenelemente

Abbildung 3-36: Präsentationsobjekte von CASUS[75]

3.7.5.5 Virtuelle Prozessumgebungen

Virtuelle Prozessumgebungen stellen die höchsten Anforderungen an den Entwickler und
auch an den Benutzer. Für den Entwickler stellt die dreidimensionale und realitätsnahe Implementierung von Präsentationsobjekten eine besondere Herausforderung dar, da die räumliche Dimension abgebildet werden muss und die realitätsnahe Darstellung zusätzliche Objekte
wie z. B. Texturen erfordert. Zudem ist die Objektsteuerung als integraler Bestandteil einer
virtuellen Prozessumgebung neben der Entwicklung der Präsentationsobjekte mit der Integration von Interaktionsmöglichkeiten für den Benutzer verbunden. Der Benutzer muss dagegen
die zusätzlichen Interaktionsmöglichkeiten erlernen und für seine Zwecke einzusetzen wissen.

[74] Vgl.: Jessen, U.; Krömker, D.; Loseries, F.; Luckas, V.; Wenzel, S.: Realitätsnah planen – Die 3D-
    Visualisierung als ideale Ergänzung zur Simulation. In: o.V.: Visualisierungsverfahren beim Einsatz der
    Simulationstechnik in Produktion und Logistik, Workshop, Dortmund 1996, S. 1 –10.
[75] Fraunhofer Institut für graphische Datenverarbeitung: CASUS Base – Katalog, URL:
    http://www.igd.fhg.de/CASUS/AEB/html/index.htm, online: 30.8.2000.

Im Falle des Systems IMPROVE, das am Institut für Wirtschaftsinformatik der Universität des Saarlandes entwickelt wurde, dient diese Prozessumgebung der Modellierung von Geschäftsprozessen. Das Vorgehensmodell von IMPROVE sieht vor, dass zur Erfassung von Geschäftsprozessen zunächst eine möglichst realistische Abbildung der Arbeitsumgebung in einer virtuellen Welt geschaffen wird. Präsentationsobjekte sind alle Bearbeitungsobjekte und Hilfsmittel, die bei der Prozessbearbeitung zum Einsatz kommen. Der einzelne Mitarbeiter kann sich nun über das Intranet zusammen mit seinen Kollegen in diese virtuelle Welt begeben und dort seine Aktivitäten nachspielen, indem er in der virtuellen Welt genau die Bewegungen sowie Interaktionen mit Objekten und Personen durchführt, die er auch in der realen Welt durchführen würde. Auf diese Weise erscheinen auch die einzelnen Mitarbeiter als Präsentationsobjekte (vgl. Abbildung 3-37). Das System IMPROVE zeichnet das Nachspielen der verschiedenen Benutzer auf und generiert aus diesem Protokoll eine Videoaufzeichnung und abstrakte Prozessbilder in Form der EPK.[76] Auf dieses System wird in Kapitel 5 noch ausführlicher eingegangen.

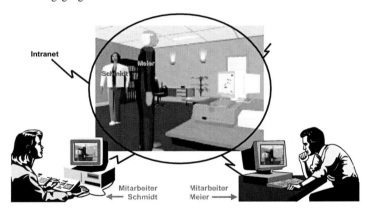

Abbildung 3-37: Virtuelle Prozessumgebung von IMPROVE[77]

Eine virtuelle Prozessumgebung im industriellen Bereich wurde im Projekt Cyberbikes AG[78] des Heinz Nixdorf Instituts der Universität Paderborn entwickelt. Die Cyberbikes AG ist eine fiktives Unternehmung, die Fahrräder produziert. Die wesentlichen funktionalen und physi-

[76] Vgl.: Leinenbach, S.; Seel, C; Scheer, A.-W.: Interaktive Prozeßmodellierung in einer Virtual Reality-gestützten Unternehmungsvisualisierung. In: Desel, J.; Pohl, K.; Schürr, A. (Hrsg.): Modellierung '99, Workshop, Stuttgart, Leipzig 1999, S. 11 – 26.

[77] Vgl. Leinenbach, S.: Interaktive Geschäftsprozessmodellierung: Dokumentation von Prozesswissen in einer Virtual Reality-gestützten Unternehmensvisualisierung, Wiesbaden 2000, S. 69.

[78] Vgl. Gausemeier, J.; v. Bohuszewicz, O.; Ebbesmeyer, P.; Grafe, M.: Gestaltung industrieller Leistungserstellungsprozesse mit VR. Industrie Management 1/97, Februar 1997.

kalischen Eigenschaften dieser typischen Industrieunternehmung wurden in einer virtuellen

Umgebung repräsentiert. Ausgehend von den Basisprozessen zeigt die virtuelle Unterneh-

mung die internen Beziehungen und Informationsflüsse zwischen den Abteilungen der Unter-

nehmung, z. B. Forschung und Entwicklung, Produktion oder Vertrieb. Präsentationsobjekte

sind realitätsnahe Gebäudeteile, Maschinen und Werkstücke sowie bewusst abstrahierte Per-

sonen und Dokumente (vgl. Abbildung 3-38). Ziel der Visualisierung ist die Vermittlung von

Prozessabläufen, indem der Benutzer interaktiv die Unternehmung selbst erkunden kann.

Abbildung 3-38: Virtuelle Prozessumgebung der Cyberbikes AG[79]

---

[79]   Heinz   Nixdorf   Institut   Universität   Paderborn: Cyberbikes,   URL: http://wwwhni.uni-
paderborn.de/vr/cyberbikes/index.php3, online: 17.10.2000.

4 Werkzeugunterstützung der visuellen Simulation von Dienstleistungsprozessen

Nach der Vorstellung der Methode der visuellen Simulation steht die Konzeption und Implementierung einer Werkzeugunterstützung für die visuelle Simulation im Mittelpunkt dieses Kapitels. Dazu werden zunächst in Abschnitt 4.1 existierende Werkzeuge im Bereich der Simulation und Visualisierung untersucht und ihre Defizite hinsichtlich der umfassenden Unterstützung der visuellen Simulation analysiert. Aus den beschriebenen Handlungsbedarfen wird in Abschnitt 4.2 ein Konzept für ein Werkzeug zur umfassenden Unterstützung der visuellen Simulation von Dienstleistungsprozessen abgeleitet. Dieses Konzept ist Grundlage für die Entwicklung einer Systemarchitektur in Abschnitt 4.3. Eine wesentliche Komponente dieser Architektur ist das System ATLAS, dessen Entwurf und Implementierung einen weiteren Schwerpunkt dieses Abschnitts bildet. In Abschnitt 4.4 erfolgt die ergonomische Bewertung der vorgestellten Werkzeugarchitektur. Schließlich wird die Anwendung der Methode und die Nutzung der Werkzeugunterstützung zur visuellen Simulation an einem Anwendungsbeispiel aus der Bildungsverwaltung in Abschnitt 4.5 demonstriert.

4.1 Existierende Werkzeuge für den Dienstleistungsbereich

4.1.1 Herstellergebundene Ansätze

Der Druck auf Hersteller von kommerziell genutzten Informationssystemen, ihre Oberflächen ergonomischer zu gestalten, nimmt zu. Dies hat seine Ursache in der höheren Produktivität der Mitarbeiter bei Verwendung einfach zu benutzender Werkzeuge, in gesetzlichen Bestimmungen wie der seit 1.1.2000 in Kraft getretenen Bildschirmarbeitsplatzverordnung und der zunehmenden Verbreitung leistungsfähiger Grafiksubsysteme im privaten und beruflichen Bereich.[1] Die Hersteller von Betriebssystemen, Anwendungssystemen und natürlich von Unterhaltungssoftware nutzen deren Möglichkeiten, um komfortable und optisch ansprechende Benutzungsschnittstellen zu gestalten.

Diesem Druck können sich auch die Hersteller von Simulationssystemen nicht entziehen. Daher statten die führenden Anbieter ihre Software mit Visualisierungskomponenten aus. Eine große Rolle spielen diese Komponenten dort, wo räumliche Aspekte einen besonders hohen Stellenwert bei der Simulation einnehmen. Beispiele hierfür sind Simulationen von Roboter-

---

[1] Vgl. z. B. Oberquelle, H.: Kosten der (Un-)Benutzbarkeit - (k)ein Thema für die Wirtschaftsinformatik. In: HMD 37(2000)212, S. 4 – 6.

bewegungen. Aber auch bei Werkzeugen, die auf die Simulation von Prozessen fokussieren, nimmt der Anteil der Werkzeuge mit Visualisierungskomponenten zu. Diese ermöglichen die Verfolgung von Simulationsläufen und die grafische Darstellung von Ergebnissen.

Beispiele für einfache, zweidimensionale Visualisierungen in Form des Prozessssstepping wurden in Abschnitt 3.7.5.2 vorgestellt. Dreidimensionale Darstellungsformen nutzt das Werkzeug Quest von Delmia (vgl. Abbildung 4-1). Damit können Materialflüsse und Fertigungsprozesse realitätsnah unter Verwendung vorgegebener Metaphern online dargestellt werden. Ein weiteres Beispiel ist das Modul WitnessVR, das die Abläufe im Simulationswerkzeug Witness der Lanner Group veranschaulicht. Auch WitnessVR ist auf den Fertigungsbereich ausgerichtet.

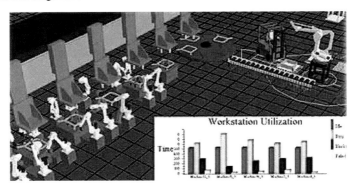

Abbildung 4-1: Präsentationsobjekte von QUEST[2]

Ein domänenunabhängiges Werkzeug ist das System „Visual Simulation Environment" (VSE), das im Rahmen eines Forschungsprojektes der U.S. Navy entwickelt wurde. Gemäß BALCI et al.[3], der maßgeblichen Anteil an der Entwicklung von VSE hat, ermöglicht VSE die ereignisgesteuerte, objektorientierte, bildbasierte, komponentenbasierte, visuelle Simulationsmodellentwicklung und Experimentdurchführung. Dazu werden ein Editor, ein Simulator, ein Analysewerkzeug und ein Tutor genutzt. Die visuellen Komponenten entsprechen allerdings eher einer Entwicklungswerkbank, die es erlaubt, Diagramme, Zeichnungen oder Karten zu importieren, um daraus eine anwendungsspezifische Animation zu generieren.

---

[2] Delmia (Hrsg.): Factory Simulation Solutions, URL: www.delmia.com, online 14.9.2000.
[3] Vgl. Balci, O.; Bertelrud, A.; Esterbrook, C.; Nance, R.: Visual Simulation Environment. In: Medeiros, D. J.; Watson, E.; Carson, J.; Manivannan, M. (Hrsg.): Proceedings of the 1998 Winter Simulation Conference, New York 1998, S. 279 – 287.

4.1.2   Unabhängige Ansätze

Unabhängige Ansätze stellen Visualisierungsmöglichkeiten für eine Klasse von Simulationswerkzeugen bereit. Oft entstammen sie einer werkzeuggebundenen Visualisierungskomponente, die später um eine Schnittstelle für andere Applikationen erweitert wurde. Ein Beispiel
ist das Werkzeug ProofAnimation der Wolverine Software. ProofAnimation bietet zunächst
die Möglichkeit, mit einem integrierten Editor eine schematische Repräsentation des betrachteten Systems zu entwickeln. Danach greift ProofAnimation auf die Informationen eines Trace-Files zurück, um die Objekte in der Repräsentation zu erzeugen und zu bewegen. Trace-
Files sind einfache ASCII-Dateien, die durch zusätzliche Befehle im Simulationsmodell erzeugt werden müssen.[4] Daher erfordert die Nutzung von ProofAnimation noch erhebliche
Aufwände bei der manuellen Erstellung von Szenen und bei der Anpassung des Simulationsmodells. Dies grenzt den Kreis unterstützter Simulationsumgebungen auf Simulationssprachen ein. Ursprünglich wurde ProofAnimation für den industriellen Einsatz mit GPSS/H[5]
entwickelt.

An der Universität Magdeburg wurde das dreidimensionale Visualisierungswerkzeug
AniPlus entwickelt, das mit verschiedenen Simulationssystemen zusammenarbeiten kann. Zu
den Kernideen von AniPlus gehört:

- Ein Satz von Regeln definiert, wie die Simulationsereignisse durch Animationsereignisse
  visuell umgesetzt werden. Der Regelsatz ist durch den Benutzer manipulierbar und bestimmt somit den Aufwand zur Erstellung der Animation.

- Die Animationsereignisse können Änderungen in den Eigenschaften der Präsentationsobjekte, z. B. Farbe, Position, Orientierung oder Materialbeschaffenheit, hervorrufen.[6]

Sowohl ProofAnimation als auch AniPlus sind zwar unabhängig von einem bestimmten Simulationswerkzeug, bleiben aber weiterhin an eine Plattform gebunden. Hier bietet das Internet mit seinem Protokoll TCP/IP neue Möglichkeiten, werkzeug- und plattformunabhängige
Visualisierungskomponenten zu entwickeln.

Ein Beispiel für eine plattformunabhängige, java-basierte Lösung ist das System Skopeo, das
ebenfalls an der Universität Magdeburg entwickelt wurde. Skopeo generiert Animationen,
indem Layout- und Trace-Files bearbeitet werden. Wie in ProofAnimation beinhalten Trace-
Files Simulationsereignisse, die als Objektveränderungen oder –bewegungen interpretiert

---

[4] Vgl. Wolverine Software Corporation (Hrsg.): Using ProofAnimation, 2. Auflage, Alexandria 1996.
[5] Vgl. Weber, K.; Trzebiner, R.; Tempelmeier, H.: Simulation mit GPSS, Bern, Stuttgart, 1983.
[6] Vgl. Strothotte, C.: Projekte an der Universität Magdeburg, URL: http://ifsl.mb.uni-magdeburg.de/~tine/ pro-
jekte.html, online: 18.10.2000.

werden. Das Layout-File enthält Hintergrundtexte und Grafiken sowie die Definition von Klassen, Nachrichten und Bewegungspfaden.[7]

Das Standardausgabeformat von Skopeo ist eine zweidimensionale Darstellung. Die ständige Weiterentwicklung von VRML[8] lässt aber erwarten, dass zukünftig dreidimensionale Oberflächen auch im Internet in größerer Zahl verfügbar sein werden. Für Skopeo wurde ein Zusatzmodul entwickelt, das die grafischen Möglichkeiten von VRML und Java nutzt, um dreidimensionale Grafiken im Internet zu präsentieren. Einen Screenshot dieses Systems zeigt die Abbildung 4-2.

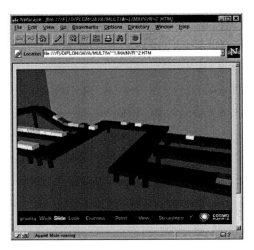

Abbildung 4-2: Dreidimensionale Visualisierung mittels VRML und Java[9]

4.1.3   Visuelle Modellierung

Die bisher beschriebenen Ansätze visueller Simulation berücksichtigen nicht die Modellierung. Dies ist sicherlich die schwierigste Anwendung, da sie Interaktionsmöglichkeiten mit dem Benutzer zwingend erforderlich macht. Die verfügbaren Werkzeuge nutzen zur Modell-

---

[7] Vgl. Lorenz, P.; Ritter, K.: Skopeo – A platform-independent system animation for the W3. In: Deussen, O.; Lorenz, P. (Hrsg.): Proceedings zur Tagung "Simulation und Animation '97", Ghent u. a. 1997, S. 12–23.

[8] VRML ist die Auszeichnungssprache für dreidimensionale Oberflächen im Word Wide Web. Sie wird vom VRML bzw. Web3D Consortium standardisiert. Vgl. The VRML Consortium: VRML97 Specification, ISO/IEC 14772-1:1997, URL: http://www.vrml.org/technicalinfo/specifications/vrml97/index.htm, online: 18.01.01.

[9] Lorenz, P.: Simulationstechnik 1998: Chancen und Herausforderungen. In.: Mertens, K.; Rabe, M. (Hrsg.): Erfahrungen aus der Zukunft, Proceedings der 8. ASIM-Fachtagung Simulation in Produktion und Logistik, Berlin 1998, S. 18.

erstellung textuelle Eingaben oder einfache, zweidimensionale Symbole, die zu Prozessbildern kombiniert werden.[10] Grafische Eingaben beziehen sich immer nur auf die spätere Visualisierung des Modells und der Simulationsergebnisse.

Aber gerade bei der Modellerstellung bieten Visualisierungssysteme völlig neue Möglichkeiten. Ziel ist dabei, die Beschreibungssprachen möglichst weit der betrieblichen Erfahrungswelt des Modellierers anzunähern. Dazu können komplette Unternehmungen in einem Rechnermodell nachgebildet und visualisiert werden. Der Computernutzer kann sich innerhalb dieser Visualisierung bewegen und mit den dort vorhandenen Objekten interagieren. Diese Form der Mensch-Maschine-Schnittstellen wird mit dem Begriff Virtual Reality bezeichnet.

Hierzu wurde an der Universität von Oklahoma das System SMART entwickelt. Dieses System ermöglicht dem Benutzer, mit Hilfe eines Datenhandschuhs und einer Shutterbrille abstrakte Prozessmodelle zu erzeugen und zu manipulieren. Dazu kann er Knoten eines Simulationsmodells hinzufügen oder positionieren, Text ergänzen oder editieren und Simulationsknoten mit Aktivitäten verbinden.[11]

Bei der Nutzung des Systems SMART muss der Benutzer jedoch immer noch von seiner betrieblichen Realität abstrahieren und dort auftretende Sachverhalte in die abstrakten Symbole der Beschreibungssprache übersetzen. Deshalb erfolgt im DFG-geförderten Projekt RU-GAMS[12] die Modellierung am realen Objekt. Anwendungsbereich sind Förderbandanlagen für die Produktionstechnik. Zur Modellierung werden Werkstücke entlang ihrer realen Route geführt. Die gegenständliche Modellierung wird synchron in einem Virtual Reality-Modell visualisiert. Die Bewegungsdaten werden zusammen mit Informationen über die Topologie der Förderanlagen und Informationen über die Förderbausteine als Kontextwissen zur Generierung von Verhaltensregeln genutzt. Zusammen mit der Modelltopologie und dem Vorgabeverhalten der Bausteintypen können diese Regeln in das Simulationswerkzeug Simple++ exportiert werden.

---

[10] Vgl. Remme, M.; Galler, J.; Gierhake, O.; Scheer, A.-W.: Die Erfassung der aktuellen Unternehmensprozesse als erste operative Phase für deren Reengineering. In: Scheer, A.-W. (Hrsg.): Veröffentlichungen des Instituts für Wirtschaftsinformatik, Nr. 118, Saarbrücken 1995.

[11] Vgl. Grant, H.; Lai, C.: Simulation modeling with artificial reality technology (SMART): An integration of virtual reality and simulation modeling. In: Medeiros, D. J.; Watson, E.; Carson, J.; Manivannan, M. (Hrsg.): Proceedings of the 1998 Winter Simulation Conference, New York 1998, S. 437 – 441.

[12] Vgl. Hornecker, E.; Schäfer, K.: Gegenständliche Modellierung virtueller Informationswelten. In: Arend, U.; Eberleh, E.; Pitschke, K. (Hrsg.): Software Ergonomie 1999 – Design von Informationswelten, S. 149 – 159.

Diese besondere Form der Mensch-Maschine-Schnittstelle ist jedoch nur in einigen Sonder-
fällen praktikabel, da bereits zahlreiche Informationen existieren und die realen Bearbeitungs-
objekte verfügbar sein müssen. Zur vollen Nutzung des Potenzials der Virtual Reality-
Technologie sollte der Benutzer direkt mit den Objekten seiner Alltagswelt in einer virtuellen
Umgebung interagieren können. Dies ist die Zielsetzung der Methode IMPROVE und ihrer
Werkzeugunterstützung, deren Funktionsweise in Abschnitt 3.7.5.5 vorgestellt wurde.

4.1.4   Kritische Bewertung

Die zusammenfassende Bewertung der vorgestellten Visualisierungssysteme zeigt, dass eine
adäquate Lösung für die visuelle Simulation von Dienstleistungsprozessen weder in der Praxis noch in der Wissenschaft existiert. Dies hat die folgenden Gründe:

- Am Markt verbreitete Visualisierungswerkzeuge sind meist an einen bestimmten Simulator gebunden. Zudem fokussieren sie ausschließlich auf die Analyse und Präsentation von
  Simulationsmodellen und -ergebnissen.

- Kommerzielle Visualisierungswerkzeuge verwenden meist einfache, zweidimensionale
  Darstellungen, die für den Benutzer wenig intuitiv sind.[13] Des Weiteren sind die verwen-
  deten Metaphern sehr stark von industriellen Anwendungen geprägt und daher für den
  Dienstleistungsbereich ungeeignet.[14]

- Die Verwendung von unabhängigen Visualisierungskomponenten erfordert einen höheren
  Aufwand. Grund ist die getrennte Erstellung von Simulations- und Visualisierungsmodell
  mit unterschiedlichen, nicht integrierten Werkzeugen. Im Simulationsmodell müssen Ver-
  änderungen vorgenommen werden, um Visualisierungsinformationen zu generieren. Das
  Visualisierungsmodell wiederum muss mit Informationen angereichert werden, die die
  Semantik der Simulationsdaten beschreiben.

- Weder bei werkzeuggebundenen noch bei unabhängigen Visualisierungskomponenten
  werden die Möglichkeiten der Visualisierung bei der Modellierung umfassend genutzt.
  Hierzu werden weiterhin textuelle Eingaben oder einfache, zweidimensionale Oberflächen
  genutzt. Einen neuen Weg weist hier das System IMPROVE.

---

[13] Dies wird belegt durch eine Studie des Instituts für Werkzeugmaschinen und Betriebswissenschaft der Technischen Universität München. Dort äußern 50 % aller befragten Anwender von Simulationswerkzeugen den
Wunsch nach einer besseren Bedienbarkeit von Simulationswerkzeugen. Häufig genannt wurde auch die
Verbesserung der Ergebnisauswertung und –darstellung, was ebenfalls als Ausdruck des Wunsches nach
besserer Bedienbarkeit angesehen werden kann. Vgl. dazu Reinhart, G.; Feldmann, K.: Simulation –
Schlüsseltechnologie der Zukunft?, München 1997.
[14] Vgl. Kuhn, A.; Reinhardt, A.; Wiendahl, H.-P. (Hrsg.): Handbuch Simulationsanwendungen in Produktion
und Logistik, Wiesbaden 1993.

Ziel dieser Arbeit ist es daher, eine integrierte Werkzeugunterstützung für die visuelle Simulation zu entwickeln, die folgende Eigenschaften erfüllt:

- Prinzipiell sollte die Kopplung der zu entwickelnden Werkzeugunterstützung für die visuelle Simulation an andere Werkzeugen möglich sein. In Abschnitt 2.2.2.2 wurden diese Werkzeuge und die auszutauschenden Daten beschrieben. Die Kopplung erfolgt über eine gemeinsame Basis für Modellierung, Simulation und Visualisierung, an die über eine standardisierte Schnittstelle angedockt werden kann.

- Die Möglichkeiten der Computergrafik sollen insofern ausgenutzt werden, dass eine möglichst intuitive Visualisierung für einen breiten Benutzerkreis generiert wird. Dies zieht insbesondere den Einsatz dreidimensionaler Darstellungsformen nach sich.

- Der Simulationsprozess soll durch die Integration von Simulations- und Visualisierungsmodell optimiert werden. Dazu müssen diese Modelle in einer gemeinsamen Basis für beide Anwendungen verfügbar sein.

- Das System soll sämtliche Phasen der Simulation von Dienstleistungsprozessen unterstützen, d. h. auch die Modellierung von Dienstleistungsprozessen.

4.2   Konzeption der Werkzeugunterstützung

4.2.1   Vorgehensweise

Zur Realisierung der oben genannten Ziele einer Werkzeugunterstützung für die visuelle Simulation sind Entwicklungen im Bereich der Visualisierung notwendig. Die eigentliche Simulation kann auf vorhandene Simulationswerkzeuge zurückgreifen. Die existierenden Werkzeuge und die im Rahmen dieser Arbeit konzipierten Komponenten werden schließlich in eine
Gesamtarchitektur integriert (vgl. Abschnitt 4.3.2). Die Konzeption der Visualisierungskomponenten orientiert sich im Wesentlichen an dem Vorgehensmodell zur Visualisierung von
Dienstleistungsprozessen aus Abschnitt 3.6.2. Es wurde bereits darauf hingewiesen, dass die
Visualisierung in engem Zusammenhang mit dem Software-Engineering steht, weshalb das
genannte Vorgehensmodell die Entwicklung eines Fachkonzeptes und DV-Konzeptes vorsieht.

Folgende Schritte werden in dem Vorgehensmodell zur Visualisierung von Dienstleistungsprozessen durchlaufen:

1. Bestimmung der Zielgruppe,

2. Festlegung der Aufgabenstellung,

3. Spezifikation der benötigten Informationen,

4. Auswahl der Modellobjekte und Entscheidungsobjekte,

5. Bestimmung des Visualisierungsverfahrens,

6. Definition der Präsentationsobjekte.

Im folgenden Abschnitt werden die Schritte 1, 2, 3 und 5 auf die visuelle Simulation von
Dienstleistungsprozessen angewandt. Die Bestimmung der Modell-, Entscheidungs- und Präsentationsobjekte wird auf Grund ihrer besonderen Bedeutung in einem eigenen Abschnitten
erläutert.

4.2.2   Festlegung des Informationsbedarfs und des Visualisierungsverfahrens

Die Zielgruppe der visuellen Simulation umfasst alle an der Simulation beteiligten Personen
und Organisationseinheiten. Dies sind die Unternehmungsleitung, der Process Owner, der
Planer, der Simulationsexperte und die Fachabteilung. In Abschnitt 3.3 wurde gezeigt, dass
jede dieser Benutzergruppen von einer intuitiven und verständlichen Visualisierung profitieren kann. Dabei kann eine Fülle von Aufgaben unterstützt werden. Beim Simulationsexperten,

Process Owner und Planer reicht das Anwendungsspektrum von der Modellierung, Verifikation und Validierung über die Analyse bis zur Kommunikation, Präsentation und Akquise. Die Fachabteilungen werden v. a. bei der Verifikation und Validierung von Modellen auf die Visualisierung zurückgreifen wollen. Aber auch bei Schulungen im Dienstleistungsbereich werden Simulationen zunehmend eingesetzt. Schließlich wird von der Unternehmungsleitung die Visualisierung genutzt, um die Simulationsergebnisse rasch zu erfassen.

Der Informationsbedarf bei der Fülle dieser Aufgaben ist sehr groß. Er umfasst Detailinformationen, wie z. B. die Bearbeitungszeiten einzelner Anträge an einem bestimmten Arbeitsplatz, und kann bis hin zu stark aggregierten Daten gehen. Hinzu kommen Informationen über die dynamischen Aspekte der Dienstleistungsprozesse, die wiederum auf verschiedenen Abstraktionsebenen wiedergegeben werden müssen.

Die Auswahl eines geeigneten Visualisierungsverfahrens ist bei der Fülle der genannten Anforderungen äußerst schwierig. In Tabelle 4-1 wird gezeigt, welche der in Abschnitt 3.6.2 vorgestellten Prozessvisualisierungsverfahren für die einzelnen Aufgaben geeignet sind. Die Modellierung benötigt ein interaktives Umfeld zur Beschreibung von Abläufen. Dies ist in Prozessbildern und virtuellen Umgebungen möglich. Bei der Verifikation wird das Modell in Zusammenarbeit mit den Fachabteilungen auf seine Übereinstimmung mit der Wirklichkeit überprüft. Dazu sind intuitive Formen der Visualisierung wie Prozessfilme oder virtuelle Prozessumgebung erforderlich. Der Simulationsexperte wird aber auch auf Prozessbilder zurückgreifen. Ähnlich verhält es sich mit der Validierung. Auf Grund der Beteiligung der Fachabteilung sind die intuitiven Visualisierungsformen Prozessfilm und virtuelle Prozessumgebung erforderlich. Der Simulationsexperte wird jedoch zur raschen Untersuchung des Modellverhaltens während der Validierung und anschließend während der Analyse neben der virtuellen Prozessumgebung das Stepping in Prozessbildern nutzen wollen. Eine genaue Analyse kommt zudem ohne detaillierte Prozessstatistiken nicht aus.

Für die Kommunikation mit weiteren Beteiligten des Simulationsexperiments sind das Stepping in Prozessbildern, Prozessfilme und virtuelle Prozessumgebungen geeignet. Die Präsentation der Simulationsexperimente sollte möglichst leicht zu erfassende Visualisierungsverfahren wie Prozessfilme und virtuelle Prozessumgebungen verwenden. Man kann jedoch nicht vollständig auf Prozessstatistiken verzichten, um einzelne Sachverhalte genauer zu beschreiben oder Ergebnisse zu begründen. Dagegen können sich Schulungen in vielen Fällen auf die Vermittlung von Gesamtzusammenhängen beschränken.

Tabelle 4-1: Anwendungsspezifische Zuordnung von Prozessvisualisierungsformen

	Model-lierung	Verifi-kation	Validie-rung	Analyse	Kommu-nikation	Präsen-tation	Schulung
Prozessbild	•	•					
Stepping in Prozessbildern			•	•	•		
Prozessstatistik				•		•	
Prozessfilm		•	•		•	•	•
Virtuelle Pro-zessumgebung	•	•	•	•	•	•	•

Umgekehrt kann man feststellen, dass ein Prozessfilm in allen Phasen außer der Modellierung eine adäquate Form der Visualisierung darstellt. Deshalb wird der Prozessfilm, der um ausgewählte Prozessstatistiken ergänzt wird, als Basis für die weitere Arbeit ausgewählt. Für die Modellierung wird hingegen eine virtuelle Prozessumgebung als Visualisierungsform gewählt.

Bei der folgenden Beschreibung der Bestimmung von Modell- und Präsentationsobjekten wird die Modellierung nicht betrachtet. Die Visualisierung für diesen Bereich wurde in der Arbeit von LEINENBACH[15] beschrieben. Im Mittelpunkt dieser Arbeit steht neben der Konzeption einer Gesamtarchitektur zur Unterstützung der visuellen Simulation vielmehr die Konzeption und Implementierung des Werkzeugs ATLAS (**A**utomatischer Prozessfilmgenerator für die visuelle Simulation), das die automatische Generierung eines Prozessfilms ermöglicht und damit auf die Unterstützung von Verifikation, Validierung, Analyse, Kommunikation und Präsentation von Simulationsexperimenten sowie die Durchführung von Schulungen fokussiert. Deshalb bezieht sich die folgende Darstellung von Modell-, Entscheidungs- und Präsentationsobjekten auf dieses Werkzeug. Dabei kann auf die in Abschnitt 3.7 entwickelten Metamodelle zurückgegriffen werden.

---

[15] Vgl. Leinenbach, S.: Interaktive Geschäftsprozessmodellierung: Dokumentation von Prozesswissen in einer Virtual Reality-gestützten Unternehmensvisualisierung, Wiesbaden 2000.

4.2.3 Modellobjekte

Rohdaten der Visualisierung sind die Modellobjekte, die das betrachtete System abbilden. Sie sind bereits durch die Verwendung einer bestimmten Modellierungssprache bestimmten Klassen zugeordnet. Beispielhaft wurden in Abschnitt 3.7.3 diese Klassen für die ereignisgesteuerte Prozesskette vorgestellt. Für die Visualisierung wird eine Teilmenge der verwendeten Klassen bestimmt, die für die Aufgabenstellung relevant ist. Eine Auswahl auf Basis der Einzelobjekte ist zwar generell möglich, aber sehr aufwendig. Zudem verhindert dieses Vorgehen eine spätere Wiederverwendung der erstellten Visualisierung. Für die ausgewählten Objektklassen wird des Weiteren untersucht, welche Attribute relevant sind.

Diese Auswahl soll wiederum am Beispiel der EPK verdeutlicht werden. Eine typische Anwendungssituation ist die Suche nach Engpässen, so genannten „bottlenecks", innerhalb eines Prozesses. Diese Aufgabe wird von einem Planer ausgeführt. Engpässe entstehen dadurch, dass einzelne Ressourcen nicht zur Verfügung stehen, wenn sie benötigt werden. Ursache ist die hohe Beanspruchung dieser Ressourcen und u. U. ihre mangelnde Funktionsfähigkeit. Konsequenzen sind lange Liegezeiten und häufige Unterbrechungen der Funktionen, die diese Ressourcen nutzen.

Von den in Abschnitt 3.7.3 vorgestellten Modellobjekten sind aus diesem Grund die Ressourcen Personal und Betriebsmittel relevant. Mögliche Ursachen für Engpässe können durch die Attribute „Anzahl Mitarbeiter", „Kapazität" und „Auslastungsgrad" aufgedeckt werden. Den Verbrauch der Ressourcen steuert die Klasse „Kante Nutzung/Erzeugung" über das Attribut „benötigte Kapazität". Auch diese Elemente fließen in die Visualisierung ein. Die Konsequenzen der Engpässe sind schließlich in den Attributen „Liegezeit" und „Anzahl Unterbrechungen" der Funktionsobjekte ablesbar.

Um die Ursachen der Engpässe zu ermitteln, muss mit Hilfe der ausgewählten Objekte der Prozessablauf nachvollziehbar sein. Die bisher genannten Objekte skizzieren bereits grob den Prozessablauf. Zur besseren Verständlichkeit werden noch die Namen der Funktionen, Ereignisse und Personalressourcen ergänzt. Des Weiteren werden zur Verfolgung des Material- und Informationsflusses die logischen Operatoren dargestellt. In Abbildung 4-3 sind die relevanten Objekte und Attribute grau hinterlegt.

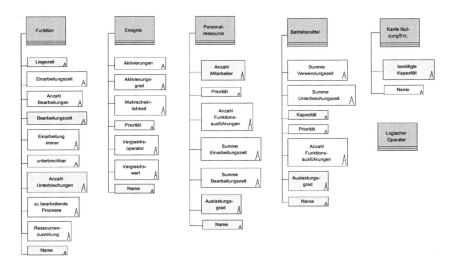

Abbildung 4-3: Modellobjekte für die Visualisierung

4.2.4   Entscheidungsobjekte

Eine Auswahl der Entscheidungsobjekte ist stark vom konkreten Anwendungsfall abhängig.
Dort wird entschieden, welche Szenarien und Prozesse untersucht sowie welche Auswertungen dazu berechnet werden. Es macht jedoch keinen Sinn alle Auswertungen zu visualisieren,
da viele Daten nur von Experten interpretiert werden können. Hier muss der Simulationsexperte für spätere Präsentationen eine Vorauswahl treffen. Im Dienstleistungsbereich ist es von
besonderer Bedeutung, bei Präsentationen die Kundensicht zu betrachten, da die Bewertung
des Kunden entscheidenden Einfluss auf die Qualität des Produktes selbst hat (vgl. Abschnitt
2.1.6). Diese Sichtweise kann in die Präsentation einbezogen werden, indem z. B. die durchschnittliche Bearbeitungszeit eines Antrages untersucht wird. Dies demonstriert Handlungs-
bedarfe am deutlichsten. Realisierungsstrategien können hier ebenfalls anhand der Ressour-
cenauslastung erläutert werden (vgl. Abbildung 4-4).

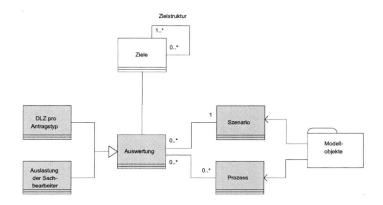

Abbildung 4-4: Entscheidungsobjekte für die Visualisierung

4.2.5 Präsentationsobjekte

Auf Basis der vorgestellten Modellobjekte können bereits zahlreiche Präsentationsobjekte spezifiziert werden, da bereits durch den Bezug zur Domäne Dienstleistung ihre Attribute eindeutig definiert sind. Um eine intuitive, realitätsnahe Visualisierung zu generieren, sind die Informationen, die aus dem Modell gewonnen werden, jedoch noch nicht ausreichend. Wie bereits bei vergleichbaren Ansätzen beschrieben wurde, müssen zusätzliche, geometrische Informationen bereit gestellt werden. So verwendet das System Skopeo ein Trace- und ein Layout-File (vgl. Abschnitt 4.1.2).

Im Falle von ATLAS bilden generische Arbeitsumgebungen, in denen definierte Arbeitsgänge durchgeführt werden, die geometrische Basis. Die dreidimensionalen Objekte dieser Arbeitsumgebung werden zur Visualisierung eines Prozesses in Abhängigkeit vom fachlichen Kontext ausgewählt, kopiert und innerhalb einer zweidimensionalen Prozessstruktur angeordnet. Auf diese Weise werden die strukturellen Beziehungen, die in einer EPK dargestellt sind, visualisiert.

Zur Beschreibung von Kontextinformationen müssen die Modellobjekte erweitert werden. Vielfach sind sie noch nicht so weit spezifiziert, dass ihnen ein Präsentationsobjekt zugeordnet werden kann. Ein Beispiel hierfür sind Funktionen der EPK. Obwohl die Domäne Dienstleistung und Verknüpfungen mit weiteren Modellobjekten wie z. B. Dokumente oder Anwendungssysteme bereits erste Rückschlüsse auf eine adäquate Visualisierung zulassen, besteht in vielen Fällen immer noch ein breites Spektrum an möglichen Präsentationsobjekten. Aus diesem Grund wurde ein freies Attribut der Funktion dazu benutzt, Visualisierungs-klassen anzuzeigen.

Diese Klassen beinhalten bestimmte Tätigkeitsmerkmale. Als erweiterbare Menge von Klassen wurden Dokumentprüfung (elektronisch und papierbasiert), Dokumentbearbeitung (elektronisch und papierbasiert), Versenden eines Dokumentes (elektronisch und papierbasiert), Besprechung, persönliche Kommunikation (telefonisch oder schriftlich), Bearbeitung eines Objektes und Handlungen an einer Person definiert (vgl. Abbildung 4-5).

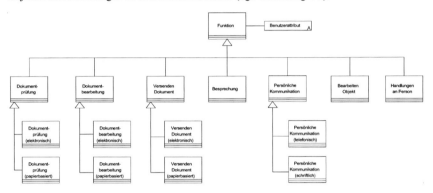

Abbildung 4-5: Visualisierungsklassen einer Funktion

Durch die genannten Erweiterungen kann eine bijektive Zuordnung zwischen Modellobjekten und Präsentationsobjekten erfolgen. Diese Beziehung wird vom Werkzeug ATLAS genutzt, um automatisch eine Visualisierung zu erzeugen. Diese Visualisierung besteht aus einer Kombination von Grundflächen und Verknüpfungsflächen. Die Grundflächen sind der eigentliche Träger von Informationen. Sie stellen mit den ihnen zugeordneten Elementen Funktionen, Ereignisse, logische Operatoren und andere Modellobjekte dar. Die Abbildung 4-6 zeigt einen Auszug aus den Präsentationsobjekten, die auf Grundflächen dargestellt werden. Auf Grund der Einteilung in Funktionsklassen kann deren Visualisierung auch funktionsspezifische Merkmale integrieren.

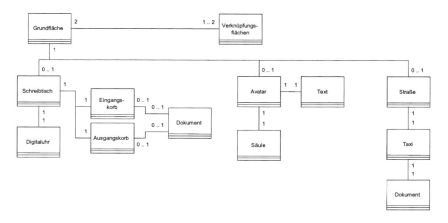

Abbildung 4-6: Beispiele für Präsentationsobjekte

Mit diesen Präsentationsobjekten lässt sich z. B. die Visualisierungsklasse „Dokument bearbeiten" darstellen. Dazu wird auf der Grundfläche ein Schreibtisch platziert. Diesem Schreibtisch wird eine Digitaluhr zugeordnet, auf der Liegezeiten und Bearbeitungszeiten angezeigt werden können. Ein Eingangs- und ein Ausgangskorb befinden sich auf dem Schreibtisch. Während sich das aktuelle Dokument im Eingangskorb befindet, wird die Liegezeit angezeigt. Danach wandert das Dokument über die Schreibunterlage in den Ausgangskorb. Während sich das Dokument bewegt, wird die Bearbeitungszeit angezeigt (vgl. Abbildung 4-7).

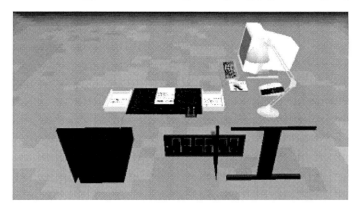

Abbildung 4-7: Präsentationsobjekte für die Klasse „Dokument bearbeiten"

Die vorgestellte Metapher ist auf Grund ihrer Allgemeingültigkeit in allen Unternehmungen einsetzbar. In bestimmten Fällen ist es jedoch wünschenswert und sinnvoll, die Visualisierung an eine bestimmte Unternehmung anzupassen. Dazu kann die Grundfläche um eine realistische Abbildung der spezifischen Umgebung erweitert werden. Dies erhöht den Wiedererkennungswert der dargestellten Funktionen und erleichtert somit das Verständnis der Prozessinhalte und -eigenschaften.

Die handelnden Personen innerhalb der Funktion „Dokument bearbeiten" werden ebenfalls auf der Grundfläche platziert. Ihnen wird zur besseren Verständlichkeit ein Textfeld zugeordnet, auf dem ihr Name steht. Zudem wird neben der Person eine Säule angezeigt. Sie ist in einen roten und einen grünen Bereich aufgeteilt. Der Anteil der roten Fläche entspricht dem Auslastungsgrad der dargestellten Person. Auf diese Weise sind Anzahl, Name und Auslastungsgrad der benötigten Personalressourcen auf einen Blick erkennbar.

Eine besondere Herausforderung stellt die Visualisierung des abstrakten Konzeptes Operator dar. Im Falle eines binären Operators werden dazu die Präsentationsobjekte Straße, Text, Taxi und Dokument gewählt. Die auf der Grundfläche befindliche Straße gabelt sich. Das auf der Straße fahrende Taxi übernimmt die in der vorangegangenen Funktion erzeugten Informationen in Form eines Dokuments und wählt anschließend die linke oder rechte Verzweigung aus. Texte, die sich auf beiden Seiten der Straße befinden, zeigen die Bedeutung dieser Gabelung an. Sie entsprechen den Namen der nachfolgenden Ereignisse (vgl. Abbildung 4-8). Im Falle eines UND-Konnektors wird das Taxi dupliziert und fährt in beide Richtungen.

Abbildung 4-8: Präsentationsobjekte für den ODER-Operator

4.3 Komponenten der Werkzeugunterstützung

4.3.1 Auswahl einer Systemarchitektur

Die bisherigen Ausführungen haben gezeigt, dass es einen engen Zusammenhang zwischen der Visualisierung von Dienstleistungsprozessen einerseits und deren Simulation andererseits gibt. In beiden Fällen sind die in Modellen abgebildeten Prozesse Ausgangspunkt einer informationstechnischen Verarbeitung. Daher beginnt die Bearbeitung mit Beobachtungen und Messungen im Anwendungsgebiet. Auf dieser Basis wird ein Modell der Realität generiert, das Experimente und Analysen mit Hilfe der Simulation zulässt. Die den Beobachtungen, Messungen und der Simulation entstammenden Daten des untersuchten Systems werden als Rohdaten der Visualisierung zugeführt. Nach dem Durchlaufen der oben beschriebenen Schritte der Visualisierung, dem Filtering, Mapping und Rendering, erfolgt mit Hilfe der visuellen Darstellung der Daten eine visuelle Analyse (vgl. Abbildung 4-9).

Nach der Analyse schließt sich der Kreislauf, da deren Ergebnisse die Modellierung, Simulation und die Visualisierung beeinflussen. Einen Sonderfall stellt das initiale Durchlaufen dieser Schleife zur Modellerstellung dar, wie es in Abschnitt 3.7.5.5 beschrieben wurde. Dabei werden in einem ersten Schritt nur statische Sachverhalte visualisiert. Durch gezielte Interaktionen des Benutzers werden innerhalb der Visualisierung die dynamischen Prozesse simuliert. Die Auswertung dieser Interaktionen führt zu Erweiterung des Modells um dynamische Aspekte, die dann einer Simulation zugeführt werden können.

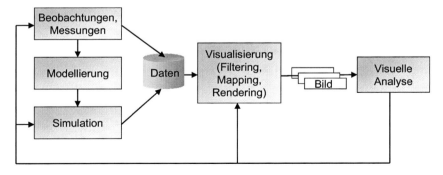

Abbildung 4-9: Integration von Modellierung, Simulation und Visualisierung[16]

---

[16] Schumann, H.; Müller, W.: Visualisierung, Berlin u. a. 2000, S. 22.

Auf Grund der hohen Anforderungen der Simulation, Visualisierung und Analyse wird in der Praxis eine zeitliche und systemtechnische Trennung dieser Aufgaben sowie eine Reduktion der beschriebenen Funktionalitäten vorgenommen. Die daraus resultierenden Konfigurationen lassen sich nach SCHUMANN et al.[17] in vier Visualisierungsszenarien zusammenfassen:

- Bewegungsmodus,

- Tracking,

- interaktives Postprocessing und

- interaktive Steuerung.

Im Bewegungsmodus werden die vorgestellten Aufgaben auf drei Schritte verteilt. Im ersten Schritt erfolgt durch Beobachtungen, Messungen, Modellierung und Simulation die Erzeugung von Daten. Diese Daten werden im zweiten Schritt in Form eines Videos visualisiert. Daraus wurde die Bezeichnung Bewegungsmodus abgeleitet. Dieses Video wird schließlich der visuellen Analyse unterzogen. Durch die Trennung von Datenerzeugung und Visualisierung können beiden Tätigkeiten jeweils maximale Ressourcen zugeteilt werden. Dadurch werden qualitativ hochwertige Bildsequenzen erzeugt. Dagegen kann in den Ablauf der Darstellung und der Simulation nicht eingegriffen werden. Deshalb eignet sich der Bewegungsmodus zur Präsentation von Ergebnissen.

Im Falle des Tracking (vgl. Abbildung 4-10) werden die während der Messungen und Simulation anfallenden Daten direkt visualisiert und der Analyse zur Verfügung gestellt. Auf diese Weise lässt sich die Verlauf der Simulation besser nachvollziehen. Dennoch ist auch hier ein interaktives Eingreifen in die Simulation oder Visualisierung nicht möglich. Dieses Verfahren nutzt z. B. die Simulationskomponente des ARIS-Toolset.

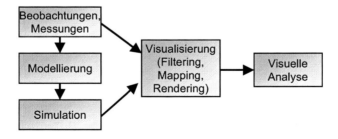

Abbildung 4-10: Tracking

---

[17] Die folgenden Ausführungen zu Visualisierungsszenarien basieren auf Schumann, H.; Müller, W.: Visualisierung, Berlin u. a. 2000, S. 22 ff.

Beim interaktiven Postprocessing (vgl. Abbildung 4-11) wird die Visualisierung der Daten von deren Erzeugung im Rahmen von Messungen und Simulationen zeitlich getrennt. Auf diese Weise werden Rechnerressourcen für die Visualisierung frei, die zur verbesserten Datenaufbereitung oder Verarbeitung von Benutzerinteraktionen genutzt werden. Die interaktive Steuerung der Modellierung, Simulation oder Visualisierung durch den Benutzer ist jedoch weiterhin nicht möglich.

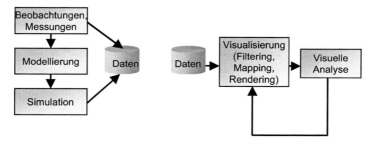

Abbildung 4-11: Interaktives Postprocessing

4.3.2   Systemarchitektur der Werkzeugunterstützung

Auf Grund der Vorteile des interaktiven Postprocessing hinsichtlich Performanz und Integrationsmöglichkeiten ist dieses Szenario Basis für das prototypische Werkzeug zur visuellen Simulation von Dienstleistungsprozessen. In die Architektur wird jedoch zusätzlich eine interaktive Modellierungskomponente auf Basis einer vorab erzeugten Unternehmungsvisualisierung integriert. Dies erfordert naturgemäß wieder zusätzliche Rechenkapazitäten.

Die Abbildung 4-12 zeigt die einzelnen Komponenten der dazu entwickelten Systemarchitektur. Ausgangspunkt der visuellen Simulation sind die realen Dienstleistungsprozesse. Diese werden mit Hilfe des Werkzeuges IMPROVE in einer realitätsnahen, virtuellen Nachbildung der betrachteten Unternehmung durch Nachspielen abgebildet. Das Nachspielen findet an verteilten IMPROVE-Clients statt. Die dort durchgeführten Benutzerinteraktionen werden vom IMPROVE-Server aufgezeichnet und ausgewertet. Eine Form der Auswertung besteht in der Generierung von ereignisgesteuerten Prozessketten, die der IMPROVE-Server direkt in das ARIS-Toolset hineinschreiben kann.[18]

---

[18] Leinenbach, S.; Seel, C.; Scheer, A.-W.: Interaktive Prozeßmodellierung in einer Virtual Reality-gestützten Unternehmungsvisualisierung. In: Desel, J.; Pohl, K.; Schürr, A. (Hrsg.): Modellierung '99, Workshop, Stuttgart, Leipzig 1999, S. 11 – 26.

Das ARIS-Toolset fungiert als zentrales Repository für alle Daten, die die Dienstleistungsprozesse betreffen. Prozessmodelle können auch direkt mit dem ARIS-Toolset als EPK erhoben
werden und stehen dann für die Simulation zur Verfügung. Um Prozesse zu simulieren, werden die in Abschnitt 3.7.3 beschriebenen Modellobjekte an das Simulationswerkzeug Simp-
le++[19] übergeben. Die Ergebnisse der Simulation liefert Simple++ an das ARIS-Toolset zurück.

Die im ARIS-Toolset abgelegten Prozessmodelle und Simulationsergebnisse werden vom
ATLAS-Server vollständig ausgelesen und zwischengespeichert. Anschließend erzeugt der
ATLAS-Server ein integriertes Layout- und Trace-File. Dieses File wird an den ATLAS-
Client übertragen, der hieraus eine dreidimensionale, interaktive Visualisierung erzeugt. So-
wohl der ATLAS-Client als auch der IMPROVE-Client sind browser-basierte Anwendungen,
die über das Intranet verfügbar sind.

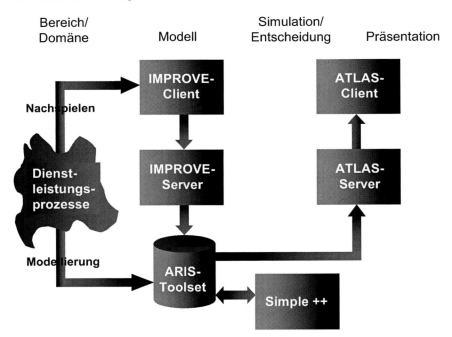

Abbildung 4-12: Systemarchitektur für die visuelle Simulation

---

[19]   Zur Beschreibung von Simple++ vgl. Tecnomatix Technologies Ltd.: eM-Plant, URL:
       http://www.emplant.de/default.html, online: 18.01.01 und Kuhn, A.; Reinhardt, A.; Wiendahl, H.-P.
       (Hrsg.): Handbuch Simulationsanwendungen in Produktion und Logistik, Wiesbaden 1993, S. 337.

Die Systemarchitektur folgt damit dem Konzept des interaktiven Postprocessings, wie es in Abschnitt 4.3.1 beschrieben wurde. IMPROVE-Client, IMPROVE-Server und das mit Simple++ gekoppelte ARIS-Toolset führen zeitlich unabhängig Modellierung sowie Simulation durch. Die Visualisierungsfunktionen Filtering, Mapping und Rendering im ATLAS-Server und ATLAS-Client können deshalb sämtliche verfügbaren Ressourcen nutzen, um einen dreidimensionalen Prozessfilm zu generieren. Als gemeinsame Datenbasis fungiert das Repository des ARIS-Toolset. Da das ARIS-Toolset und das IMPROVE-System bereits existieren, wird deren Funktionsweise im Folgenden nur kurz beschrieben. Im Vordergrund steht der Entwurf und die Nutzung des ATLAS-Systems.

4.3.3   ARIS-Toolset

Das ARIS-Toolset wurde von der IDS Scheer AG auf der Basis des ARIS-Konzeptes entwickelt. Das ARIS-Toolset unterstützt Berater und Unternehmungen bei der Erstellung, Analyse und Auswertung von Unternehmungsprozessen im Sinne des Business Process Reengineering.[20] Dazu stellt das ARIS-Toolset eine Vielzahl von Methoden zur Beschreibung von Geschäftsprozessen aus den Sichten Funktion, Daten, Organisation, Leistung und Steuerung zur Verfügung. Insbesondere wird die in dieser Arbeit zur Beschreibung von Dienstleistungsprozessen verwendete EPK vom ARIS-Toolset unterstützt. Des Weiteren ermöglichen Zusatzkomponenten spezielle Auswertungen wie z. B. die Prozesskostenrechnung oder die Simulation.[21]

Das ARIS-Toolset besitzt eine Schnittstelle zu dem Simulationswerkzeug Simple++. Auf diese Weise stehen die Auswertungsmöglichkeiten der Simulation allen Nutzern des ARIS-Toolsets zur Verfügung, ohne dass diese spezifisches Simulationswissen haben müssten. Über diese Schnittstelle werden vor der Simulation die Struktur der Prozesse, die Attribute der Objekte, der Simulationszeitraum und ein Startsignal übertragen. In Simple++ läuft danach die eigentliche Simulation ab. Während der Simulation werden Animationsdaten und die Zustände der Objekte an das ARIS-Toolset übertragen, so dass eine Online-Animation der Prozessketten in Form des Stepping in Prozessbildern (vgl. Abschnitt 3.6.2) möglich ist. Nach der Simulation werden zudem detaillierte und kumulierte Statistiken zurückgegeben.[22]

---

[20] Dieser Begriff wurde von HAMMER geprägt. Vgl. Hammer, M.: Reengineering work: Don't automate, obliterate. In: Harvard Business Review 68(1990)4, S. 104 – 112.
[21] IDS Scheer AG (Hrsg.): ARIS-Methodenhandbuch, Saarbrücken 1999, S. 1-1.
[22] Zur Entwicklung der Schnittstelle zwischen dem ARIS-Toolset und Simple++ vgl. Blecher, G.; Brenner, M.: Simulation von Geschäftsprozessen. In: Hofer-Alfeis, J. (Hrsg.): Geschäftsprozeßmanagement - innovative Ansätze für das wandlungsfähige Unternehmen, Marburg 1999, S. 81 – 94.

Zur Kommunikation zwischen dem ARIS-Toolset und ATLAS- bzw. IMPROVE-Server wird das ARIS Application Programming Interface (API) benutzt. Das API ist eine Zusatzkomponente des ARIS-Toolsets und stellt eine Reihe von Funktionen zur Verfügung, die in die Server integriert werden. Diese Funktionen sind in C programmiert und erlauben, alle wichtigen Daten aus dem ARIS-Repository auszulesen oder in dieses hineinzuschreiben. Die Funktionen werden in der Definition des API einzelnen Klassen zugeordnet, wodurch eine Integration als Methoden in die objektorientierte Implementierung der Server möglich ist.

4.3.4   IMPROVE

Im Mittelpunkt des IMPROVE-Systems, dessen Systemarchitektur Abbildung 4-13 zeigt, stehen der IMPROVE-Server und die IMPROVE-Clients. Der IMPROVE-Server besteht wiederum aus den drei Komponenten Environment Builder, Process Analyzer und Process Modeler, deren Aufgaben im Folgenden erläutert werden.

Der IMPROVE Environment Builder liest mit Hilfe des API vorab im ARIS-Toolset abgelegte Informationen über die statische Unternehmungsstruktur aus. Beispiele hierfür sind die Organisationsstruktur oder die verwendeten Anwendungssysteme der betrachteten Dienstleistungsunternehmung. Mit Hilfe dieser Informationen werden die Dialoge konfiguriert, die später von den IMPROVE-Clients genutzt werden.

Der IMPROVE Process Analyzer übernimmt die zentrale Aufzeichnung und Auswertung der unterschiedlichen Aktionen der Akteure (IMPROVE-Clients) im Verlauf der interaktiven Prozessbeschreibung. Ergebnis dieser Auswertung sind eine Videoaufzeichnung und ein zentrales Textprotokoll mit allen für die Generierung semi-formaler Prozessmodelle notwendigen Informationen.

Ausgehend von diesem Textprotokoll generiert der IMPROVE Process Modeler erweiterte ereignisgesteuerte Prozessketten und stellt sie über das API in das ARIS-Toolset ein. Dazu wird für jeden eine Aktivität beschreibenden Eintrag des Textprotokolls ein Prozesspartikel erzeugt, der aus der beschriebenen Funktion, den verantwortlichen Organisationseinheiten, den bearbeiteten Objekten, den eingesetzten Systemen sowie dem abschließenden Ereignis besteht. Einträge, die Prozessverzweigungen repräsentieren, erzeugen die entsprechenden logischen Konnektoren.

Der IMPROVE-Client ist über das Intranet mit dem IMPROVE-Server verbunden. Daher müssen sämtliche Funktionalitäten über einen Browser zugänglich sein. Zur Darstellung der virtuellen Unternehmungsumgebung wird im Browser ein Plug-In installiert. Zusätzlich verwendet der Browser noch die zwei Dynamic Link Libraries (DLL) Improve-Client und Com-munication-Client. Die Improve-Client-DLL stellt die Dialogmasken zur Verfügung, in denen der Benutzer seine Interaktionen mit den Objekten der virtuellen Welt beschreiben kann. Die-se Interaktionen werden dem Process-Analyzer zurückgemeldet. Die Communication-Client-DLL dient der Verbindung zum Communication-Server[23].

Dieser Communication-Server hält eine Verbindung zu allen angemeldeten IMPROVE-Clients, die ihm die Positionen der dort befindlichen virtuellen Mitarbeiter, der so genannten Avatare, anzeigen. Diese Informationen leitet der Communication-Server an den Session-Master weiter. Der Session-Master wiederum synchronisiert die Darstellung der Avatare in den einzelnen Welten der Clients. Auf diese Weise sind in jedem Client-System alle ange-meldeten Avatare und ihre Aktionen sichtbar.

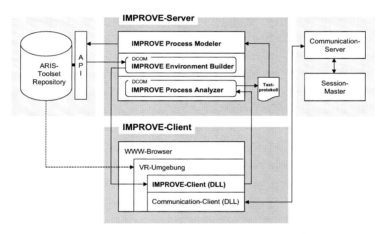

Abbildung 4-13: Systemarchitektur IMPROVE[24]

4.3.5 ATLAS

Schwerpunkt dieser Arbeit ist die Entwicklung der Komponente ATLAS. Das ATLAS-System besteht neben einer Server-Komponente und verschiedenen Clients zusätzlich noch aus einer Administrationskomponente. Daneben spielt das ARIS-Toolset als Lieferant der Prozessmodelle eine wichtige Rolle. Einen Überblick über die Komponenten des ATLAS-

---

[23] Communication-Server und Session-Master sind Produkte der Virtual Reality Technologies GmbH.

[24] Leinenbach, S.; Seel, C.; Scheer, A.-W.: Mitarbeiter-orientierte Geschäftsprozeßmodellierung mit Virtual Reality. In: Deussen, O.; Hinz, V.; Lorenz, P. (Hrsg.): Proceedings zur Tagung "Simulation und Visualisie-rung '99", Ghent u. a. 1999, S. 297.

Systems und ihr Zusammenwirken gibt die Abbildung 4-14. Im Folgenden wird die Funktionsweise des ATLAS-Servers und seiner Administrationskomponente sowie der ATLAS-Clients detailliert beschrieben.

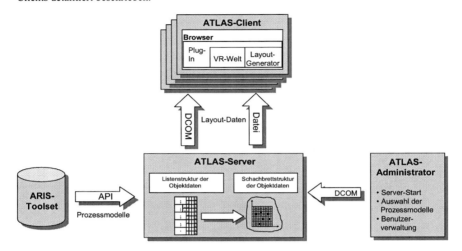

Abbildung 4-14: Systemarchitektur ATLAS

4.3.5.1 ATLAS-Server

Der ATLAS-Server liest über den ATLAS-Administrator vorab ausgewählte Prozessmodelle, die im ARIS-Toolset abgelegt sind, mit Hilfe des ARIS-API aus. Da über das API nur Einzelobjekte und ihre Attribute abgefragt werden können, muss die Fülle von Daten in einer geeigneten Datenstruktur gespeichert werden. Dies ist in einer verknüpften Liste möglich. Jedes Listenelement entspricht einem Objekt der EPK, dem ein eindeutiger Index zugeordnet wird. Ein Listenelement beinhaltet zwei Vektoren, die die Indizes der Vorgänger und die der Nachfolger aufführen. Eine Besonderheit stellen Funktionen dar, da ihnen neben Vorgängern und Nachfolgern Ressourcen zugeordnet werden können. Für jeden Ressourcentyp wird ein zusätzlicher Vektor angelegt.

Ein Beispiel für die Transformation einer EPK in diese Listenstruktur zeigt die Abbildung 4-15. Auf der linken Seite der Abbildung ist ein Ausschnitt einer EPK zu sehen. Sie wird in die rechts abgebildete Tabelle überführt. Dem ersten Ereignis wird der Index 0 zugeordnet, der ersten Funktion der Index 1. Entsprechend wird in den Nachfolgervektor des Ereignisses E/0 der Index 1 eingefügt, der Vorgängervektor bleibt leer. Die Vorgänger- und Nachfolgervektoren der Funktion F/0 enthalten die Indizes 0 bzw. 2. Des Weiteren verweisen die Ressourcenvektoren auf das Anwendungssystem AS/0 und die Organisationseinheit OE/0.

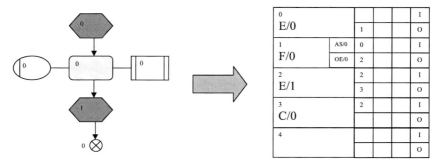

Abbildung 4-15: Listenstruktur des ATLAS-Servers

Im nächsten Schritt ordnet der ATLAS-Server jedes Listenelement auf einer schachbrettartigen Fläche an. Die Form der Darstellung folgt im Wesentlichen der Struktur, die das ARIS-Toolset für die Darstellung einer EPK erzeugt. Die Vorgänger-/Nachfolger-Beziehungen der Ereignisse, Funktionen und Konnektoren bestimmen die Ausdehnung des Schachbrettes in x-Richtung. Die Ausdehnung in y-Richtung ist abhängig von der Anzahl der Verzweigungen an den Konnektoren. Durch die unterschiedlichen Algorithmen ergeben sich jedoch im Detail Abweichungen zum Prozessbild im ARIS-Toolset. Zudem werden die Ressourcen im gleichen Feld angeordnet wie die zugehörige Funktion, da dies durch die Definition der Präsentationsobjekte in Abschnitt 4.2.5 vorgegeben wurde. Die Elemente des ATLAS-Servers fasst die Abbildung 4-16 zusammen.

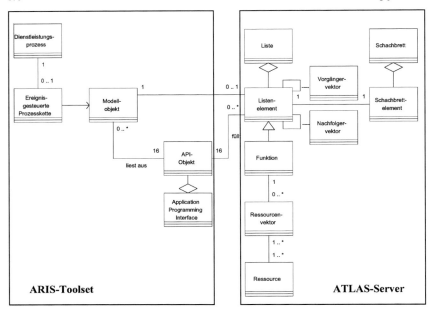

Abbildung 4-16: Metamodell des ATLAS-Servers

Zur Steuerung des ATLAS-Servers dient eine unabhängige Administrationskomponente, der ATLAS-Administrator. Dieser kommuniziert mit dem ATLAS-Server über eine Schnittstelle, die mit Hilfe des Distributed Component Object Model (DCOM)[25] implementiert wurde. Über den ATLAS-Administrator kann definiert werden, welche Prozessmodelle in den ATLAS-Server eingelesen werden. Des Weiteren kann der ATLAS-Server gestartet und eine Liste der angemeldeten ATLAS-Clients angezeigt werden.

4.3.5.2 ATLAS-Client

Die Verbindung der ATLAS-Clients mit dem ATLAS-Server kann über zwei Wege hergestellt werden. Die erste Möglichkeit ist die Kommunikation mit Hilfe von DCOM. Die zweite Möglichkeit ist der Transfer einer Datei zum Client. In beiden Fällen wird dem ATLAS-Client die Schachbrettstruktur mit den darin gespeicherten Objekten übermittelt. Die zusätzliche Möglichkeit eine Datei zu übermitteln ist in der Erfahrung begründet, dass in vielen Unternehmungsnetzwerken DCOM nicht verfügbar ist. In diesen Fällen ist aber meist ein zentrales Laufwerk vorhanden, auf das ATLAS-Server und –Client zugreifen dürfen.

---

[25] DCOM ist eine von Microsoft entwickelte Technologie zur Realisierung verteilter, komponentenbasierter Applikationen. Vgl. Eddon, G.; Eddon, H: Inside Distributed COM, Redmond 1998.

Der ATLAS-Client selbst basiert auf einem Internet-Browser. In diesem Browser wird ein zusätzliches Plug-In installiert, das in der Lage ist, dreidimensionale Welten interaktiv darzustellen. Es handelt sich dabei um das Programm Viscape der britischen Firma Superscape. Mit Hilfe dieses Plug-Ins wird eine lokal oder zentral abgespeicherte Datei des Systems ATLAS geöffnet, die eine so genannte Dummy-Welt beinhaltet. In dieser Welt sind alle Präsentationsobjekte, die in Abschnitt 4.2.5 auszugsweise dargestellt wurden, einmal vorhanden.

Des Weiteren beinhaltet diese Welt ein Programm, das in der proprietären Scriptsprache von Superscape SCL verfasst ist. Dieses Pogramm hat zwei Funktionen:

- die Generierung einer virtuellen Prozessumgebung und

- die Definition einer Kamerafahrt über die Präsentationsobjekte.

Zur Generierung der virtuellen Prozessumgebung legt das SCL-Script ein Gitternetz über die dreidimensionale Welt, das den Ausmaßen des übergebenen Schachbrettes entspricht. Danach durchläuft es die einzelnen Positionen des Schachbrettes. Trifft es auf ein nichtleeres Feld, wird im Falle von Konnektoren und Ereignissen das zugehörige Präsentationsobjekt an die entsprechende Stelle in der virtuellen Prozessumgebung kopiert. Im Falle einer Funktion muss zunächst die Visualisierungsklasse bestimmt und dann das zugehörige Präsentationsobjekt kopiert werden. Des Weiteren sind bei Funktionen die verwendeten Ressourcen auszuwerten. Die zugehörigen Präsentationsobjekte werden an den Ecken der Grundfläche der Funktion angeordnet.

Neben der reinen Generierung und Anordnung von Präsentationsobjekten werden einzelne Objekte durch das Script parametrisiert. Dies betrifft z. B. die Digitaluhren an den Funktionen, die mit Zeiten belegt werden. Ein weiteres Beispiel sind die Säulen an den Personalressourcen, deren Aufteilung durch den Auslastungsgrad konfiguriert wird. Eine weitere Anpassung erfolgt an den Schriftzügen, die neben Ressourcen, Konnektoren und an Ereignissen angebracht sind. Diese werden mit dem Namen der Ressource, der nachfolgenden Ereignisse oder des Ereignisses selbst versehen.

Die Definition eines Kamerapfades entlastet den Benutzer bei der Analyse der Simulation, indem er auf verschiedene Arten geführt wird. Der Kamerapfad entspricht im einfachsten Fall der Vorgänger-/Nachfolger-Beziehung der Funktionen und Ereignisse. Dabei wird jedes Ereignis und jede Funktion angesteuert und in einer optimalen Entfernung angehalten. Problematischer ist die Verfolgung von Verzweigungen. Dabei wird bei Und-Verknüpfungen zunächst der rechte Pfad und danach der linke Pfad verfolgt.

Bei Oder-Verknüpfungen wird zufällig einem Pfad gefolgt. Die Wahrscheinlichkeit, dass einem Pfad gefolgt wird, entspricht der Häufigkeit in der EPK. Hierdurch kann es zu unterschiedlichen Pfaden im ARIS-Toolset und im ATLAS-System kommen. Um dies zu vermeiden können in einer späteren Version des ATLAS-Systems bei der Pfadbestimmung die Aktivierungszahlen der nachfolgenden Ereignisse im ARIS-Toolset berücksichtigt werden. Die Abbildung 4-17 fasst in einem Metamodell die Elemente des ATLAS-Client zusammen.

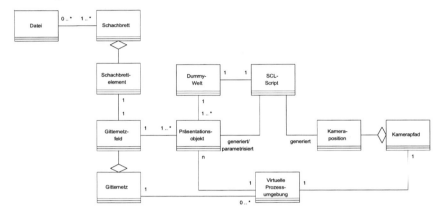

Abbildung 4-17: Metamodell des ARIS-Client

4.3.6   Nutzung des ATLAS-Systems

Das System ATLAS wurde zur Überprüfung der vorgestellten Konzepte in einer prototypischen Version implementiert. Dieser Prototyp besitzt alle Komponenten, die in Abschnitt 4.3.5 beschrieben wurden. Dem Benutzer steht somit zu Test- und Evaluationszwecken ein Server, ein Administrationswerkzeug und ein Client zu Verfügung.

Zur Generierung einer Visualisierung startet der Benutzer die Administrationskonsole, über die er wiederum den ATLAS-Server startet. Die Administrationskonsole zeigt in einer Liste alle Prozesse an, die sich in der vorgegebenen Datenbank des ARIS-Toolsets befinden. Daraus wählt der Benutzer die zu visualisierenden Prozesse aus. Danach können sich die ATLAS-Clients am ATLAS-Server anmelden.

Dazu öffnet der Benutzer eine Indexdatei in seinem Browser. Daraufhin startet der ATLAS-Client selbständig und stellt eine Verbindung zum ATLAS-Server her. Die Benutzungsoberfläche, die anschließend präsentiert wird, zeigt die Abbildung 4-18. Zunächst wählt der Benutzer aus der Baumstruktur auf der linken Seite des Fensters einen Prozess aus, der visuell simuliert werden soll.

Sobald der ATLAS-Client die zugehörige virtuelle Prozessumgebung und den Kamerapfad generiert hat, kann der Benutzer die Visualisierung betrachten. Er hat dabei die Möglichkeit, zwischen drei Modi der Exploration auszuwählen:

1. Der Benutzer kann selbständig die virtuelle Prozessumgebung erkunden, indem er sich durch die Welt bewegt. Dazu kann er spezielle Eingabemedien wie z. B. eine Space-Mouse oder die Pfeiltasten am unteren Ende des Fensters benutzen.

2. Wesentlich vereinfacht wird die Navigation durch die Nutzung des „Autopiloten". Dieser folgt nach seinem Start dem Kamerapfad und zeigt so einen kompletten Prozessdurchlauf an. Dabei hat der Benutzer ständig die Möglichkeit, den Flug anzuhalten, um einzelne Aspekte genauer zu analysieren.

3. Einen Kompromiss zwischen selbständiger Navigation und Autopilot stellt der Einzel-schrittmodus dar. Hier wird jede Kameraposition angeflogen und dann in einem optima-len Abstand vor den Präsentationsobjekten angehalten. Der Benutzer bestimmt dann, wann der nächste Schritt ausgeführt wird. Innerhalb der Bewegung zu einer Kameraposi-tion kann der Benutzer anhalten.

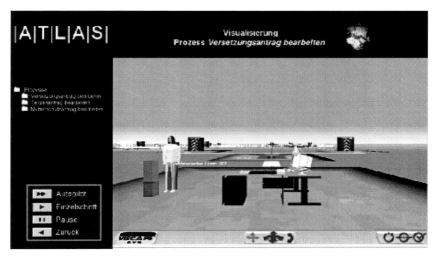

Abbildung 4-18: Benutzungsoberfläche des ATLAS-Systems

Komplexe Auswertungen über viele Modellobjekte und deren Attribute können direkt im ARIS-Toolset durchgeführt werden. Auf diese Weise können z. B. Durchlaufzeiten und Ressourcenauslastungen analysiert werden. Die Visualisierung dieser Statistiken ist direkt im ARIS-Toolset möglich. Des Weiteren können die Statistiken in MS-Excel exportiert werden, wo verschiedene Möglichkeiten zur grafischen Darstellung von statistischen Daten, insbesondere viele der in Abschnitt 3.7.5.3 vorgestellten Diagrammtypen, zur Verfügung stehen. In einer späteren Version des ATLAS-Systems können diese Diagramme eingebunden werden.

4.4   Bewertung der Werkzeugunterstützung

4.4.1   Software-Ergonomie

Die Bewertung interaktiver Systeme ist ein stark vernachlässigter Bereich der Mensch-Maschine-Kommunikation. Um für eine breite Akzeptanz der in dieser Arbeit vorgestellten Technologien zu sorgen, ist jedoch eine benutzerorientierte Bewertung unumgänglich. Zur Definition der Benutzeranforderungen sowie als Kriterien zur Bewertung der Werkzeugunterstützung können

- traditionelle Prinzipien und Merkmale der Software-Ergonomie,

- weiter gehende nationale und internationale Standards,

- Integrationsversuche, wie sie z. B. in der Arbeitspsychologie und der Informatik durchgeführt werden, und

- Anwendungserfahrungen

herangezogen werden.[26] Dabei sind diese Ansätze nicht scharf voneinander zu trennen. So beinhaltet die Software-Ergonomie auch Anwendungserfahrungen als Kriterium. Umgekehrt schlagen sich die Erkenntnisse der Software-Ergonomie in den genannten Normen nieder. Daher wird die Werkzeugunterstützung der visuellen Simulation mit Hilfe von Verfahren und Kriterien aus dem Bereich der Software-Ergonomie bewertet.

Die im Folgenden vorgestellten Elemente einer ergonomischen Betrachtung beschreiben umfassend, inwiefern dieses System praktisch einsetzbar ist und welche Vorteile der Benutzer davon hat. Dadurch wird ausgedrückt, ob die Ziele der visuellen Simulation, die intuitive Vermittlung von Prozessinformationen zur Unterstützung der Simulationsphasen Verifikation, Validierung, Analyse und Präsentation sowie die Vereinfachung des Modellierungsvorgangs erreicht wurden.

EBERLEH et al. definieren Software-Ergonomie wie folgt: „Im Sinne von Ergonomie als Wissenschaft von der Anpassung der Technik an ihre Benutzer beschäftigt sich Software-Ergonomie disziplinübergreifend speziell mit der benutzergerechten Gestaltung der Mensch-Computer-Interaktion (MCI), d. h. mit der Gestaltung der Teile eines interaktiven Computersystems, die von Software gesteuert werden und an der so genannten Benutzungsoberfläche

---

[26] Vgl. Stary, C.: Interaktive Systeme, 2. Auflage, Braunschweig, Wiesbaden 1996, S. 339 f.

wirksam werden. Dabei sind die Benutzungsoberflächen, mit denen die Benutzer unmittelbar interagieren, ein wichtiger Bestandteil der Gestaltung."[27]

Ergonomische Aspekte gewinnen bei Softwaresystemen zunehmend an Bedeutung.[28] Hersteller versprechen sich von der Steigerung der ergonomischen Qualität ihrer Produkte höhere Marktchancen. Hierbei wird von einem Kosten-Nutzen-Verhältnis von 1:500 ausgegangen.[29] Aus Sicht der Anwender können durch die ergonomische Gestaltung der Benutzeroberfläche eine höhere Produktivität, geringere Fehlerquoten und kürzere Einarbeitungszeiten erreicht werden. Als Konsequenz erfährt der Benutzer weniger Stress und ist stärker motiviert. Dieser Faktor wird immer bedeutsamer, da der Anteil der Computernutzer am Arbeitsplatz zunimmt, gleichzeitig aber nur eine Minderheit der Beschäftigten von ihrer Ausbildung dazu qualifiziert ist.[30]

Auch der Gesetzgeber trägt dieser Entwicklung Rechnung, indem er in der Bildschirmarbeitsverordnung die Anwendung der Grundsätze der Ergonomie auf die Verarbeitung von Informationen fordert.[31] Diese Grundsätze wurden in verschiedenen Normen der International Standard Organization (ISO) und des Deutschen Instituts für Normung (DIN) festgehalten. Die Analyse der ergonomischen Qualität orientiert sich an der internationalen Norm ISO 9241. Für die Bewertung von Softwaresystemen sind v. a. die Teile EN ISO 9241-10 und EN ISO-11 relevant, die sich mit den Grundsätzen zur Dialoggestaltung und Angaben zur Gebrauchstauglichkeit beschäftigen.

Die Bewertung der Dialoggestaltung erfolgt in der Norm EN ISO 9241-10 anhand von sieben Grundsätzen:

• Aufgabenangemessenheit,

• Selbstbeschreibungsfähigkeit,

• Steuerbarkeit,

• Erwartungskonformität,

---

[27] Eberleh, E.; Oberquelle, H.; Oppermann, R.: Einführung. In: Eberleh, E.; Oberquelle, H.; Oppermann, R. (Hrsg.): Einführung in die Software-Ergonomie, 2. Auflage, Berlin, New York 1994, S. 1 – 5.

[28] Stellvertretend für das Redesign zahlreicher Anwendungssysteme sei hier die EnjoySAP-Initiative des Standardsoftwareanbieters SAP genannt. Vgl. hierzu: Erxleben, C.; Gebauer, A.: Erfolgsfaktoren für die Einführung eines benutzerorientierten Software-Entwicklungsprozesses. In: HMD 37(2000)212, S. 41 – 56.

[29] Vgl. Karat, C.-M.: A business approach to usability cost justification. In: Bias, R.; Mayhew, D. (Hrsg.): Cost justifying usability, Boston 1994, S. 45 – 70.

[30] Vgl. Oppermann, R.; Reiterer, H:. Software-ergonomische Evaluation. In: Eberleh, E.; Oberquelle, H.; Opperamann, R. (Hrsg.): Einführung in die Software-Ergonomie, 2. Auflage, Berlin, New York 1994, S. 335 – 372.

[31] Vgl. Bildschirmarbeitsverordnung (BildscharbV) als Artikel 3 der Verordnung zur Umsetzung von EG-Einzelrichtlinien zur EG-Rahmenrichtlinie Arbeitsschutz vom 4.12.1996, (BGBl. I, 1996).

- Fehlertoleranz,

- Individualisierbarkeit,

- Lernförderlichkeit.[32]

Bei der Untersuchung der Gebrauchstauglichkeit verwendet die Norm EN ISO 9241-11 drei Kriterien:

- Effektivität, d. h. die Genauigkeit und Vollständigkeit der Zielerreichung durch den Benutzer,

- Effizienz, d. h. der im Verhältnis zur Genauigkeit und Vollständigkeit eingesetzte Aufwand des Benutzers,

- Zufriedenheit, d. h. die Beeinträchtigungsfreiheit und Akzeptanz der Nutzung.[33]

Wie bereits bei der Bewertung der Dialoggestaltung im Rahmen der Norm EN ISO 9241-10 werden zur Messung der Gebrauchstauglichkeit überwiegend empirische Verfahren genutzt. Dies wurde insbesondere aus der Sicht des Software-Engineering kritisiert, da diese Form der Bewertungen keine konstruktiven Folgerungen für den Systementwurf zulässt.[34] Daher wurde in diesem Bereich eine Formalisierung des Ergonomiebegriffes angestrebt, was sich jedoch auf Grund ihrer komplizierten Handhabung nicht durchsetzen konnte. Andererseits haben die empirischen Verfahren diese Kritik aufgenommen und integrieren in ihre Vorgehensmodelle die Neu- oder Umgestaltung von Benutzungsschnittstellen.[35] Aus diesem Grund werden die Normen EN ISO 9241-10 und –11 als Grundlage für eine empirische Evaluierung der Systeme ATLAS und IMPROVE verwendet.

Diese Normen können jedoch noch nicht als Checklisten direkt angewendet werden, sondern bedürfen einer Operationalisierung. Dabei müssen die Zusammenhänge zwischen den einzelnen Kriterien der Normen geklärt werden. DZIDA entwickelt dazu ein Qualitätsmodell der

---

[32] Vgl. DIN, Deutsches Institut für Normung e.V. (Hrsg.): Bildschirmarbeitsplätze: Normen, Sicherheitsregeln, Berlin u. a. 1998. S. 210 – 219.

[33] Vgl. DIN, Deutsches Institut für Normung e.V. (Hrsg.): Bildschirmarbeitsplätze: Normen, Sicherheitsregeln, Berlin u. a. 1998. S. 220 – 244.

[34] Vgl. Thimbleby, H.: Formulating Usability. In: SIGCHI Bulletin 26(1994)2, S. 59 – 64.

[35] Das EU-richtlinienkonforme, software-ergonomische Bewertungs- und Gestaltungsinstrument EU-CON II belegt diese exemplarisch, indem es die Umsetzung von Verbesserungsmaßnahmen und die Überprüfung der gesetzten Maßnahmen durch den Evaluateur in seinem Vorgehensmodell als letzte Phase vorsieht. Totter, A.; Stary, C.; Riesenecker-Caba, T.: Methodengesicherte Validierung von EU-CON II. In: Arend, U.; Eberleh, E.; Pitschke, K. (Hrsg.): Software Ergonomie 1999 – Design von Informationswelten, Stuttgart, Leipzig 1999, S. 309 – 319.

Gebrauchstauglichkeit (vgl. Abbildung 4-19).[36] Dieses Modell geht von den Qualitätsfaktoren der EN ISO 9241-11 aus und zerlegt diese Faktoren in untergeordnete Faktoren, die in den Normen EN ISO 9241-10 und –12 enthalten sind. Diese Faktoren werden schließlich als Kriterien operationalisiert.

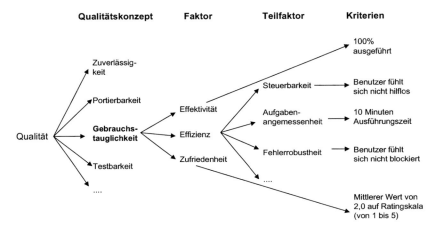

Abbildung 4-19: Qualitätsmodell zur Gebrauchstauglichkeit[37]

Die Operationalisierung in dieser Arbeit basiert auf Ergebnissen des Projektes SANUS (Sicherheit und Gesundheitsschutz bei der Arbeit an Bildschirmen auf der Basis internationaler Normen und Standards).[38] Ausgehend von den Grundsätzen der Norm EN ISO 9241-10 wurde im Projekt ein einfaches Verfahren zur Bewertung von Software entwickelt. Kern dieses Verfahrens ist ein umfangreicher Fragebogen, der die Einhaltung der in Abbildung 4-19 beschriebenen Teilfaktoren überprüft. Dieser Fragebogen wurde auf die Besonderheiten von ATLAS-Client und IMPROVE-Client angepasst und als ein Baustein bei der Evaluierung eingesetzt.

---

[36] Vgl. Dzida, W.: Qualitätssicherung durch software-ergonomische Normen. In: Eberleh, E.; Oberquelle, H.; Opperamann, R. (Hrsg.): Einführung in die Software-Ergonomie, 2. Auflage, Berlin, New York 1994, S. 373 – 406.

[37] Dzida, W.: Qualitätssicherung durch software-ergonomische Normen. In: Eberleh, E.; Oberquelle, H.; Opperamann, R. (Hrsg.): Einführung in die Software-Ergonomie, 2. Auflage, Berlin, New York 1994, S. 383.

[38] Vgl. Burmester, M.; Görner, C.; Hacker, W.; Kärcher, M.; Kurtz, P.; Lieser, U.; Risch, W.; Wieland-Eckelmann, R.; Wilde, H.: Das SANUS-Handbuch - Bildschirmarbeit EU-konform, Berlin, Dortmund, 1997.

4.4.2   Vorgehensweise

Zur Bewertung der visuellen Simulation werden die Systeme ATLAS und IMPROVE betrachtet. Dabei beschränkt sich die Analyse auf den ATLAS-Client und den IMPROVE-
Client, da nur diese Komponenten die Schnittstelle zu den Benutzern aus den in Abschnitt
4.2.2 beschriebenen Zielgruppen herstellen. Da die in Abschnitt 4.3.1 aufgeführten Komponenten bereits umfangreichen Funktionstests unterzogen wurden, kann die ergonomische
Qualität im Rahmen einer empirischen Evaluierung überprüft werden. Bei der empirischen, d.
h. erfahrungsbezogenen, Evaluierung wird ein Prototyp mit Endbenutzern getestet. PREIM
nennt als Voraussetzungen und Gegenstände eines derartigen Tests:

- den Testgegenstand, der im Allgemeinen dem Prototypen entspricht,

- den Tester, der den Test vorbereitet, organisiert und auswertet,

- die Testperson, die den Test ausführen soll. Dabei sollte die Testperson möglichst viele
  Gemeinsamkeiten mit dem späteren Benutzer des Systems haben. Dies betrifft insbeson-
  dere Vorkenntnisse im Bereich der verwendeten Technologien. Teilweise werden auch zur
  Einbeziehung technischer und marketingspezifischer Aspekte Systemadministratoren,
  Vertriebspersonal, Werbefachleute oder Ausbilder hinzugezogen.

- die Testumgebung, die sehr unterschiedlich gestaltet sein kann. Im einfachsten Fall finden
  diese Tests im Büro des Entwicklers oder Anwenders statt. Große Softwarehersteller verfügen meist über Usability Testing Labore. Dort bearbeitet die Testperson in einem abge-
  schirmten Raum eine Aufgabe. Über Spiegel, Kamera und Mikrofone können die Tester
  den Fortschritt beobachten. Während Büros die reale Arbeitsumgebung gut simulieren
  können, bieten Usability Labore den Vorteil, dass sie Ablenkungen vermeiden und genauere Aufzeichnungen ermöglichen.

- die Testkriterien, die möglichst messbare und vergleichbare Daten beinhalten. Bei pro-
  duktiven Programmen werden meist Aufgaben formuliert, die mit der Erstellung und Modifikation von Objekten verbunden sind. Bei explorativen Programmen ist dies kaum
  möglich. In diesem Fall kann die Testperson gebeten werden, sich mit vorgegebenen Objekten unter bestimmten Aspekten vertraut zu machen.[39]

Neben dem bereits vorhandenen Prototypen musste für den Ergonomietest in dieser Arbeit
eine Auswahl und Erfassung von Testkandidaten durchgeführt werden. Als Testumgebung
wurde eine einfache Büroumgebung gewählt. Diese Umgebung wurde jedoch während der

---

[39] Vgl. Preim, B.: Entwicklung interaktiver Systeme, Berlin u. a. 1999, S. 246.

Tests von äußeren Einflüssen abgeschirmt, um Einschränkungen der Konzentration der Testpersonen zu vermeiden.

Die Methoden zur Durchführung der Evaluation ordnen OPPERMANN et al.[40] fünf Klassen
zu: subjektiven, objektiven, leitfadenorientierten und experimentellen Evaluationsmethoden
sowie der Kombination von Evaluationsmethoden. Bei subjektiven Methoden werden eher
weiche Daten gewonnen, die direkt an die Erfahrungen des Benutzers anknüpfen. Diese Daten
lassen sich z. B. den Kategorien Bedienungskomfort, Klarheit oder Verständlichkeit zuordnen. Mögliche Verfahren zur Ermittlung der Benutzererfahrungen sind Befragungen, das laute
Denken der Testkandidaten oder das Partnergespräch zweier Testkandidaten.

Objektive Methoden versuchen die Unschärfen subjektiver Methoden auszuschalten, indem
nur objektiv messbare Eigenschaften der Software betrachtet werden. Im einfachsten Fall
werden dazu Beobachtungen an den Testkandidaten herangezogen, die in einem Protokoll
festgehalten werden. Zusätzliche Auswertungen ermöglichen Videoaufzeichnungen, die in
den oben beschriebenen Usability Laboren erstellt werden können. Aber auch die Software
selbst kann zur Messung bestimmter Sachverhalte herangezogen werden, indem z. B. die Interaktionen der Benutzer in Logfiles festgehalten werden.

Bei leitfadenorientierten Methoden führt ein Experte eine vorgegebene Liste von Untersuchungen an dem System durch. Der Inhalt dieser Untersuchungen wird durch die zu untersuchende Fragestellung determiniert. Danach gibt der Experte seine Beurteilung anhand struktu-
rierter, präziser Prüfkriterien ab. Experimentelle Verfahren dienen dagegen zur Überprüfung
definierter Hypothesen bezüglich des untersuchten Systems. Dazu werden Versuche vorab
spezifiziert, d. h. die Abläufe, die Umgebung und Softwarekonfiguration werden detailliert
festgelegt. Danach kann eine beschränkte Zahl von Kennzahlen innerhalb eines Experiments
gemessen werden.

EBERLEH et al. betonen, dass es die „beste" Evaluationsmethode nicht gibt, da jede Methode
spezifische Vor- und Nachteile aufweist.[41] Sie empfehlen daher eine Kombination der bisher
genannten Methoden, um zu ganzheitlichen Aussagen hinsichtlich der software-
ergonomischen Qualität zu gelangen. Diese Bewertung wird in dieser Arbeit aufgenommen
und ein aus subjektiven und objektiven Methoden abgeleitetes Verfahren zur Evaluierung
angewendet. Objektive Kriterien wie die Dauer der Bearbeitung oder die Fehlerrate werden

[40] Vgl. Oppermann, R.; Reiterer, H:. Software-ergonomische Evaluation. In: Eberleh, E.; Oberquelle, H.; Oppermann, R. (Hrsg.): Einführung in die Software-Ergonomie, 2. Auflage, Berlin, New York 1994, S. 335 –
   372.
[41] Vgl. Eberleh, E.; Oberquelle, H.; Oppermann, R.: Einführung. In: Eberleh, E.; Oberquelle, H.; Oppermann, R.
   (Hrsg.): Einführung in die Software-Ergonomie, 2. Auflage, Berlin, New York 1994, S. 1 – 5.

durch die Protokollierung der Benutzerinteraktionen ermittelt. Des Weiteren prüft ein Fragebogen subjektive Erfahrungen der Benutzer. Die konkrete Durchführung der Tests und ihre
Ergebnisse werden im Folgenden beschrieben.

4.4.3 Ergonomietest ATLAS-Client

Auf Grund der Zielsetzung der Untersuchung wurde die explorative Analyse der Simulation
eines Prozesses als beste Möglichkeit zur Messung der Ergonomie angesehen, da sie subjektive und objektive Methoden verknüpft. Als Beispielprozess wurde die Bearbeitung eines Teil-
zeitantrages im Bereich der Lehrerverwaltung gewählt. Die Struktur dieses Prozesses wird in
Abschnitt 4.5.2 beschrieben.

Während der Bearbeitung und in einem Fragebogen, der von den Testkandidaten nach der
Bearbeitung ausgefüllt wurde, wurden Werte für die oben beschriebenen Kriterien der Norm
EN ISO 9241-10 und -11 ermittelt. In diesem Fragebogen erfolgt eine subjektive Bewertung
des Systems durch die Testpersonen. Des Weiteren wird mit der explorativen Analyse des
Systems eine Prüfaufgabe verbunden, deren Lösung mit objektiven Kriterien bewertet werden
kann. Auf diese Weise kann untersucht werden, inwiefern die von ATLAS unterstützten Ziele
der visuellen Simulation, die Unterstützung von Verifikation, Validierung, Analyse, Präsentation und indirekt auch der Schulung von Prozessen erreicht werden (vgl. Abschnitt 4.2.2).

Auf Grund des Untersuchungsgegenstands wurden Personen getestet, die schon ein Grund-
wissen in der Bedienung eines Personalcomputers hatten. Mit Ausnahme dieses Merkmals
war die Testgruppe heterogen zusammengesetzt. Insbesondere wurden verschiedene Berufsgruppen in den Test einbezogen, um den Einfluss spezifischer Vorkenntnisse zu reduzieren.
So nahmen sowohl technische Berufsgruppen als auch kaufmännische und gestalterische am
Test teil. Des Weiteren wurden in etwa gleich viele weibliche und männliche Personen getestet.

Der Ergonomietest des ATLAS-Clients ist nicht ohne eine kurze Einweisung der Testpersonen durchführbar. Der Tester erklärte während dieser Einführung in wenigen Minuten die
Handhabung des ATLAS-Clients. Hierzu wurde am System die Navigation durch die virtuelle
Prozessumgebung demonstriert. Danach konnte direkt mit der Exploration einer beispielhaf-
ten Prozessumgebung begonnen werden. Hierzu wurde ein Zeitlimit vorgegeben, das aber
nicht voll ausgeschöpft werden musste. Um den Einfluss der visuellen Darstellung auf das
Erinnerungsvermögen der Testkandidaten zu überprüfen, wurde den Testpersonen nicht mit-
geteilt, welche Art von Fragen im Anschluss an die Exploration gestellt würden. Dadurch

wurde die Vorauswahl von Präsentationsobjekten und das gezielte Lernen von Teilinformationen vermieden.

Anschließend wurden drei Fragebogen von den Testkandidaten beantwortet. Im ersten Fragebogen wurde überprüft, wie tief das Verständnis des dargestellten Prozesses reicht. Dazu wurden zunächst ausgewählte Inhalte des Prozesses erfragt. Im Einzelnen waren dies die Antragsform, die beteiligten Personen und die Genehmigungskompetenz. Danach wurde untersucht, ob die Testpersonen Schwachstellen im Prozess erkannt haben und geeignete Lösungen ableiten können. Dazu wurde nach überlasteten Bearbeitern und Möglichkeiten zur Beschleunigung des Prozesses gefragt. Die Ergebnisse dieser Untersuchung zeigt die Abbildung 4-20.

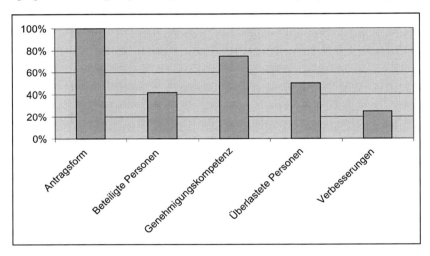

Abbildung 4-20: Auswertung des ersten Fragebogens

Die Auswertung verdeutlicht, dass gerade inhaltliche Aspekte des Prozesses sehr gut erinnert werden. Alle Testpersonen konnten die Antragsform korrekt bestimmen. Des Weiteren hatten 75% der Testpersonen aus dem Ablauf der Antragsbearbeitung erschlossen, welche Person einen Antrag genehmigen kann. Diese Zahl ist besonders hervorzuheben, da die Genehmigung nur eine von vielen Funktionen im Prozess ist, die durch zahlreiche vorbereitenden Aktivitäten oder Abstimmungsverfahren ergänzt wird. Dies erklärt auch, warum nicht alle beteiligten Personen nach dem Test wiedergegeben werden konnten. Im Durchschnitt konnten 2,5 der 6 im Prozess erwähnten Personen und Organisationseinheiten korrekt benannt werden, was einem Anteil von 42% entspricht.

Das Verständnis der inhaltlichen Zusammenhänge ist Voraussetzung für die Analyse von Schwachstellen im Prozessablauf und die Erarbeitung von Verbesserungspotenzialen. Diese Aufgabe stellt aber nochmals höhere Anforderungen an die Testpersonen. Daher ist es als Erfolg der Visualisierung zu werten, dass die Hälfte aller Testpersonen erkannt hat, welche Personen überlastet waren. Wiederum die Hälfte aller Testpersonen gab Vorschläge zur Verbesserung der Antragsbearbeitung ab. Davon waren 50% tatsächlich geeignet, das Verfahren zu beschleunigen.

Der zweite Fragebogen geht gezielt auf die Benutzungsschnittstelle des ATLAS-Clients ein. Hier wurden mit Hilfe eines Fragebogens, der sich im Wesentlichen an den Vorgaben des SANUS-Projektes orientiert, die Aufgabenangemessenheit, Selbstbeschreibungsfähigkeit, Steuerbarkeit, Erwartungskonformität, Fehlertoleranz, Individualisierbarkeit und Lernförderlichkeit durch jeweils mehrere Fragen geprüft. Dabei hatte der Benutzer eine Skala von fünf Stufen (sehr gut, gut, befriedigend, ausreichend, mangelhaft), um die Einzelkriterien zu bewerten. Die Antworten der Benutzer fasst die Abbildung 4-21 zusammen.

Die Antworten der Testkandidaten verdeutlichen, dass sie die visuelle Simulation im ATLAS-Client als geeignetes Medium zur Analyse von Prozessen empfinden. Insbesondere belegt der gute Wert für die Lernförderlichkeit die adäquate Vermittlung von Prozessinhalten, was bereits objektiv durch den ersten Fragebogen bestätigt wurde. Auch erscheint den Testpersonen die Interaktion mit dem System als einfach und schnell zu erlernen, was die positive Einschätzung der Selbstbeschreibungsfähigkeit verdeutlicht. Einschränkungen ergeben sich vor allem bei der Bewertung Steuerbarkeit, Fehlerbehandlung und Anpassbarkeit des ATLAS-Systems. Dies ist darauf zurückzuführen, dass in dem prototypischen Stadium nur begrenzte Interaktionsmöglichkeiten vorhanden sind und auf Hilfefunktionen verzichtet wurde.

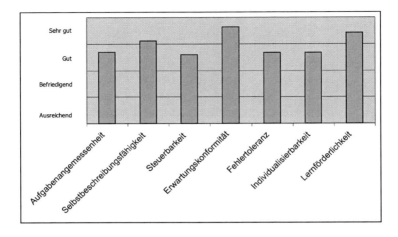

Abbildung 4-21: Auswertung des zweiten Fragebogens

Die Effektivität wird als Grad der Zielerreichung definiert. Als Teilziele wurden das Prozessverständnis, die Lokalisierung von Schwachstellen und die Optimierung von Prozessen definiert. Die Ergebnisse des ersten Fragebogens haben gezeigt, dass gerade das Prozessverständnis sehr hoch war. Dies ist auf Grund der Tatsache, dass die Testpersonen weder über Vorkenntnisse aus dem Bereich der Lehrerverwaltung noch aus dem Bereich der Geschäftsprozessoptimierung verfügen, als Erfolg der Visualisierung zu werten. Ähnliches gilt für die nachgelagerten Phasen Lokalisierung von Schwachstellen und Optimierung von Prozessen. Dennoch lässt das Ergebnis Raum für weitere Verbesserungen der Präsentationsobjekte, um gewisse Kennzahlen der Prozesse noch effektiver zu vermitteln.

Die Effizienz setzt die genannten Ergebnisse hinsichtlich Prozessverständnis und Prozessoptimierung in Bezug zu dem Aufwand des Benutzers. Hier wurde verdeutlicht, dass der Benutzer lediglich einmal eine kurze Einführung in die Bedienung des ATLAS-Clients benötigt. Diese Einführung beanspruchte zwischen 4 und 8 Minuten. Danach konnte die Testperson ohne weitere Probleme durch die visuelle Simulation im ATLAS-Client navigieren. Im Durchschnitt verweilte sie dort 18,5 Minuten. In dieser kurzen Zeit wurden die wesentlichen Prozessmerkmale aufgenommen und Schwachstellen erkannt.

Grundlage für die Bewertung der Zufriedenheit des Benutzers ist der zweite Fragebogen. Hier kann zusammenfassend die positive Einschätzung der Funktionalität und Erlernbarkeit des Systems durch die Testpersonen hervorgehoben werden. Dies schließt technische Verbesserungsmöglichkeiten nicht aus.

4.4.4   Ergonomietest IMPROVE-Client

Als Verfahren zur Messung der ergonomischen Qualität des IMPROVE-Clients wurde eine Prüfaufgabe in Kombination mit einem Fragebogen gewählt.[42] Der Prüfkandidat wurde mit der Aufgabe konfrontiert, einen Teil eines typischen Dienstleistungsprozesses, die Erstellung eines Angebotes, nachzuspielen. Dazu musste er sich innerhalb der virtuellen Prozessumgebung zu seinem Arbeitsplatz begeben, mit anderen Personen kommunizieren und mit Anwendungssystemen arbeiten. Anhand dieser Testaufgabe konnten die Navigation in der virtuellen Unternehmungsumgebung und die Interaktion mit den vorgegebenen Objekten bewertet werden. Besondere Beachtung fand während der Aufgabenbearbeitung die Messung des Zeitverbrauchs zwischen fünf vorab definierten Messpunkten M1 bis M5.

Nach der Bearbeitung der Prüfaufgabe erhielten die Testkandidaten einen Fragebogen zum System und zur Person. Mit dem Systemteil des Fragebogens, dessen Grundlage der SANUS-Fragebogen ist, wurden die Aufgabenangemessenheit, Selbstbeschreibungsfähigkeit, Steuerbarkeit, Erwartungskonformität, Fehlertoleranz, Individualisierbarkeit und Lernförderlichkeit überprüft. Dabei hatte der Benutzer eine fünfstufige Notenskala, um die Einzelkriterien zu bewerten. Die Antworten der Benutzer fasst die Abbildung 4-22 zusammen.

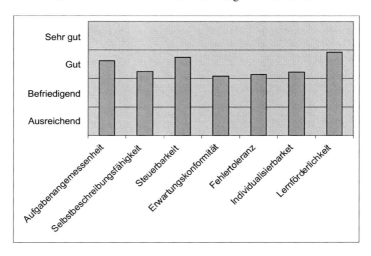

Abbildung 4-22: Auswertung der Fragebögen

---

[42] Zu dem Ergonomietest für den IMPROVE-Client vgl. Seel, C; Leinenbach, S.; Scheer, A.-W.: IMPROVE – Interaktive Modellierung von Geschäftsprozessen in virtuellen Umgebungen. In: Scheer, A.-W. (Hrsg.): Veröffentlichungen des Instituts für Wirtschaftsinformatik, Heft 165, Saarbrücken 2000.

Ein wesentliches Ziel der visuellen Simulation ist die Vereinfachung der Modellerstellung. In diesem Zusammenhang muss die gute Bewertung der Steuerbarkeit und Lernförderlichkeit besonders hervorgehoben werden. Die Prüfkandidaten hatten offensichtlich den Eindruck, dass sie die Navigation in der virtuellen Unternehmungsumgebung leicht erlernt haben und bereits während des Tests gut beherrschen. Die Bewertung der Aufgabenangemessenheit zeigt, dass sie diese Form der Modellierung als ernst zu nehmende Alternative empfinden.

Das Protokoll der Prüfaufgabe zeigt, dass der subjektive Eindruck der Testkandidaten mit den objektiven Daten übereinstimmt (vgl. Tabelle 4-2). Die Prüfaufgabe wurde in sehr kurzer Zeit erledigt. Dabei bereitet die Navigation selbst in schwierigen Passagen nur geringe Probleme. Auch die Dialoge wurden schnell und fehlerlos bedient. Dabei sind bereits nach der Nutzung des Telefondialoges Lernerfolge erkennbar, da die nachfolgende Nutzung der Dialoge zur Auswahl eines Anwendungssystems oder eines Papierdokuments wesentlich schneller abläuft.

Tabelle 4-2: Messpunkte und Messwerte

Mess-punkt	Definition	Bedeutung	∅ Zeit [Minuten]
M1	Ankunft im eigenen Büro	Evaluierung der Navigation in der virtuellen Unternehmungsumgebung	6,3
M2	Telefonanruf durchgeführt	Evaluierung der Interaktionsmöglichkeiten im virtuellen Büro und der Selbstbeschreibungs-fähigkeiten der Dialoge	4,6
M3	Alternative aktiviert	Evaluierung der abstrakten Interaktionsmög-lichkeiten	1,3
M4	Papierdialog ausgeführt	Evaluierung der Interaktionsmöglichkeiten zur Beschreibung von Bürotätigkeiten und der Selbstbeschreibungsfähigkeiten der Dialoge	3
M5	Auftrag beendet	Evaluierung der abstrakten Interaktionsmög-lichkeiten	2,3
			Σ = 17,5

Diese Ergebnisse erlauben eine Bewertung der Effektivität, Effizienz und Zufriedenheit. Effektivität drückt sich in der Qualität der generierten Modelle aus. Diese wurden anhand der Grundsätze ordnungsmäßiger Modellierung (GOM) gemessen.[43] Bereits im Systemtest konnte festgestellt werden, dass die syntaktische Korrektheit durch die automatische Generierung von ereignisgesteuerten Prozessketten gewährleistet ist. Jedoch kann es weiterhin zu Fehlern

---

[43] Vgl. Becker, J.; Rosemann, M.; Schütte, R.: Grundsätze ordnungsmäßiger Modellierung. In: Wirtschaftsin-formatik 37 (1995) 5, S. 435 – 445.

auf semantischer Ebene kommen, falls Benutzer Prozessteile nicht dokumentieren. Dies kann einzelne Aktivitäten, z. B. die Weiterleitung bestimmter Informationen an Kollegen, oder ganze Teilprozesse, z. B. alternative Bearbeitungswege, betreffen. Weitere Grundsätze ordnungsmäßiger Modellierung konnten ebenfalls positiv beeinflusst werden.

Die Effizienz berücksichtigt in diesem Zusammenhang die Schulungszeit und die Modellierungszeit bei einer gegebenen Modellierungsaufgabe. Im Rahmen des Ergonomietests wurde den Prüfkandidaten eine kleine Einführung in das Werkzeug gegeben. Danach war eine eigenständige Modellierung möglich. Des Weiteren wurde die Prüfaufgabe in relativ kurzer Zeit durchgeführt. Schließlich sind für die Zufriedenheit die Vollständigkeit der angebotenen Funktionalität und die Einschätzung der Benutzer relevant. Diese Fragestellungen wurden detailliert in dem vorgestellten Fragebogen analysiert. Die ermittelten Werte lassen auf eine hohe Zufriedenheit der Benutzer schließen.

4.5   Anwendungsbeispiel Bildungsverwaltung

In den vorangegangenen Kapiteln wurden das Konzept der visuellen Simulation und eine Werkzeugunterstützung entwickelt. In diesem Abschnitt werden Konzept und Werkzeug auf den Bereich der Bildungsverwaltung angewendet. Zum Verständnis der Rahmenbedingungen und Ziele der Simulation im Anwendungsbeispiel ist es wichtig, die Charakteristika der Domäne zu kennen. Daher werden zunächst die Kennzeichen und Entwicklungen der öffentlichen Verwaltung beschrieben. Danach werden die Prozesse der Bildungsverwaltung untersucht. Schließlich wird die Simulation und Visualisierung ausgewählter Prozesse dargestellt. Dabei folgt die Darstellung dem vierstufigen Konzept Bereich, Modell, Entscheidung und Präsentation. Ein weiterer Schwerpunkt ist die Beschreibung der Simulationsergebnisse.

4.5.1   Prozessoptimierung in der öffentlichen Verwaltung

Die öffentliche Verwaltung erbringt im Wesentlichen Dienstleistungen und wird deshalb dem tertiären Sektor zugeordnet.[44] Dennoch unterscheidet sie sich in vielerlei Hinsicht von den privatwirtschaftlichen Bereichen des Dienstleistungssektors. Diese Unterschiede werden zunächst dargestellt, um die Anwendungsmöglichkeiten und Nutzenpotentiale der Analyse, Simulation und Optimierung von Verwaltungsprozessen bewerten zu können.

Zur Bestimmung des Begriffes Verwaltung dienen nach GONAS et al. die drei Dimensionen materiell, organisatorisch und formell:

- Im materiellen Sinne ist Verwaltung die ausführende oder gestaltende Wahrnehmung der Angelegenheit von Gemeinwesen durch die dafür bestellten Sachverwalter des Gemeinwesens. Dabei wird die Verwaltung durch äußere Ereignisse oder auch auf Grund ihrer Zweckbestimmung selbständig tätig.

- Organisatorisch besteht die Verwaltung aus der Gesamtheit derjenigen Glieder und Organe der inneren staatlichen Organisation, die in der Hauptsache zur öffentlichen Verwaltung im materiellen Sinn bestellt sind. Sie grenzt sich damit insbesondere von den Organen der Gesetzgebung, Regierung und Rechtsprechung sowie von kirchlichen Organisationen ab.

---

[44] Vgl. Steinenbach, N.: Verwaltungsbetriebslehre, 5. Auflage, Regensburg, Bonn 1995, S. 74; Corsten, H.: Dienstleistungsmanagement, 3. Auflage, München, Wien 1997, S. 11.

- Formell bedeutet Verwaltung alle Tätigkeiten, die von den in der Hauptsache zur Verwaltung im materiellen Sinne berufenen Organe eines Gemeinwesens wahrgenommen werden.[45]

Funktional gliedert sich die öffentliche Verwaltung in die Ordnungs-, Dienstleistungs-, wirtschaftende, Organisations- und politische Verwaltung. Die Ordnungsverwaltung vollzieht Gesetze oder vergleichbare Vorschriften und kontrolliert deren Einhaltung. Die Dienstleistungsverwaltung erbringt technische und personale Dienstleistungen auf Grund von gesetzlichen Vorschriften und politischen Weisungen. Handlungsfeld der wirtschaftenden Verwaltung sind das Vermögen und die Einnahmen der öffentlichen Hand. Die Organisationsverwaltung verwaltet die Einrichtungen der öffentlichen Verwaltung im Sinne des klassischen Personal- oder Finanzmanagements. Schließlich bedeutet politische Verwaltung Führungshilfe und Entscheidungsvorbereitungen für die politische Spitze sowie die Beobachtung und Planung für die Verwaltung selbst.[46]

Die öffentliche Verwaltung sollte dort tätig werden, wo eine marktwirtschaftliche Lösung nicht vorhanden ist oder zu unerwünschten Effekten führen würde. Auf Grund der Nichtrivalität des Konsums, d. h. beim Kauf eines Gutes durch eine Person profitieren viele mit, der Nichtausschließbarkeit vom Konsum öffentlicher Güter, z. B. der inneren Sicherheit, oder verzerrter Präferenzen des Kunden, z. B. im Falle der Schulbildung, würden private Produzenten und Konsumenten nicht die das Gemeinwohl-maximierende Menge anbieten und nachfragen. Man spricht in diesem Zusammenhang von der Theorie des Marktversagens.[47]

Die Leistungen der öffentlichen Verwaltung sind damit meist nicht marktfähige, öffentliche Güter, überwiegend in Form von Dienstleistungen. Sie werden in der Regel ohne direktes Entgelt abgesetzt, so dass es nur selten möglich ist, monetäre Leistungsergebnisse in Form von Deckungsbeiträgen zu bestimmen.[48] Damit kann das aus dem marktwirtschaftlichen Bereich bekannte Zielsystem nicht auf die öffentliche Verwaltung übertragen werden. Das Handeln der Verwaltung richtet sich nicht nach Gewinn- oder Umsatzmaximierung, sondern nach Allgemeinwohl und Bedarfsdeckung der Bevölkerung aus. Diese Rahmenbedingungen werden jedoch nicht von der Verwaltung selbst, sondern von der Politik spezifiziert.

---

[45] Vgl. Gonas, J.; Beyer, W.: Betriebswirtschaft in der öffentlichen Verwaltung, Köln, Stuttgart 1991, S. 2 f.

[46] Vgl. Ellwein, T.; Hesse, J.: Das Regierungssystem der Bundesrepublik Deutschland, 6. Auflage, Opladen 1987, S. 348 ff.

[47] Vgl. Reinermann, H.: Neues Politik- und Verwaltungsmanagement: Leitbild und theoretische Grundlagen. In: Reinermann, H.; Ridley, F.; Thoenig, J. (Hrsg.): Neues Politik- und Verwaltungsmanagement in der kommunalen Praxis – ein internationaler Vergleich, Sankt Augustin 1998, S. 17 – 160.

[48] Vgl. Schmidberger, J.: Controlling in der öffentlichen Verwaltung, 2. Auflage, Wiesbaden 1993, S. 15.

Die Verpflichtung auf das Gemeinwohl und daraus abgeleitete Reglementierungen des Verwaltungshandelns sind wesentliche Gründe für die Entstehung von teilweise behäbigen und sich selbst blockierenden Verwaltungsstrukturen, die oft pauschal mit dem Begriff „Bürokratie" umschrieben werden. Diese Strukturen, Verfahren und Instrumente scheinen jedoch nicht mehr in der Lage zu sein, die sich im letzten Jahrzehnt grundlegend geänderten Bedingungen und Problemfelder zu handhaben und zu bewältigen.[49]

Nach drei großen Reformen der Verwaltung der Bundesrepublik Deutschland, der Rechtsbereinigung, der territorialen Verwaltungsreform und der Funktionalreform, begann deshalb in den 90er Jahren auf verschiedenen Ebenen ein umfassender Vereinfachungs- und Modernisierungsprozess, der noch nicht abgeschlossen ist.[50] Im Rahmen dieser Reform hielten Leitbilder wie Bürgernähe, Wirtschaftlichkeit, Dezentralisierung oder Deregulierung Einzug.[51]

Als Treiber für diese Veränderungen nennen SIEPMANN et al. die folgenden Umstände:

- Die öffentliche Verwaltung und dabei insbesondere die Kommunalverwaltungen werden zukünftig einem stärkeren Wettbewerb ausgesetzt sein. Nationale und internationale Leistungsvergleiche machen Effizienz und Effektivität des Verwaltungshandelns transparent. Des Weiteren treten in Teilbereichen privatwirtschaftliche Konkurrenten auf. Auch im Verhältnis zum Kunden entstehen Konkurrenzsituationen. Beispiel ist die Standortentscheidung einer Unternehmung, bei der die Wirtschaftsförderung verschiedener Städte und Kreise im Wettbewerb stehen.

- Die Informations- und Kommunikationstechnik findet auch im Verwaltungsbereich zunehmende Verbreitung. Dies ermöglicht einerseits organisatorische Veränderungen, da viele Tätigkeiten wieder auf den Sachbearbeiter zurückverlagert werden können. Andererseits zwingt die zunehmende Durchdringung aller gesellschaftlichen Bereiche auch die Verwaltung sich neu zu strukturieren, da Kunden, Lieferanten und Partner elektronische Verfahren nutzen oder nutzen wollen.

---

[49] Vgl. Budäus, D.: Public-Management – Konzepte und Verfahren zur Modernisierung der öffentlichen Verwaltungen, Berlin 1994, S. 11.

[50] Vgl. Ellwein, T.; Hesse, J.: Das Regierungssystem der Bundesrepublik Deutschland, 6. Auflage, Opladen 1987, S. 359 ff.

[51] Vgl. Reinermann, H.: Neues Politik- und Verwaltungsmanagement: Leitbild und theoretische Grundlagen. In.: Reinermann, H.; Ridley, F.; Thoenig, J. (Hrsg.): Neues Politik- und Verwaltungsmanagement – ein internationaler Vergleich, Sankt Augustin 1998, S. 17 – 160.

- Die öffentliche Verwaltung hat auf allen Ebenen mit knappen Haushaltsmitteln zu arbeiten, obwohl in vielen Bereichen die Aufgaben zunehmen. Als Folge dieser Entwicklung muss mit weniger Personal ein höheres Maß an Leistung erbracht werden.[52]

Einen wesentlichen Beitrag zur Umgestaltung der öffentlichen Verwaltung leistet das „Neue Steuerungsmodell" der Kommunalen Gemeinschaftsstelle (KGSt).[53] Grundlegender Gedanke des neuen Steuerungsmodells ist die Umgestaltung der zentralistischen, bürokratischen Verwaltung zu dezentralen, unternehmungsähnlichen Strukturen. Als Hilfsmittel werden hierzu Produktbeschreibungen benutzt. Dabei wird ein Produkt als Leistung oder Gruppe von Leistungen verstanden. Das Produkt dient einerseits der Definition einer dezentralen Organisationsstruktur nach Produkten und Produktbündeln, andererseits der Planung und Steuerung der so entstandenen Organisationseinheiten.

Die Gestaltung der Verwaltungsprozesse ist im Rahmen dieser Reformbemühungen ein wichtiges Werkzeug. Die Beschreibung der Produkte einer Verwaltung ist alleine noch nicht ausreichend. Vielmehr müssen die zum Produkt führenden Leistungserstellungsprozesse mit einbezogen werden, um zu einer produktbezogenen Steuerung und Kontrolle zu kommen.[54] Da die Produkte politisch vorgegeben sind, ist die Optimierung der Erstellungsprozesse zudem oft die einzige Möglichkeit eine effizientere Verwaltungsorganisation zu schaffen. Das bedeutet, dass in vielen Fällen nicht die Frage, „Was" an Leistung erbracht wird, sondern „Wie" die Leistung erbracht wird, Gegenstand des Interesses ist.[55] Eine besondere Bedeutung kommt der Prozessorganisation auch beim Einsatz der Informationstechnik in der öffentlichen Verwaltung zu.[56]

Die Optimierung der Verwaltungsprozesse besteht im Wesentlichen aus vier Phasen. In der Definitionsphase werden Ziele und Leitbilder der Prozessgestaltung festgelegt, die Projektorganisation bestimmt sowie ein grobes Prozessmodell in Form einer Wertschöpfungskette entwickelt. Im Anschluss an die Definitionsphase beginnt mit der Ist-Analyse die detaillierte Erhebung der Auf- und Ablauforganisation, der Daten sowie der Aufgabengliederung. Ziel ist die Ermittlung von Schwachstellen und Potenzialen einer DV-Unterstützung. Die Beseitigung der Schwachstellen durch die Optimierung von Prozessstrukturen und den Einsatz von Infor-

---

[52] Vgl. Siepmann, H.; Siepmann, U.: Verwaltungsorganisation, Köln 1996, S. 2 f.
[53] Vgl. KGSt (Hrsg.): Das neue Steuerungsmodell – Begründung, Konturen, Umsetzung, Köln 1993.
[54] Vgl. Breitling, M.; Heckmann, M.; Luzius, M.; Nüttgens, M.: Service Engineering in der Ministerialverwaltung. In: Information Management & Consulting 13(1998) Sonderausgabe Service Engineering, S. 91 – 98.
[55] Vgl. Harder-Nortmann, I.: Erfassung und Abbildung von Leistungsprozessen in öffentlichen Verwaltungen – Ansätze und Vorgehensweise. In: Budäus, D. (Hrsg.): Public Management – Diskussionsbeiträge, Heft 28, Hamburg 1996.
[56] Vgl. Engel, A.: Verwaltungsreorganisation mit Referenzmodellen, Bericht Nr. 22 der Forschungsstelle für Verwaltungsinformatik, Koblenz 1996, S. 6.

mationssystemen ist Aufgabe der folgenden Soll-Konzeption. Die Implementierung des dabei entwickelten Lösungsszenarios erfolgt schließlich in der Umsetzungsphase.[57]

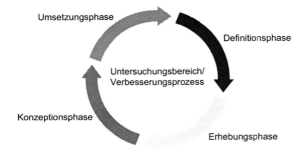

Abbildung 4-23: Zyklische Vorgehensweise bei der Prozessgestaltung[58]

Die Analyse der Verwaltungsprozesse ist eine komplexe Aufgabe, da zahlreiche Verbindungen zu externen und internen Organisationseinheiten bestehen. Dies gilt analog für die Bewertung von Lösungsszenarien innerhalb der Soll-Konzeption. In Kapitel 2 wurde gezeigt, dass die Simulation bei diesen Aufgabenstellungen im Dienstleistungsbereich ein adäquates Hilfsmittel ist. Eine Konkretisierung dieser Aussage erfolgt in diesem Abschnitt am Beispiel der Bildungsverwaltung, deren Prozesse zunächst vorgestellt werden.

4.5.2   Prozesse der Bildungsverwaltung

Die Bildungsverwaltung fällt in die Zuständigkeit der Länder und Stadtstaaten. Dort erfordert der Bereich Unterricht und Wissenschaft den größten Personalaufwand, gefolgt von der Polizei.[59] Der Bildungsbereich selbst fasst wiederum zahlreiche Aufgabengebiete der öffentlichen Hand zusammen. Im Saarland, dessen Bildungsverwaltung in dieser Arbeit beispielhaft untersucht wird, sind dies gemäß dem Geschäftsverteilungsplan der Landesregierung insbesondere

- Kindergärten, Horte und Krippen,

- Schulwesen, Schulrecht, Schulsport,

- Schulaufsicht, Schulverwaltung im Bereich der allgemein bildenden Schulen,

---

[57] Vgl. Scheer, A.-W., Nüttgens, M.; Zimmermann, V.: Business Process Reengineering in der Verwaltung. In: Scheer, A.-W.; Friederichs, J. (Hrsg.): Innovative Verwaltung 2000, Wiesbaden 1996, S. 11 - 30.

[58] Scheer, A.-W., Nüttgens, M.; Zimmermann, V.: Business Process Reengineering in der Verwaltung. In: Scheer, A.-W.; Friederichs, J. (Hrsg.): Innovative Verwaltung 2000, Wiesbaden 1996, S. 22

[59] Vgl. Ellwein, T.; Hesse, J.: Das Regierungssystem der Bundesrepublik Deutschland, 6. Auflage, Opladen 1987, S. 344.

- Pädagogik und Medienerziehung,

- allgemeine und politische Weiterbildung,

- Hochschulen und Universitätskliniken,

- Forschungsförderung.[60]

Im Rahmen dieser Arbeit werden die Prozesse der Schulverwaltung und hier insbesondere der Lehrerverwaltung betrachtet. An der Lehrerverwaltung im Saarland sind verschiedene Institutionen mit unterschiedlichen Aufgaben beteiligt (vgl. Abbildung 4-24). Oberste Schulaufsichtsbehörde ist das Ministerium für Bildung, Kultur und Wissenschaft (MBKW). Hier erfolgt die zentrale Ermittlung von Lehrerbedarfen und die Planung des Lehrereinsatzes. Insgesamt werden ca. 450 Schulen und über 8.000 Lehrer vom MBKW verwaltet. Einige Schulformen unterstehen direkt dem MBKW. Zur Verwaltung von Schulformen mit vielen Schulen (z. B. Grund- oder Hauptschulen) werden insgesamt 14 Schulämter als mittlere Schulaufsichtsbehörde hinzugezogen. Diese sind jeweils für einen Schulaufsichtsbezirk zuständig und können bestimmte Aufgaben autonom ausführen. Dennoch muss das MBKW über sämtliche Handlungen in den Schulämtern informiert werden. Weitere an der Lehrerverwaltung beteiligte Institutionen sind die Oberfinanzdirektion (OFD), die für Besoldungsfragen zuständig ist, und das Statistische Landesamt, das Empfänger und Lieferant statistischer Daten ist.

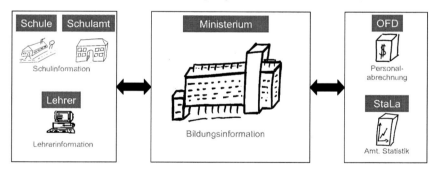

Abbildung 4-24: Organisationsstruktur der Bildungsverwaltung

Durch die verteilten Zuständigkeiten ergibt sich die Notwendigkeit eines permanenten Informationsflusses zwischen den genannten Institutionen. Die Schulämter und das MBKW sind zur Durchführung von Planung und Organisation auf Daten aus den Schulen angewiesen und

---

[60] Vgl. Chef der Staatskanzlei, Ministerpräsident des Saarlandes (Hrsg.): Geschäftsbereiche der Regierung, URL: http:// www.saarland.de/regierung_geschaeftsverteilung.html, online: 18.10.2000.

geben die jeweiligen Entscheidungen und Vorgaben an die Schulen zurück. Auf der anderen Seite erhalten Schulämter und MBKW zahlreiche Anfragen und Anträge aus den Schulen, die mit einem Datenrückfluss verbunden sind. Die zugehörigen Prozesse sind durch Dienstwegsvorschriften definiert.

Ähnliche vertikale Informationsflüsse und Prozesse treten auch im MBKW auf. Hier fließen Informationen von der Sachbearbeiterebene zur Leitungsebene und wieder zurück. Hinzu kommen horizontale Informationsflüsse, die meist Organisationseinheiten zur Mitarbeiterbeteiligung betreffen. Diese Abläufe sind in der Geschäftsgangordnung festgeschrieben. Lehrerverwaltungsprozesse können in die Kategorien:

- Einstellungsprozesse (z. B. Bewerbung, Ländertausch),

- jahresbezogene Personalveränderungsprozesse (z. B. Beurlaubung, Versetzung),

- Prozesse für kurzfristige Lehrerstatusänderungen (z. B. Krankmeldung, Fortbildung),

- langfristige Personalveränderungsprozesse (Beförderung, Verbeamtung),

- Prozesse zur Auflösung von Beschäftigungsverhältnissen (z. B. Ruhestand, Vertragsauflösung),

- entscheidungsorientierte Prozesse (z. B. Ermittlung Lehrerbedarf/Unterrichtsverteilung, Lehrereinsatzplanung),

- und sonstige Prozesse (z. B. Antrag auf Nebentätigkeiten, Reisekosten)

eingeteilt werden.

Gerade die jahresbezogenen Personalveränderungsprozesse, die stichtagsbezogen vor Schuljahresbeginn bearbeitet werden, verursachen in den beschriebenen Organisationen mengenbedingt einen hohen Administrationsaufwand, der durch umständliche Datenaufbereitungs- und Entscheidungsvorgänge verstärkt wird. Dennoch müssen diese Vorgänge zügig bearbeitet werden, um einen funktionierenden Schulbetrieb zu Beginn eines jeden Schuljahres zu gewährleisten.

Die Grundstruktur der Personalveränderungsprozesse ist sehr ähnlich (vgl. Abbildung 4-25). Auslöser für deren Bearbeitung ist die Antragstellung durch einen Lehrer. Auf Grund der lokalen Zuständigkeiten von Schulleitern und teilweise Schulämtern erfolgt bereits in diesen Institutionen eine erste Stellungnahme zu diesem Antrag. Danach gelangt der Antrag in das Ministerium, wo er von der Poststelle mit einem Eingangsvermerk versehen und an die zuständige Stelle weitergeleitet wird. Zunächst nehmen die übergeordneten Stellen, Abteilungsleiter und Referatsleiter, von dem Antrag Kenntnis. Danach beginnt die eigentliche Bearbeitung des Antrages durch den Sachbearbeiter. Während dieser Bearbeitung können wiederum bestimmte Stellen auf unterschiedlichen Ebenen beteiligt werden. Beispiele sind der Personalrat oder die Frauenbeauftragte. Eine Entscheidung wird schließlich von der Sachbearbeiterebene über Referatsleiter zum Abteilungsleiter unterzeichnet. Die Poststelle prüft die vorhandenen Dokumente auf Vollständigkeit und versendet den Entscheid an den Antragsteller und an die beteiligten Institutionen.

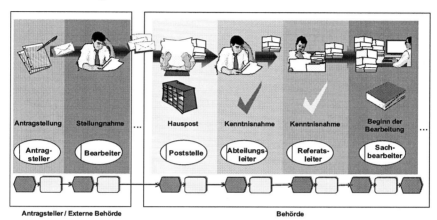

Abbildung 4-25: Generische Struktur von Veränderungsprozessen[61]

Durch die Fokussierung auf den Gesamtvorgang können Auswirkungen einzelner Schwachstellen verfolgt und quantifiziert werden. Typische Schwachstellen der Ablaufgestaltung sind:

- Medienbrüche bei der Annahme externer Eingänge,

- die Überlastung der Eingangsempfänger,

- zu viele Beteiligte und zu lange Wege beim Weiterleiten von Anträgen sowie

- die Überlastung der federführenden Stelle durch die Koordination der Beteiligung, Informationsbeschaffung und Verwaltung von Dokumenten.[62]

---

[61] Ege, C.; Seel, C.; Scheer, A.-W.: Standortübergreifendes Geschäftsprozeßmanagement in der öffentlichen Verwaltung. In: Scheer, A.-W. (Hrsg.): Veröffentlichungen des Instituts für Wirtschaftsinformatik, Nr. 151, Saarbrücken 1999, S. 4.

[62] Vgl. Engel, A.: Verwaltungsreorganisation mit Referenzmodellen, Bericht Nr. 22 der Forschungsstelle für Verwaltungsinformatik, Koblenz 1996, S. 25 ff.

Einfache Umgestaltungen und die Unterstützung der administrativen Prozesse der Lehrerverwaltung durch Informationstechnologien können einen Großteil dieser Schwachstellen beseitigen. Ziel dieser Veränderungen ist die integrierte Vorgangsbearbeitung unter Nutzung einer einheitlichen Datenbasis. Hierzu wurde in den Projekten „IVM" und „Televerwaltung Saar" Referenzmodelle und eine prototypische Softwarelösung für die Vorgangsunterstützung in der Lehrerverwaltung entwickelt, die Referenzprozess-, Referenzorganisations- und Referenzdatenmodelle beinhalten.[63]

4.5.3   Visuelle Simulation ausgewählter Prozesse

Im Rahmen der Analyse der Personalveränderungsprozesse und der Entwicklung optimierter Referenzprozesse sind Simulationsexperimente ein geeignetes Instrument, um die Leistungsfähigkeit des Gesamtsystems zu überprüfen sowie die Auswirkungen von Umgestaltungen und der Nutzung von Informationssystemen zu bestimmen. Auf Grund ihrer großen Häufigkeit kommt dabei der Bearbeitung von Teilzeit-, Mutterschutz- und Versetzungsanträgen eine besondere Bedeutung zu. Deren Simulation soll im Folgenden anhand der in Abschnitt 3.7.1 vorgestellten Sichten auf die Simulation erläutert werden. Dazu müssen jedoch zunächst die fachlichen Zusammenhänge beschrieben werden.

Ein Teilzeitantrag wird von einer Lehrperson gestellt, um ihre Unterrichtsverpflichtung zu reduzieren. Im einfachsten Fall durchläuft der Antrag die in Abschnitt 4.5.2 beschriebenen Instanzen in Schule, Schulamt und MBKW. In kritischen Fällen werden zusätzlich Personalräte, Einigungsstelle, Frauenbeauftragte oder Schwerbehindertenbeauftragte beteiligt. Über einen genehmigten Teilzeitantrag muss das für die Besoldung zuständige Referat informiert werden. Findet eine Reduzierung innerhalb des laufenden Schuljahres statt, wird zudem eine befristete Ersatzstelle eingerichtet.

Die Bearbeitung von Mutterschutzanträgen ist weniger kompliziert. Sie wird lediglich vom zuständigen Sachbearbeiter durchgeführt, der dazu eine ärztliche Bescheinigung über den voraussichtlichen Geburtstermin benötigt. Danach wird die Vorgangsmappe an den Sachbearbeiter, der die Vertretung der in Mutterschutz gehenden Lehrerin organisiert, und an die Besoldungsstelle weitergeleitet. Mit dem Schreiben, in dem die Bekanntgabe der Mutterschutzfrist erfolgt, wird die Mutter zudem aufgefordert einen Antrag auf Erziehungsurlaub zusammen mit der Geburtsurkunde an den zuständigen Sachbearbeiter im MBKW zu schicken.

---

[63] Vgl. Ege, C.; Seel, C.; Scheer, A.-W.: Standortübergreifendes Geschäftsprozeßmanagement in der öffentlichen Verwaltung. In: Scheer, A.-W. (Hrsg.): Veröffentlichungen des Instituts für Wirtschaftsinformatik, Nr. 151, Saarbrücken 1999, S. 19.

Ein Versetzungsantrag wird üblicherweise von Lehrern gestellt, die aus persönlichen oder beruflichen Gründen ihren Schulort wechseln möchten. Des Weiteren ist eine Versetzung aus dienstlichem Interesse möglich, wenn an einer Schule ein Stellenüberhang oder ein Stellenbedarf auftritt. Sie wird auf Ebene des Schulamts oder im MBKW ausgelöst. Die Abbildung 4-26 zeigt vereinfacht den Verlauf der Antragsbearbeitung bei einem Versetzungswunsch einer Lehrperson. Zunächst entscheidet ein Sachbearbeiter anhand des Antragsdatums, ob der Antrag noch im laufenden Schuljahr oder im nächsten Personalplanungszyklus bearbeitet wird. Je nach Entscheidung wird ein Ablehnungsbescheid oder eine Eingangsbestätigung versandt. Danach entscheidet der Referatsleiter in Zusammenarbeit mit eventuell betroffenen Kollegen über den Antrag. Unabhängig von der Entscheidung der Referatsleiter, wird anschließend ein Beteiligungsverfahren eingeleitet, das Personalräte, Frauenbeauftragte oder Schwerbehindertenbeauftragte einbezieht.

Kommen Referatsleiter und die beteiligten Organisationseinheiten zu dem Schluss, dass einer Versetzung nicht zugestimmt werden kann, wird vom Sachbearbeiter ein Ablehnungsbescheid erstellt, der vom Referatsleiter anschließend unterzeichnet wird. Dieser Ablehnungsbescheid wird dem Lehrer, den zuständigen Schulämtern und der Schule des Lehrer zugesandt. Wird der Versetzung von allen Stellen zugestimmt, wird für das verbleibende Schuljahr ein befristeter Vertrag erstellt und verschickt. Des Weiteren wird eine Versetzungsverfügung erstellt, die an den Lehrer verschickt wird. Über diese Verfügung sind die Oberfinanzdirektion, der Stellenplanverwalter, die betroffenen Schulen und die zugehörigen Schulämter zu informieren. Die Abbildung 4-26 bildet den beschriebenen Prozess in der Notation der EPK ab.

Im Vordergrund des folgenden Anwendungsbeispiels steht die Untersuchung der Durchlaufzeiten und Auslastung der Mitarbeiter. Die Durchlaufzeit ist ein wesentliches Kriterium, mit dessen Hilfe die Qualität einer Dienstleistung vom Kunden beurteilt wird. Wichtigste Einflussgröße auf die Durchlaufzeit ist die Auslastung der Bearbeiter. Des Weiteren werden die Zeitvorteile einer elektronischen Bearbeitung von Anträgen betrachtet.

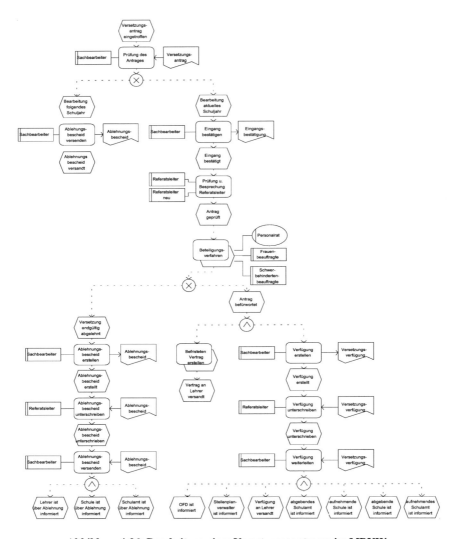

Abbildung 4-26: Bearbeitung eines Versetzungsantrages im MBKW

4.5.3.1 Bereichsobjekte

Zur Beschreibung der Domäne der Bildungsverwaltung müssen die in Abschnitt 3.7 für den Dienstleistungsbereich allgemein beschriebenen Objektklassen spezialisiert werden. Die

Abbildung 4-27 zeigt die auf diese Weise abgeleiteten Klassen für die Bearbeitung eines Versetzungsantrages.

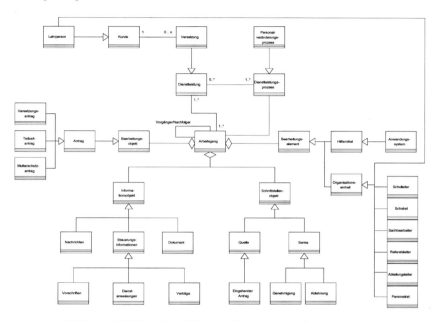

Abbildung 4-27: Bereichsobjekte von Personalveränderungsprozessen

Die Bearbeitung eines Versetzungsantrages ist gemäß Abschnitt 4.5.2 ein Personalveränderungsprozess. Ergebnis dieses Prozesses ist die Dienstleistung „Versetzung einer Lehrperson", deren Kunde im Falle einer Versetzung auf eigenen Antrag eine Lehrperson ist. Sollte die Versetzung abgelehnt werden, kann die Prüfung des Antrages als Dienstleistung angesehen werden.

Bearbeitungsobjekt ist in diesem Fall der Versetzungsantrag selbst. Dies gilt auch für die oben beschriebenen Teilzeit- und Mutterschutzanträge. Des Weiteren bildet der Antrag die Schnittstelle des Systems Bildungsverwaltung, da er von außen in dieses System hineingetragen wird. Nach seiner Bearbeitung wird eine Genehmigung oder Ablehnung das System wieder verlassen. Natürlich gehen die Konsequenzen einer Genehmigung weit über diese Benachrichtigung hinaus. Diese Konsequenzen werden jedoch im System selber abgebildet, indem z. B. Schulen neues Personal zugeteilt wird.

Die Bearbeitung wird von verschiedenen Organisationseinheiten durchgeführt. Im Einzelnen sind dies Schulleiter, Schulräte, Sachbearbeiter, Referatsleiter, Abteilungsleiter oder Personalräte. Diese nutzen lediglich Anwendungssysteme zur Unterstützung ihrer Tätigkeiten. Manuelle und systemgestützte Arbeitsgänge dienen fast ausschließlich der Bearbeitung von Informationen. Diese Informationen liegen als Dokumente in einer papiergebundenen oder immer häufiger auch in einer elektronischen Akte. Zur Steuerung der Bearbeitung dienen Richtlinien, Dienstanweisungen oder Verträge.

Auf dieser Detaillierungsebene können einzelne Objekte der aufgeführten Objektklassen benannt werden. Die Abbildung 4-28 zeigt verschiedene Beispiele. Referatsleiter in der Abteilung B sind u. a. die Referatsleiter B6 oder Referatsleiter B7. Als Anwendungssysteme werden im Bereich des MBKW das Datenbanksystem LEDA oder die Textverarbeitung WordPerfect eingesetzt. Ein eingehender Antrag kann eindeutig über sein Aktenzeichen identifiziert werden und wird daher beispielhaft mit „Versetzungsantrag AZ 43-2000" bezeichnet. Dieses Schema wird auch bei der Bezeichnung einer Ablehnung verwendet. Schließlich wurden einige typische Arbeitsgänge aufgegriffen, die im Verlauf der Bearbeitung eines bestimmten Antrages durchgeführt werden. Sie tragen den Namen des Arbeitsganges auf Typebene, der durch das eindeutige Aktenzeichen des bearbeiteten Antrages ergänzt wird.

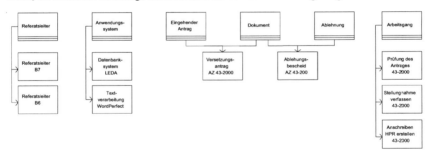

Abbildung 4-28: Objekte in Personalveränderungsprozessen

4.5.3.2 Modellobjekte

Den größten Teil der Modellobjekte stellen ereignisgesteuerte Prozessketten dar, die um entsprechende Zeitattribute ergänzt wurden. Diese Daten müssen in Interviews bei den Bearbeitern erfragt werden. Ihre Richtigkeit entscheidet über die Qualität der Simulationsergebnisse. Für jeden betrachteten Prozess wird mindestens eine EPK generiert. Für einzelne Teilprozesse können zudem an Funktionen Hinterlegungen gebildet werden, die wiederum als eigene EPK modelliert werden.

Des Weiteren werden für jeden Prozesstyp Instanziierungsmodelle generiert, da die Häufigkeiten ihres Auslösens prozessspezifische Verteilungen aufweisen. So werden die meisten Versetzungsanträge im Frühjahr nach einem Rundschreiben an die Schulen gestellt. Eine ähnliche Verteilung gilt auch für Teilzeitanträge. Dagegen ist die Verteilung von Mutterschutzanträgen über das Jahr gleichmäßiger, obwohl in einzelnen Monaten Spitzen auftreten. Dagegen sind die Schichtpläne der Mitarbeiter im MBKW einfacher zu erstellen, da hier konkrete Arbeitszeitregelungen genaue Vorgaben liefern.

Nicht direkt im Modell, sondern als Parameter in der Simulationskomponente, wird der Simulationszeitraum angegeben. Hier sind in Abhängigkeit vom Untersuchungsziel verschiedene Einstellungen zu wählen. Bei der Schwachstellenanalyse kann die Simulation z. B. im Sommer abgebrochen werden, da zu diesem Zeitpunkt alle Planungen für das kommende Schuljahr abgeschlossen sein müssen. Bei der folgenden Analyse kann dann untersucht werden, wie viele Anträge rechtzeitig bearbeitet werden konnten.

4.5.3.3 Entscheidungsobjekte

Die Ziele der Prozessoptimierung führen zur Spezifikation verschiedener Szenarien. Zunächst sollen Schwachstellen innerhalb der Prozessbearbeitung beseitigt werden. Dazu wird in einer Simulationsstudie die Last innerhalb des beschriebenen Systems kontinuierlich erhöht, um Extremsituationen herbeizuführen. Deshalb werden die vorhandenen Ist-Abläufe mit unterschiedlichen Instanziierungsmodellen kombiniert. Auf Basis der gewonnenen Zeitinformationen werden Auswertungen über die antragsspezifischen, durchschnittlichen Durchlaufzeiten und die Auslastungen der einzelnen Mitarbeiter durchgeführt.

Die Abbildung 4-29 zeigt die detaillierten Klassen und Instanzen der Entscheidungsobjekte für dieses Simulationsexperiment. Im vorliegenden Fall wurden vier Szenarien untersucht. Diese unterscheiden sich dadurch, dass vier Belastungsstufen im System simuliert werden, indem verschiedene Varianten für die Zahl eingetroffener Anträge gebildet werden. Die betrachteten Prozesse und Schichtpläne sind für alle Szenarien identisch.

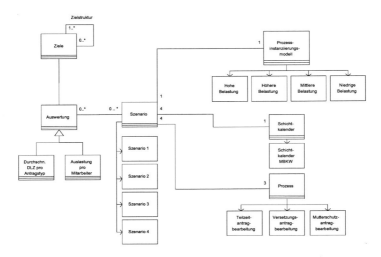

Abbildung 4-29: Szenarien der Simulationsstudie

Eine weitere Simulationsstudie beschäftigt sich mit dem Einsatz der Informationstechnologie. Dazu wurden für die betrachteten Prozesse neben den tatsächlichen Prozessverläufen und zugehörigen Attributen auch systemgestützte Alternativen modelliert. Dabei können manche Attribute im Falle der elektronischen Bearbeitung nur mit Schätzwerten belegt werden. Durch den Einsatz der Informationstechnologie können viele Prozessverläufe vereinfacht werden, was direkt im Modell abgebildet werden kann.

4.5.3.4 Präsentationsobjekte

Bei der Simulation von Personalveränderungsprozessen kann zunächst auf die Visualisierungsmöglichkeiten des verwendeten Werkzeugs ARIS-Toolset zurückgegriffen werden. In Abschnitt 3.7.5.2 wurde bereits die Möglichkeit des Steppings durch Prozessbilder vorgestellt. Weitere Präsentationsmittel sind Online-Statistiken, Sonden und detaillierte Statistiken.

Online-Statistiken können während des Simulationslaufs eingeblendet werden. Sie werden ständig aktualisiert und können so erste Informationen hinsichtlich der Durchlauffähigkeit oder anderer Parameter noch vor Beendigung der Simulation liefern. Bei Bedarf können die Statistiken in Diagramme umgewandelt oder im MS-Excel-Format gespeichert werden. Mittels Sonden wird ein ausgewähltes Attribut eines Objektes während der Simulation kontinuierlich in einem Liniendiagramm angezeigt. Sonden stehen sowohl für Ereignisse, Funktionen und Konnektoren als auch für Personal-, Material- und Kapazitätsressourcen zur Verfügung.

Detaillierte Statistiken ermöglichen eine differenzierte Analyse des simulierten Geschäftsprozesses. Sie stehen nach Beendigung der Simulation zur Verfügung und enthalten sämtliche Informationen zu den Objekten des Geschäftsprozesses in Form von Tabellen oder Diagrammen. Abbildung 4-30 zeigt eine generierte Funktionsstatistik, die detaillierte Informationen über eine ausgewählte Funktion in verschiedenen Instanzen des Prozesses „Versetzungsantrag bearbeiten“ enthält.

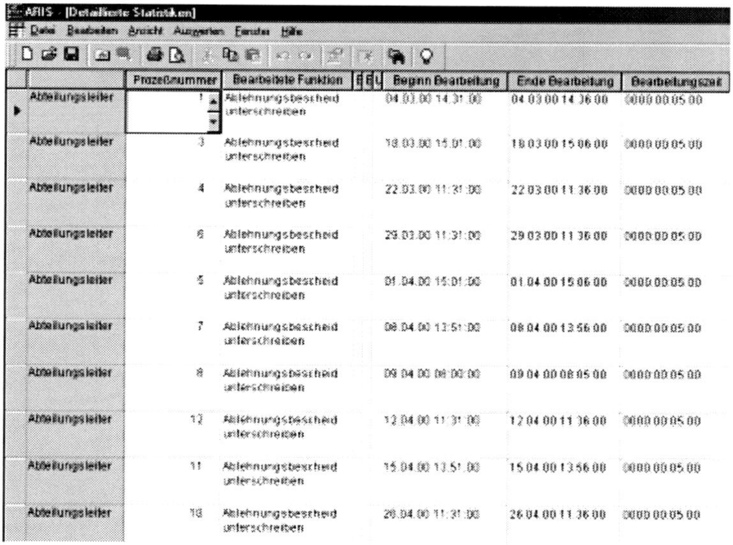

	Prozeßnummer	Bearbeitete Funktion	Beginn Bearbeitung	Ende Bearbeitung	Bearbeitungszeit
Abteilungsleiter	1	Ablehnungsbescheid unterschreiben	04.03.00 14:31:00	04.03.00 14:36:00	0000:00:05:00
Abteilungsleiter	3	Ablehnungsbescheid unterschreiben	18.03.00 15:01:00	18.03.00 15:06:00	0000:00:05:00
Abteilungsleiter	4	Ablehnungsbescheid unterschreiben	22.03.00 11:31:00	22.03.00 11:36:00	0000:00:05:00
Abteilungsleiter	6	Ablehnungsbescheid unterschreiben	29.03.00 11:31:00	29.03.00 11:36:00	0000:00:05:00
Abteilungsleiter	5	Ablehnungsbescheid unterschreiben	01.04.00 15:01:00	01.04.00 15:06:00	0000:00:05:00
Abteilungsleiter	7	Ablehnungsbescheid unterschreiben	08.04.00 13:51:00	08.04.00 13:56:00	0000:00:05:00
Abteilungsleiter	8	Ablehnungsbescheid unterschreiben	09.04.00 08:00:00	09.04.00 08:05:00	0000:00:05:00
Abteilungsleiter	12	Ablehnungsbescheid unterschreiben	12.04.00 11:31:00	12.04.00 11:36:00	0000:00:05:00
Abteilungsleiter	11	Ablehnungsbescheid unterschreiben	15.04.00 13:51:00	15.04.00 13:56:00	0000:00:05:00
Abteilungsleiter	10	Ablehnungsbescheid unterschreiben	26.04.00 11:31:00	26.04.00 11:36:00	0000:00:05:00

Abbildung 4-30: Detaillierte Funktionsstatistik

Für die oben beschriebenen Auswertungen über Durchlaufzeiten und Auslastungen wird die Exportfunktion des ARIS-Toolset benutzt, da diese stark anwendungsbezogene Verknüpfungen enthalten, die standardisierte Auswertungen nicht a priori berücksichtigen können. Die Abbildung 4-31 zeigt in Form eines Liniendiagramms den Zusammenhang zwischen der Zahl der eingetroffenen Anträge und der durchschnittlichen Bearbeitungszeit pro Antragstyp. Die Grafik bringt zum Ausdruck, welche Zahl von Anträgen bei der gewählten Ressourcenzuteilung mit zumutbaren Genehmigungszeiten bearbeitet werden kann.

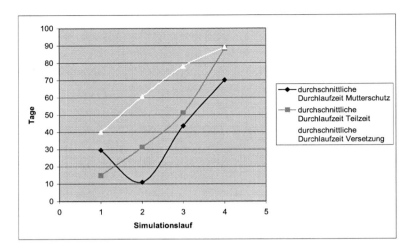

Abbildung 4-31: Durchschnittliche Durchlaufzeiten pro Antragstyp

Darstellungselement ist in diesem Fall ein Liniendiagramm (vgl. Abbildung 4-32). Wesentliche Elemente eines Liniendiagramms sind x-Achse, y-Achse und Punkte zwischen diesen Achsen. Die Verbindung der Punkte erfolgt über Linien. Da innerhalb eines Liniendiagramms mehrere Antragstypen dargestellt werden, sind die Punkte und Linien durch ihre Form und Farbe unterschieden. Punkte eines Antragstyps besitzen die gleiche Form und Farbe. Die Position eines Punktes bestimmt auf der x-Achse die Szenarionummer und auf der y-Achse die Durchlaufzeit. Auf diese Weise können die drei Dimensionen der Auswertung „Durchlaufzeit pro Antragstyp" visualisiert werden. Die Inhalte dieser Auswertung werden aus den Attributen der Objekte „Prozess", „Funktion" und „Szenario" abgeleitet, die als Entscheidungs- und Modellobjekte fungieren.

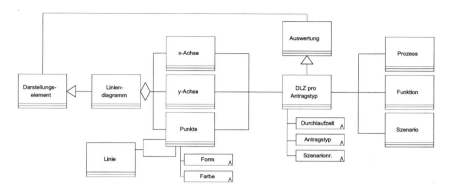

Abbildung 4-32: Präsentationsobjekte des Liniendiagramms

Eine weitere Kenngröße ist die Zahl der Anträge, die bis zu einem bestimmten Stichtag nicht abgewickelt werden können. Dass diese Größe mit der Auslastung der Mitarbeiter korreliert, ist intuitiv einsichtig. In einer Simulationsstudie kann dieser Zusammenhang aber genauer untersucht werden. Die Abbildung 4-33 visualisiert die Gesamtauslastung des Sachbearbeiters B7 und den Anteil unbearbeiteter Prozesse für alle Antragstypen in einem Liniendiagramm. Es wird deutlich, dass mit steigender Auslastung des Sachbearbeiters die Zahl abgebrochener Prozesse überproportional steigt.

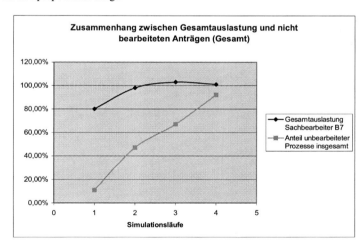

Abbildung 4-33: Zusammengefasste Auswertung

Das System ATLAS kann für die simulierten Prozesse eine dreidimensionale, intuitive Visualisierung generieren. Dazu wird zunächst ein Szenario zur Simulation im ARIS-Toolset ausgewählt und die Simulation durchgeführt. Anschließend können ATLAS-Server und ATLAS-Client gestartet werden. Der Benutzer wählt zunächst einen der untersuchten Prozesse zur Visualisierung aus. Danach kann er im Einzelschritt- oder Autopilotverfahren diesen Prozess durchschreiten, um Abläufe nachzuvollziehen oder einzelne Attribute zu analysieren. Ein Teil der Präsentationsobjekte zur Visualisierung eines Versetzungsprozesses wurde bereits in Abbildung 4-18 in Abschnitt 4.2.5 gezeigt. Dort wurde auch das Klassendiagramm der Präsentationsobjekte entwickelt. Einen Überblick über den gesamten Prozess zeigt die folgende Abbildung 4-34.

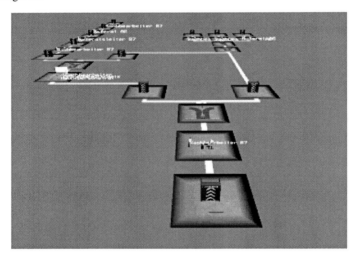

Abbildung 4-34: ATLAS-Präsentationsobjekte im Überblick

4.5.3.5 Ergebnisse der Simulation

Die Simulation der Prozesse im Bereich der Bildungsverwaltung wurde zur Untersuchung ihrer Schwachstellen und Optimierungspotentiale eingesetzt. Ein besonderer Schwerpunkt liegt dabei auf dem Einsatz der Informationstechnologie und dem damit verbundene Nutzen. Auf diese Weise können viele Vermutungen der Mitarbeiter über Schwachstellen methodisch untermauert werden. Des Weiteren ist durch die Simulation eine Quantifizierung von Verbesserungspotentialen möglich. Dies ist insbesondere im Gespräch mit Entscheidungsträgern von entscheidender Bedeutung, um von der Notwendigkeit einer Veränderung zu überzeugen.

Gerade in der öffentlichen Verwaltung ist aus verschiedenen Gründen der Wunsch zur Beibehaltung bestehender Regelungen besonders ausgeprägt.

Bezogen auf die zugrunde liegende Zielstellung konnten im Bereich der Bildungsverwaltung folgende Ergebnisse durch die Simulation erzielt werden:

- Lokalisierung übermäßiger Liegezeiten bei der Papierbearbeitung, insbesondere aufgrund der Einberufung und Beteiligung von Gremien wie z. B. Personalräte,

- Bestimmung überlasteter Mitarbeiter, besonders in Zeiten hoher Antragszahlen im Frühjahr,

- Verhalten der Antragsbearbeitung in Grenzbereichen der Belastung,

- Quantifizierung der Zeitvorteile der Parallelisierung von Prozessteilen, die durch den Einsatz von Kommunikationssystemen möglich werden,

- Quantifizierung der Zeitvorteile der elektronischen Bearbeitung von Anträgen über die Grenzen einzelner Institutionen hinweg, z. B. zwischen Schulämtern und MBKW.

Diese Ergebnisse unterstützen in aufbereiteter, visualisierter Form die Entscheidungsunterstützung bei Reorganisationsmaßnahmen. Die Simulation selbst liefert dazu keine vorgefertigte Lösung, sondern Bewertungen für einzelne Alternativen. Diese Daten müssen mit den politischen Vorgaben in Einklang gebracht werden. Eine Vorgabe wäre z. B. eine minimale durchschnittliche Bearbeitungszeit für einen Antrag als Ausdruck der Dienstleistungsqualität des MBKW. Auf Basis dieser Anforderungen kann entschieden werden, ob die vorhandenen Kapazitäten ausreichen, veränderte Antragsfristen Sinn machen oder ob diese Vorgaben mit Hilfe der Informationstechnologie umsetzbar sind.

Eine weiteres Beispiel für eine politische Vorgabe ist die Wirtschaftlichkeit der Investitionen in Informationstechnologie. Auf Basis der Simulationsergebnisse können frei werdende Kapazitäten benannt und quantifiziert werden. Daraus lässt sich sehr einfach errechnen, wann sich Investition amortisieren.

5   Zusammenfassung und Ausblick

Ausgangspunkt dieser Arbeit war der Bedarf an methodischen Konzepten und Werkzeugen zur Unterstützung von Simulation und Visualisierung für Dienstleistungsprozesse. Hier konnte ein Defizit im Vergleich zu den weit entwickelten Methoden für die Prozessplanung, -steuerung, -ausführung und –kontrolle im industriellen Umfeld konstatiert werden. Dagegen geht von den globalen wirtschaftlichen Entwicklungen ein vergleichbarer Rationalisierungsdruck auf den Dienstleistungsbereich aus. Da die volkswirtschaftliche Bedeutung dieses Bereichs jedoch ständig zunimmt, ist der Weiterentwicklung von Methoden und Werkzeugen zur Dienstleistungsproduktion ein hoher Stellenwert beizumessen.

Im Rahmen dieser Arbeit wurde untersucht, welche spezifischen Eigenschaften Dienstleistungen haben und wie Dienstleistungen entwickelt werden können. Es wurde gezeigt, dass die Simulation beim Entwurf von Dienstleistungsprozessen einen wesentlichen Beitrag zur Evaluation und Auswahl von Gestaltungsalternativen sowie zum Testen der Gesamtperformanz leisten kann. Durch die Verfügbarkeit von Daten, die weit in die Zukunft reichen, kann in diesen Phasen die Qualität der Planungsentscheidung erheblich gesteigert werden. Dabei spielt es keine Rolle, ob diese Entscheidung auf operativer, taktischer oder strategischer Ebene gefällt wird, da die Simulation auf allen Ebenen zum Einsatz kommen kann.

Der Nutzen der Simulation kann durch den Einsatz der Visualisierung erhöht werden. Das gezielte Zusammenwirken von Simulation und Visualisierung in allen Phasen einer Simulationsstudie mit dem Ziel der qualitativen Verbesserung der Simulationsergebnisse insbesondere durch die verstärkte Partizipation der fachlich verantwortlichen Mitarbeiter ist Inhalt der visuellen Simulation. Hierzu wurden eine Methode im Sinne von Vorgehensmodellen und Metamodellen der Beschreibungsobjekte sowie eine Werkzeugunterstützung entwickelt.

Für den Einsatz der Simulation wurde im Rahmen dieser Arbeit ein Vorgehensmodell entwickelt, das auf die spezifischen Anforderungen des Dienstleistungsbereichs angepasst ist. In dieses Vorgehensmodell wurden die erforderlichen Objekte auf einer abstrahierten Ebene integriert. Dies geschieht auf Basis der in der UML-Notation gebräuchlichen Packages. Diese Packages, die die Sichten Bereich, Modell, Entscheidung und Präsentation wiedergeben, wurden anschließend detailliert in Form von Referenzmodellen beschrieben.

Auf Grund des engen Zusammenhangs zwischen Simulation und Visualisierung wurde in das Vorgehensmodell der Simulation die Visualisierung als eine Teilfunktion integriert. Zur genaueren Beschreibung ihrer Anwendung wurde ein weiteres Vorgehensmodell entwickelt. Da eine vollständige Beschreibung aller auftretenden Objekte nicht möglich ist, wurde eine umfassende, strukturierte Beispielsammlung erstellt.

Die Vorgehensmodelle und Metamodelle der visuellen Simulation von Dienstleistungsprozessen bilden die Grundlage für die Entwicklung einer Werkzeugunterstützung. Die Analyse bekannter Werkzeuge hat verdeutlicht, dass diese nur unvollständig die fachlichen Anforderungen der visuellen Simulation erfüllen. Aus diesem Grund wurde eine Gesamtarchitektur entwickelt, die verschiedene Komponenten zu einem vollständigen Werkzeug zusammenführt. Neben den bereits existierenden Werkzeugen ARIS-Toolset und IMPROVE stützt sich diese Architektur auf eine Visualisierungskomponente, die den Ablauf von Prozessinstanzen visualisiert. Die Implementierung und Nutzung dieser Komponente, des ATLAS-Systems, wurden beschrieben.

Die in dieser Arbeit entwickelten Konzepte und Werkzeuge tragen zur vereinfachten Anwendung von Simulation und Visualisierung im Dienstleistungsbereich bei. Die Gründe hierfür sind:

- Die Vorgehensmodelle erleichtern die Auswahl und Nutzung von Verfahren und Werkzeugen. Des Weiteren können Projektstrukturen abgeleitet werden.

- Die Modellerstellung wird wesentlich vereinfacht, indem auf Referenzmodelle zurückgegriffen werden kann, die eine Grundstruktur für die relevanten Objekte vorgeben und Anleitungen zur Überführung der Bereichsobjekte in Modellobjekte geben.

- Bei der Visualisierung wird die Ermittlung eines geeigneten Verfahrens auf Basis definierter Anforderungen unterstützt. Für den Entwurf von Präsentationsobjekten werden Referenzmodelle und Beispiele beschrieben.

- Zur Unterstützung der visuellen Simulation von der Modellierung über die Verifikation und Analyse bis zur Präsentation wurde das prototypische Werkzeug ATLAS entwickelt. ATLAS automatisiert sogar große Teile der Modellierung und Visualisierung.

Ansatzpunkte für die Erweiterung des vorgestellten Konzeptes ergeben sich auf fachlicher und technischer Ebene. Auf fachlicher Ebene wurde ein Referenzmodell für den gesamten Dienstleistungsbereich entwickelt und auf den Bereich der Bildungsverwaltung angewendet. In weiteren Arbeiten am Institut für Wirtschaftsinformatik wurde das Referenzmodell im Bereich des Gesundheitswesens und von Bankdienstleistungen genutzt.[1] Wichtige Erfahrungen könnten aber auch in anderen Bereichen der Dienstleistungsbranchen gewonnen werden.

Aus technischer Perspektive fokussiert diese Arbeit auf die Integration des entwickelten Werkzeuges in das Umfeld der ARIS-Produktfamilie. Die zugrunde liegende Architektur und objektorientierte Implementierung lässt eine Kopplung an andere Simulationswerkzeuge ohne großen Aufwand zu. Das Metamodell der Modellobjekte beschreibt dabei den konzeptionellen Rahmen. Auch hier könnten wertvolle Erfahrungen hinsichtlich der Anwendung der visuellen Simulation gesammelt werden.

Hier sollte jedoch die Weiterentwicklung der visuellen Simulation nicht Halt machen. Die Ergebnisse dieser Arbeit und praktische Erfahrungen in anderen Bereichen haben gezeigt, dass die Einsatzmöglichkeiten der Visualisierung über die Verbindung zur Simulation hinausgehen. Räumliche Modelle können auch zur Planung der statischen Unternehmungsumgebung herangezogen werden. Beispiele sind die Platzierung von Einrichtungsgegenständen, die farbliche Gestaltung der Umgebung oder die Zuordnung von Funktionen zu räumlichen Bereichen. Die Ergebnisse dieser Planung können wiederum direkt in die Visualisierung von Prozessabläufen einfließen. Aber auch die Bestimmung von Prozess- und Funktionskennzahlen, z. B. die Bestimmung der Kundenzahl mit Hilfe der Zugangswege zum Produktionsort, ist auf diese Weise möglich.

Die Ergebnisse der Raumplanung und Simulationsexperimente können wiederum in einer einheitlichen Datenbasis abgelegt werden. Des Weiteren sollten in dieser Datenbasis Informationen aus den in Abschnitt 2.2.2.2 beschriebenen PPS-, Workflow-Management- und ERP-Systemen, die in engem Zusammenhang mit der Simulation stehen, einfließen. Die dort gesammelten Daten können in ihrer Gesamtheit als Rohdaten der Visualisierungspipeline dienen. Ziel der Visualisierung wäre in diesem Fall die intensive Analyse dieser Daten z. B. nach gemeinsamen Mustern und bisher unbekannten Zusammenhängen. Die Analyse großer Datenbestände zur Extraktion von Informationen wird als Data Mining bezeichnet.[2] Visualisierungsmethoden ergänzen die bisher übliche Analyse um grafische Auswertungsmöglichkei-

---

[1] Vgl. dazu Veldt, J.: Simulation von Dienstleistungsprozessen, Diplomarbeit, Saarbrücken 2000.
[2] Vgl. Chamoni, P.; Gluchowski, P.: Analytische Informationssysteme. Data Warehouse, On-Line Analytical Processing, Data Mining, 2. Auflage, Berlin u. a. 1999, S. 5.

ten, die die kognitiven Fähigkeiten des Menschen erheblich erweitern.[3] Man spricht in diesem Zusammenhang von Visual Data Mining.[4]

Diese Elemente können zu einer Gesamtarchitektur der visuellen Unternehmungsplanung zusammengeführt werden (vgl. Abbildung 5-1). Diese Architektur versucht alle Ebenen des Geschäftsprozessmanagements, wie sie im ARIS-HoBE beschrieben werden, zu integrieren. Dadurch können die Analysen im Rahmen der Simulation und des Data Mining auf ein umfassendes Datenmaterial zurückgreifen. Auf Grund der Fülle der Daten und der Komplexität der Zusammenhänge kommt der Visualisierung hierbei eine besondere Rolle zu.

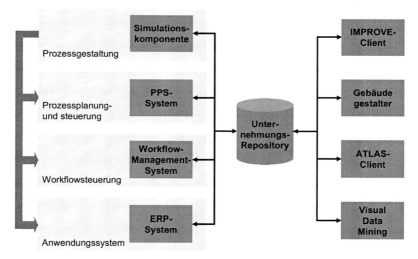

Abbildung 5-1: Visuelle Unternehmungsplanung

Forschungsfragen ergeben sich wie bereits bei der visuellen Simulation hinsichtlich der methodischen Unterstützung dieser Form der Unternehmungsplanung. Die Objekte innerhalb des Unternehmungsrepository sind genauer zu untersuchen und zu beschreiben. Insbesondere ist zu analysieren, welche Zusammenhänge zwischen Daten aus den operativen Systemen bestehen und mit welchen Attributen diese bereits versehen werden können, um eine spätere Visualisierung zu parametrisieren. Des Weiteren sind die in dieser Arbeit entwickelten Vorgehensmodelle zu erweitern.

---

[3] Vgl. Card, S.; Mackinlay, J; Shneiderman, B.: Information Visualization. In: Card, S.; Mackinlay, J; Shneiderman, B.(Hrsg.): Readings in information visualization, San Francisco 1999, S. 1 – 34.
[4] Vgl. Preim, B.: Entwicklung interaktiver Systeme, Berlin u. a. 1999, S. 358.

Literaturverzeichnis

Aichele, C.: Kennzahlenbasierte Geschäftsprozessanalyse, Wiesbaden 1997.

Aguilar, M.; Rautert, T.; Pater, A.: Business Process Simulation: A fundamental step supporting process centered management. In: Farrington, P.; Nembhard, D.; Sturrock, D.; Evans, G. (Hrsg.): Proceedings of the 1999 Winter Simulation Conference, New York 1999, S. 1383 - 1392.

Alexopoulos, C.; Kang, K.; Lilegdon, W.; Goldsman, D. (Hrsg.): Proceedings of the 1995 Winter Simulation Conference, New York 1995.

Andradóttir, S.; Healy, K.; Withers, D.; Nelson, B. (Hrsg.): Proceedings of the 1997 Winter Simulation Conference, New York 1997.

Arns, M.; Bause, F.; Kemper, P.; Schmitz, M.; Schweier, H.; Stüllenberg, F.; Völker, M.: Gestaltung von Beschaffungsnetzwerken auf Basis einer prozeßkettenorientierten Modellierung. In: Industrie Management 16(2000)3, S. 33 - 36.

Baecker, R.; Grudin, J.; Buxton, W.; Greenberg, S.: Human-Computer Interaction: Toward the year 2000, San Francisco 1995.

Balci, O.; Bertelrud, A.; Esterbrook, C.; Nance, R.: Visual simulation environment. In: Medeiros, D. J.; Watson, E.; Carson, J.; Manivannan, M. (Hrsg.): Proceedings of the 1998 Winter Simulation Conference, New York 1998, S. 279 - 287.

Balzert, H.: Lehrbuch der Software-Technik - Software-Entwicklung, Heidelberg 1996.

Banyard, P. u. a.: Einführung in die Kognitionspsychologie, München Basel 1995.

Bauer, C.: Nutzerorientierter Einsatz von Virtual Reality im Unternehmen, München 1996.

Baumgarten, B.: Petri-Netze - Grundlagen und Anwendungen, Mannheim 1990.

Becker, J.; Rosemann, M.; Schütte, R.: Grundsätze ordnungsmäßiger Modellierung. In: Wirtschaftsinformatik 37(1995)5, S. 435 - 445.

Beier, E.: Objektorientierte 3D-Grafik: Grundlagen, Konzepte und praktische Realisierung, Bonn u. a. 1994.

Benkenstein, M.: Dienstleistungsqualität - Ansätze zur Messung und Implikationen für die Steuerung. In: Corsten, H. (Hrsg.): Integratives Dienstleistungsmanagement, Wiesbaden 1994, S. 421 - 446.

Benkenstein, M.; Güthoff, J.: Typologisierung von Dienstleistungen. In: Zeitung für Betriebswirtschaft 66 (1996) 12, S. 1493 - 1495.

Berns, H.: Zeichnerische Darstellungsmethoden, München 1962.

Bezel, M.; Kobzan, M.: 3D-Rendering und Animation, Haar 1996.

Bickel, D.: 3D realtime simulation an VR-tools in the manufacturing industry. In: Dai, F. (Hrsg.): Virtual reality for industrial applications, Berlin u. a. 1998, S. 123 - 138.

Bieberstein, I.: Dienstleistungs-Marketing,, Ludwigshafen 1995.

Biethahn, J.: Simulation als betriebliche Entscheidungshilfe, Berlin u. a. 1986.

Bildschirmarbeitsverordnung (BildscharbV) als Artikel 3 der Verordnung zur Umsetzung von EG-Einzelrichtlinien zur EG-Rahmenrichtlinie Arbeitsschutz vom 4.12.1996 (BGBl. I, 1996).

Blecher, G.; Brenner, M.; Maiworm, C.; Schmauder, R.: Simulation von Geschäftsprozessen. In: Hofer-Alfeis, J. (Hrsg.): Geschäftsprozeßmanagement - innovative Ansätze für das wandlungsfähige Unternehmen, Marburg 1999, S. 81 - 94.

Blecher, G.; Liem, S.: Pro/Contra Simulation in der Geschäftsprozeßoptimierung: Eine Entscheidungsunterstützung. In: Hofer-Alfeis, J. (Hrsg.): Geschäftsprozeßmanagement - innovative Ansätze für das wandlungsfähige Unternehmen, Marburg 1999, Ergebnisbericht b_b3_41e.

Booch, G.; Rumbaugh, J.; Jacobson, I.: Das UML-Benutzerhandbuch, , 2. AuflageMünchen u. a. 1999.

Bormann, S.: Virtuelle Realität, Bonn u. a. 1994.

Bossel, H.: Modellbildung und Simulation: Konzepte, Verfahren und Modelle zum Verhalten dynamischer Systeme, 2. Auflage, Braunschweig; Wiesbaden 1994.

Braun, H. von; Martin Calle, M.: Die Methode ICSM. Eine evolutionäre Methode für die Anwendungsentwicklung, München, Wien 1994.

Breitling, M.; Heckmann, M.; Luzius, M.; Nüttgens, M.: Service Engineering in der Ministerialverwaltung. In: Information Management & Consulting 13(1998) Sonderausgabe Service Engineering, S. 91 - 98.

Bronstein, I.; Semendjajew, K.: Taschenbuch der Mathematik, 25. Auflage, Stuttgart, u. a. 1991.

Brugger, R.: Professionelle Bildgestaltung in der 3D-Computergrafik, Bonn u. a. 1995.

Budäus, D.: Public-Management – Konzepte und Verfahren zur Modernisierung der öffentlichen Verwaltungen, Berlin 1994.

Bullinger, H.-J.: Ergonomie:Produkt- und Arbeitsplatzgestaltung, Stuttgart 1994.

Bullinger, H.-J.; Fähnrich, K.-P.: Betriebliche Informationssysteme: Grundlagen und Werkzeuge der methodischen Softwareentwicklung, Berlin u. a. 1997.

Burmester, M.; Görner, C.; Hacker, W.; Kärcher, M.; Kurtz, P.; Lieser, U.; Risch, W.; Wieland-Eckelmann, R.; Wilde, H.: Das SANUS-Handbuch - Bildschirmarbeit EU-konform, Berlin, Dortmund 1997.

Card, S.; Mackinlay, J; Shneiderman, B.: Information Visualization. In: Card, S.; Mackinlay, J; Shneiderman, B.(Hrsg.): Readings in information visualization, San Francisco 1999, S. 1 - 34.

Casagrande, M.: Industrielles Service-Management, Wiesbaden 1994.

Chamoni, P.; Gluchowski, P.: Analytische Informationssysteme. Data Warehouse, On-Line Analytical Processing, Data Mining, 2. Auflage, Berlin u. a. 1999.

Charnes, J.; Morrice, D.; Brunner, D.; Swain, J. (Hrsg.): Proceedings of the 1996 Winter Simulation Conference, New York 1996.

Chen, P.: The Entity-Relationship-Model: Towards a unified view of data. In: ACM (Hrsg.): Transactions on database systems, Nr. 1, 1976, S. 9 - 36..

Corsten, H.: Dienstleistungsmanagement - Von einer funktionsorientierten zu einer integrativen Betrachtung. In: Corsten, H. (Hrsg.): Integratives Dienstleistungsmanagement, Wiesbaden 1994, S. 1 - 12.

Corsten, H.: Produktivitätsmanagement bilateraler personenbezogener Dienstleistungen. In: Corsten, H.; Hilke, W. (Hrsg.): Dienstleistungsproduktion, Wiesbaden 1994, S. 5 - 42.

Corsten, H.: Rationalisierungsmanagement in Dienstleistungsunternehmen. In: Schriften zum Produktionsmanagement des Lehrstuhls für Produktionswirtschaft der Universität Kaiserslautern, Kaiserslautern 1996.

Corsten, H.: Dienstleistungsmanagement, 3. Auflage, München; Wien 1997.

Däßler, R.; Palm, H.: Virtuelle Informationsräume mit VRML, Heidelberg 1998.

Davies, M. N.: A generic model for simulating office process flows. In: European Journal of Operational Research 99, 1997, S. 267 - 277.

Delmia (Hrsg.): Factory Simulation Solutions, URL: www.delmia.com, online 14.9.2000.

DeMarco, T.: Structured analysis and system specification, Englewood Cliffs 1978.

Diemer, J.: 3-dimensionale Oberflächen für betriebswirtschaftliche Informationssysteme, Diplomarbeit, Saarbrücken 2000.

DIN (Hrsg.): DIN-Fachbericht 75: Service Engineering - Entwicklungsbegleitende Normung (EBN) für Dienstleistungen, Berlin u. a. 1998.

DIN, Deutsches Institut für Normung e.V. (Hrsg.): Bildschirmarbeitsplätze: Normen, Sicherheitsregeln, Berlin u. a. 1998.

Dzida, W.: Qualitätssicherung durch software-ergonomische Normen. In: Eberleh, E.; Oberquelle, H.; Opperamann, R. (Hrsg.): Einführung in die Software-Ergonomie, Berlin, New York 1994, S. 373 - 406.

Eddon, G.; Eddon, H.: Inside Distributed COM, Redmond 1998.

Ege, C.; Seel, C.; Scheer, A.-W.: Standortübergreifendes Geschäftsprozeßmanagement in der öffentlichen Verwaltung. In: Scheer, A.-W. (Hrsg.): Veröffentlichungen des Instituts für Wirtschaftsinformatik, Nr. 151, Saarbrücken 1999.

Ellwein, T.; Hesse, J.: Das Regierungssystem der Bundesrepublik Deutschland, 6. Auflage, Opladen 1987.

Emhardt, J.: Agentenunterstützte Erkundung von virtuellen Welten, Aachen 1996.

Encarnação, J.; Straßer, W.; Klein, R.: Graphische Datenverarbeitung 1, 4. Auflage, München Wien 1996.

Encarnação, J.: Visionäre Technologieentwicklungen. In: IM 14 (1999) 3, S. 11 - 18.

Engel, A.: Verwaltungsreorganisation mit Referenzmodellen, Bericht Nr. 22 der Forschungsstelle für Verwaltungsinformatik, Koblenz 1996.

Erxleben, C.; Gebauer, A.: Erfolgsfaktoren für die Einführung eines benutzerorientierten Software-Entwicklungsprozesses. In: HMD 37(2000)212, S. 41 - 56.

Farrington, P.; Nembhard, D.; Sturrock, D.; Evans, G. (Hrsg.): Proceedings of the 1999 Winter Simulation Conference, New York 1999.

Felger, W.: Innovative Interaktionstechniken in der Visualisierung, Berlin u. a. 1995.

Fitzsimmons, J., Fitzsimmons, M.: Service Management - Operations, Strategy, and Information Technology, 2. Auflage, Boston u. a. 1997.

Foley, J.; van Dam, A.; Feiner, S.; Hughes, J.; Philips, R.: Grundlagen der Computergraphik, Reading u. a. 1994.

Fowler, M.; Scott, K.: UML Distilled: Applying the Standard Object Modeling Language, Reading u. a. 1997.

Fraunhofer Institut für graphische Datenverarbeitung: CASUS Base – Katalog, URL: http://www.igd.fhg.de/CASUS/AEB/html/index.htm, online: 30.8.2000.

Freiburghaus, M.: Methode und Werkzeuge in der Simulation betriebswirtschaftlicher Systeme, Dissertation, Thun 1993.

Friederich, D.: Simulation in der Fertigungssteuerung, Wiesbaden 1998.

Gerndt, A.; van Reimersdahl, T.; Kuhlen, T.; Henrichs, J.; Bischof, C.: A parallel approach for VR-based visualization of CFD data with PC clusters, URL: http://www.rz.rwth-aachen.de/vr/papers/imacs2000.pdf, online: 10.10.00.

Glaser, W.: Menschliche Informationsverarbeitung. In: Eberleh, E.; Oberquelle, H.; Opperamann, R. (Hrsg.): Einführung in die Software-Ergonomie, Berlin, New York 1994, S. 6 - 52.

Goecke, R.; Stein, S.: Marktführerschaft durch Leistungsbündelung und kundenorientiertes Service Engineering. In: Information Management & Consulting 13(1998), Sonderausgabe Service Engineering, S. 11 - 13.

Götz, U.: Szenario-Technik in der strategischen Unternehmensplanung, 2. Auflage, Wiesbaden 1993.

Gonas, J.; Beyer, W.: Betriebswirtschaft in der öffentlichen Verwaltung, Köln, Stuttgart 1991.

Grant, H.; Lai, C.: Simulation modeling with artificial reality technology (SMART): An integration of virtual reality and simulation modeling. In: Medeiros, D. J.; Watson, E.; Carson, J.; Manivannan, M. (Hrsg.): Proceedings of the 1998 Winter Simulation Conference, New York 1998, S. 437 - 441.

Grieble, O.; Scheer, A.- W.: Grundlagen des Benchmarkings öffentlicher Dienstleistungen. In: Scheer, A.- W. (Hrsg.): Veröffentlichungen des Instituts für Wirtschaftsinformatik, Nr. 166, Saarbrücken 2000.

Gu, F.; Mitritz, A.; Krallmann, H.: Adaptivität und Adaptierbarkeit in einer Virtual Reality-Workbench zur Gestaltung, Kontrolle und Steuerung von betrieblichen Vorgängen. In:

Schäfer, R.; Bauer, M. (Hrsg.): ABIS-97: 5. Workshop Adaptivität und Benutzermodellierung in interaktiven Softwaresystemen, Saarbrücken 1997, S. 13 - 24.

Hagemeyer, J.; Löffeler, T.: Die Ableitung von Workflow-Modellen aus Geschäftsprozessmodellen: Vorgehen, Probleme und Lösungsansätze. In: Herrmann, T.; Scheer, A.-W.; Weber, H. (Hrsg.): Verbesserung von Geschäftsprozessen mit flexiblen Workflow-Management-Systemen 2, Heidelberg 1998, S. 37 - 58.

Halbach, W.-R.: Gegen den Mythos virtueller Realitäten. In: ASIM (Hrsg.): Simulation und Verstehen - Tagungsbericht 1991, München 1991, S. 447 - 463.

Hammer, M.: Reengineering work: Don't automate, obliterate. In: Harvard Business Review 68(1990)4, S. 104 - 112.

Hammer, M.; Champy, J.: Business Reengineering: Die Radikalkur für das Unternehmen, 5. Auflage, Frankfurt/Main, New York 1995.

Hammer, M.: Beyond reengineering, New York 1996.

Hanisch, H.-M.: Petri-Netze in der Verfahrenstechnik, München 1992.

Harder-Nortmann, I.: Erfassung und Abbildung von Leistungsprozessen in öffentlichen Verwaltungen - Ansätze und Vorgehensweise. In: Budäus, D. (Hrsg.): Public Management – Diskussionsbeiträge, Heft 28, Hamburg 1996.

Harrington, J.H.: Business Process Improvement. The Breakthrough Strategy for Total Quality, Productivity, and Competitiveness, New York 1991.

Heinz Nixdorf Institut Universität Paderborn: Cyberbikes, URL: http://wwwhni.uni-paderborn.de/vr/cyberbikes/index.php3, online: 17.10.2000.

Hennemann, C.: Organisationales Lernen und die lernende Organisation, München 1997.

Hentschel, B.: Die Messung wahrgenommener Dienstleistungsqualität mit SERVQUAL - Eine kritische Auseinandersetzung. In: Corsten, H. (Hrsg.): Integratives Dienstleistungsmanagement, Wiesbaden 1994, S. 397 - 420.

Herrmann, H.-J.: Modellgestützte Planung im Unternehmen: Entwicklung eines Rahmenkonzeptes, Wiesbaden 1991.

Herrmann, T.: Flexible Präsentation von Prozeßmodellen. In: Arend, U.; Eberleh, E.; Pitschke, K. (Hrsg.): Software Ergonomie 1999 – Design von Informationswelten, Stuttgart, Leipzig 1999, S. 123 - 136.

Hess, T.: Entwurf betrieblicher Prozesse, Wiesbaden 1996.

Homburg, C.: Modellgestützte Unternehmensplanung, Wiesbaden 1991.

Hopcroft, J.; Ullman, J.: Einführung in die Automatentheorie, formale Sprachen und Komplexitätstheorie, , 2.AuflageReading u. a. 1990.

Hornecker, E.; Schäfer, K.: Gegenständliche Modellierung virtuteller Informationswelten. In: Arend, U.; Eberleh, E.; Pitschke, K. (Hrsg.): Software Ergonomie 1999 – Design von Informationswelten, Stuttgart, Leipzig 1999, S. 149 -159.

Hurrion, R. D.: Using 3D animation techniques to help with the experimental design and analysis phase of a visual interactive simulation project. In: Journal of Operational Research Society 44(1993) 7, S. 693 - 700.

Hüther, M.: Potentiale für Dienstleistungsmärkte. In: Bullinger, H.-J. (Hrsg.): Dienstleistungen für das 21. Jahrhundert / Gestaltung des Wandels und Aufbruch in die Zukunft, Stuttgart 1997, S. 191 - 200.

IDS Scheer AG (Hrsg.): ARIS-Methodenhandbuch, Saarbrücken 1999.

Johnson-Laird, P.: Der Computer im Kopf, München 1996.

Karat, C.-M.: A business approach to usability cost justification. In: Bias, R.; Mayhew, D. (Hrsg.): Cost justifying usability, Boston 1994, S. 45 - 70.

Keller, G.; Nüttgens, M.; Scheer, A.-W.: Semantische Prozeßmodellierung auf der Grundlage "Ereignisgesteuerter Prozeßketten". In: Scheer, A.-W. (Hrsg.): Veröffentlichungen des Instituts für Wirtschaftsinformatik, Heft 89, Saarbrücken 1992.

Keller, G.: SAP R/3 prozeßorientiert anwenden, Bonn u. a. 1999.

KGSt (Hrsg.): Das neue Steuerungsmodell: Definition und Beschreibung von Produkten, Bericht Nr. 8/1994, Köln 1994.

KGSt (Hrsg.): Das neue Steuerungsmodell – Begründung, Konturen, Umsetzung, Köln 1993.

Klodt, H.: The transition to the service society: prospect for growth, productivity and employment. In: Institut für Weltwirtschaft an der Universität Kiel (Hrsg.): Kieler Arbeitspapiere Nr. 839, Kiel 1997.

Kosturiak, Jan; Gregor, Milan: Simulation von Produktionssystemen, Wien 1995.

Krallmann, H.; Gu, F.; Mitritz, A.: ProVision3D - Eine Virtual Reality Workbench zur Modellierung, Kontrolle und Steuerung von Geschäftsprozessen im virtuellen Raum. In: Wirtschaftsinformatik 41(1999)1, S. 48 - 57.

Krämer, H.: Dienstleistungen: Chancen und Risiken durch den internationalen Wettbewerb. In: Bullinger, H.-J. (Hrsg.): Dienstleistungen für das 21. Jahrhundert / Gestaltung des Wandels und Aufbruch in die Zukunft, Stuttgart 1997, S. 15 - 26.

Kreikebaum, H.: Strategische Unternehmensplanung, Stuttgart, Berlin, Köln 1981.

Kroeber-Riel, W.: Konsumentenverhalten, 5. Auflage, München 1992.

Krömker, D.: Visualisierungssysteme, Berlin u. a. 1992.

Kruse, C.; Gregor, M.: Integrierte Simulationsmodellierung in der Fertigungssteuerung am Beispiel des CIM-TTZ Saarbrücken. In: Scheer, A.-W. (Hrsg.): Veröffentlichungen des Instituts für Wirtschaftsinformatik, Heft 97, Saarbrücken 1992.

Kruse, C.: Referenzmodellgestütztes Geschäftsprozessmanagement: ein Ansatz zur prozessorientierten Gestaltung vertriebslogistischer Systeme, Wiesbaden 1996.

Kuhn, A.; Reinhardt, A.; Wiendahl, H.-P. (Hrsg.): Handbuch Simulationsanwendungen in Produktion und Logistik, Wiesbaden 1993.

Kurbel, K.: Produktionsplanung und –steuerung, 4. Auflage, München u. a 1999.

Lantzsch, G.; Straßburger, S.; Urban, C.: HLA-basierte Kopplung der Simulationssysteme Simplex III und SLX. In: Deussen, O.; Hinz, V.; Lorenz, P. (Hrsg.): Proceedings zur Tagung "Simulation und Visualisierung '99", Ghent u. a. 1999, S. 153 - 166.

Law, A.; Kelton, W.: Simulation modeling and analysis, 2. Auflage, Boston u. a. 1991.

Leinenbach, S.; Scheer, A.-W.: Geschäftsprozeßoptimierung auf Basis einer Virtual-gestützten Prozeßvisualisierung im Intranet. In: Lorenz, P.; Preim, B. (Hrsg.): Proceedings der Tagung „Simulation und Visualisierung '98", Delft u. a. 1998, S. 249 - 263.

Leinenbach, S.; Seel, C.; Scheer, A.-W.: Mitarbeiter-orientierte Geschäftsprozeßmodellierung mit Virtual Reality. In: Deussen, O.; Hinz, V.; Lorenz, P. (Hrsg.): Proceedings zur Tagung "Simulation und Visualisierung '99", Ghent u. a. 1999, S. 287 - 301.

Leinenbach, S.; Seel, C.; Scheer, A.-W.: Interaktive Prozeßmodellierung in einer Virtual Reality-gestützten Unternehmungsvisualisierung. In: Desel, J.; Pohl, K.; Schürr, A. (Hrsg.): Modellierung '99, Workshop, Stuttgart, Leipzig 1999, S. 11 - 26.

Leinenbach, S.: Interaktive Geschäftsprozessmodellierung: Dokumentation von Prozesswissen in einer Virtual Reality-gestützten Unternehmensvisualisierung, Wiesbaden 2000.

Leston, J.; Ring, K.; Kyral, E.: Virtual Reality: Business Applications, Markets and Opportunities, London 1996.

Lewis, H.; Papadimitriou, C.: Elements of the Theory of Computation, Englewood Cliffs 1981.

Liebelt, M.: Ein interaktives System zur Visualisierung von Datenstrukturen, Berlin 1998.

Liebl, F.: Simulation - Problemorientierte Einführung, München 1992.

Lorenz, J. (Hrsg.): 3-Dimensional Process Simulation, Berlin u. a 1995.

Lorenz, P.: Simulation und Animation: Konvergenz oder Divergenz. In: Möller, R. (Hrsg.): 2. Workshop Sichtsysteme - Visualisierung in der Simulationstechnik, Berlin et al. 1991, S. 1 - 16.

Lorenz, P.; Ritter, K.: Skopeo - A platform-independent system animation for the W3. In: Deussen, O.; Lorenz, P. (Hrsg.): Proceedings zur Tagung "Simulation und Animation '97", Delft u. a. 1997, S. 12 - 23.

Lux, M.: Level of data - A concept for knowledge discovery in information spaces. In: Banissi, E.; Khosrowshahi, F.; Sarfraz, M.: Proceedings 1998 IEEE Conference on Information Visualization, Los Alamitos 1998, S. 131 -136.

Macredie, R.; Taylor, S.; Yu, X.; Keeble, R.: Virtual reality and simulation: an overview. In: Charnes, J.; Morrice, D.; Brunner, D.; Swain, J. (Hrsg.): Proceedings of the 1996 Winter Simulation Conference, New York 1996, S. 669 - 674.

Maleri, R.: Grundlagen der Dienstleistungsproduktion, 4. Auflage, Berlin u. a. 1997.

Markus, U.: Informationsdienstleistungen und Existenzgründung – IDEX. In: Institut für Technik der Betriebsführung (Hrsg.): Handwerk als Leitbild für Dienstleistungsorientierung in innovativen KMU, Gifhorn 1999, S. 185 - 219.

Maslow, G.: Motivation und Persönlichkeit, Freiburg i. Br. 1974.

Medeiros, D. J.; Watson, E.; Carson, J.; Manivannan, M. (Hrsg.): Proceedings of the 1998 Winter Simulation Conference, New York 1998.

Meffert, H.: Dienstleistungsmarketing: Grundlagen, Konzepte, Methoden, Wiesbaden 1995.

Meier, H.; Bäcker, M.; Schallner, H.: MOBILEIT-S: Modellbasierte Simulation zur Entscheidungsunterstützung für die Fertigungssteuerung. In: Industrie Management 16(2000)3, S. 9 - 13.

Mertens, P.: Simulation, 2. Auflage, Stuttgart 1982.

Meyer, J.-A.: Visualisierung von Informationen: Verhaltenswissenschaftliche Grundlagen für das Management, Wiesbaden 1999.

Min, R.: Simulation technology & parallelism in learning environments: methods, concepts and systems, De Lier (NL) 1995.

Monsef, Y.: Modélisation et simulation des systèmes complexes, Paris u. a. 1996.

Müller, B.; Stolp, P.: Workflow-Management in der industriellen Praxis, Berlin u. a. 1999.

Müller, W.: Interaktive Medien im professionellen Einsatz: Elektronische Kataloge, Infoterminals, CBT, Videokonferenzen, Bonn, u. a. 1995.

Müller-Merbach, H.: Operations Research, 3. Auflage, München 1985.

Myrtveit, M.; Bean, M.: Business modelling and simulation. In: Wirtschaftsinformatik 42(2000)2, S. 156 - 161.

Neisser, U.: Kognitive Psychologie, Stuttgart 1974.

Neumann, K.: Operations-Research-Verfahren, Band 2, München Wien 1977.

Nüttgens, M.; Heckmann, M.; Luzius, M.: Service Engineering Rahmenkonzept. In: Information Management & Consulting 13(1998) Sonderausgabe Service Engineering, S. 14 - 19.

o. V.: Visualisierungsverfahren beim Einsatz der Simulationstechnik in Produktion und Logistik, Workshop, Dortmund 1996.

Oberquelle, H.: Kosten der (Un-)Benutzbarkeit - (k)ein Thema für die Wirtschaftsinformatik. In: HMD 37(2000)212, S. 4 - 6.

Oestereich, B.: Objektorientierte Softwareentwicklung: Analyse und Design mit der Unified Modeling Language, 4. Auflage, München 1998.

Oppermann, R.; Reiterer, H.: Software-ergonomische Evaluation. In: Eberleh, E.; Oberquelle, H.; Oppermann, R. (Hrsg.): Einführung in die Software-Ergonomie, Berlin, New York 1994, S. 335 - 372.

Pacific   Northwest   National   Laboratory: Our   Technologies,   URL: http://multimedia.pnl.gov:2080/infoviz/technologies.html#galaxies, online: 5.11.1999.

Page, B.: Diskrete Simulation, Berlin u. a. 1991.

Paivio, A.: Imagery and verbal processes, New York u. a. 1991.

Pang, L.; Hodson, W.: The use of simulation in process reengineering education. In: Farrington, P.; Nembhard, D.; Sturrock, D.; Evans, G. (Hrsg.): Proceedings of the 1999 Winter Simulation Conference, New York 1999, S. 1397 - 1402.

Pepels, W.: Einführung in das Dienstleistungsmarketing, München 1995.

Petermann, J.; Schlegel, A.; Weber, T., Wefelscheid, J.: Simulationsunterstützung für betriebliche Entscheidungen im operativen und dispositiven Bereich. In: Industrie Management 16(2000)3, S. 14 - 18.

Preim, B.: Entwicklung interaktiver Systeme, Berlin u. a. 1999.

Pritzker, A.: Compilation of definitions of simulation. In: Simulation 33(1979)2, S. 61 - 63.

Profozich, D.: Managing change with business process simulation, Upper Saddle River 1998.

Quatrani, T.: Visual modeling with rational rose and UML, Reading u. a. 1998.

Rabe, M.: Einführung. In: Kuhn, A.; Rabe, M.(Hrsg.): Simulation in Produktion und Logistik: Fallbeispielsammlung, Berlin u. a. 1998, S. 1 - 10.

Ramaswamy, R.: Design and management of service processes, Reading 1996.

Rational Software u. a.: UML Notation Guide, Version 1.1, 1997, URL: http://www.rational.com/uml/resources/documentation/formats.jsp, online: 28.12.2000.

Rebstock, M.; Hildebrand, K: SAP R/3 für Manager, Bonn 1998.

Reinermann, H.: Neues Politik- und Verwaltungsmanagement: Leitbild und theoretische Grundlagen. In: Reinermann, H.; Ridley, F.; Thoenig, J. (Hrsg.): Neues Politik- und Verwaltungsmanagement in der kommunalen Praxis – ein internationaler Vergleich, Sankt Augustin 1998, S. 17 - 160.

Reinhart, G.; Feldmann, K.: Simulation - Schlüsseltechnologie der Zukunft, München 1997.

Reiterer, H.; Mann, T.; Mußler, G.; Bleimann, U.: Visualisierung von entscheidungsrelevanten Daten für das Management. In: HMD 37(2000)212, S. 71 - 83.

Remme, M.; Galler, J.; Gierhake, O.; Scheer, A.-W.: Die Erfassung der aktuellen Unternehmensprozesse als erste operative Phase für deren Reengineering. In: Scheer, A.-W. (Hrsg.): Veröffentlichungen des Instituts für Wirtschaftsinformatik, Nr. 118, Saarbrücken 1995.

Remme, M.: Konstruktion von Geschäftsprozessen - ein modellgestützter Ansatz durch Montage generischer Prozesspartikel, Wiesbaden 1997.

Robertson, G.; Card, S.; Mackinlay, J.: Information Visualization using 3D interactive animation. In: Card, S.; Mackinlay, J; Shneiderman, B.(Hrsg.): Readings in information visualization, San Francisco 1999, S. 515 - 529.

Robinson, S.: Successful Simulation: Practical Approach to Simulation Projects, Maidenhead 1994.

Saarland (Hrsg.): Geschäftsbereiche der Regierung, , URL: http://www.saarland.de/ regierung_geschaeftsverteilung.html, online: 18.10.2000.

Schaich, E.: Schätz- und Testmethoden für Sozialwissenschaftler, München 1977.

Scheer, A.-W.: CIM – Der computergesteuerte Industriebetrieb, 4. AuflageBerlin u. a. 1990.

Scheer, A.-W.: ARIS-Toolset: Die Geburt eines Softwareproduktes. In: Scheer, A.-W. (Hrsg.): Veröffentlichungen des Instituts für Wirtschaftsinformatik, Heft 111, Saarbrücken 1994.

Scheer, A.-W.: Industrialisierung der Dienstleistung. In: Scheer, A.-W. (Hrsg.): Veröffentlichungen des Instituts für Wirtschaftsinformatik, Heft 122, Saarbrücken 1996.

Scheer, A.-W.: ARIS-House of Business Engineering. In: Scheer, A.-W (Hrsg.): Veröffentlichungen des Instituts für Wirtschaftsinformatik, Heft 133, Saarbrücken 1996.

Scheer, A.-W.; Nüttgens, M.; Zimmermann, V: Business Process Reengineering in der Verwaltung. In: Scheer, A.-W.; Friedrichs, J. (Hrsg.): Innovative Verwaltung 2000, Wiesbaden 1996, S. 11 - 30.

Scheer, A.-W.: Wirtschaftsinformatik – Referenzmodelle für industrielle Geschäftsprozesse, 7. Auflage, Berlin u. a. 1997.

Scheer, A. - W.: ARIS - Vom Geschäftsprozeß zum Anwendungssystem, 3. Auflage, Berlin u. a. 1998.

Scheer, A.-W.: ARIS - Modellierungsmethoden, Metamodelle, Anwendungen, 3. Auflage, Berlin u. a. 1998.

Schmid, D.; Broy, M.: ... Noch nicht zu spät! Das Walberg-Memorandum zur Förderung der IT-Forschung. In: Informatik Spektrum 23(2000)2, S. 109 - 117.

Schmidberger, J.: Controlling in der öffentlichen Verwaltung, 2. Auflage, Wiesbaden 1994.

Schmidt, G.: Prozeßmanagement: Modelle und Methoden, Berlin u. a. 1997.

Schörner, E.: Darstellende Geometrie, 3. Auflage, München 1977.

Scholz, C.: Strategische Organisation: Prinzipien zur Vitalisierung und Virtualisierung, Landsberg/Lech 1997.

Scholz, C.: Personalmanagement: informationsorientierte und verhaltenstheoretische Grundlagen, München 1994.

Schult, E.: Allgemeine Betriebswirtschaftslehre, Freiburg i. Br. 1980.

Schumann, H.; Müller, W.: Visualisierung, Berlin u. a. 2000.

Schwenke, B.: Optimierung der Leistungstiefe und neue Kooperationsformen zwischen Verwaltung und Wirtschaft. In: Bullinger, H.-J. (Hrsg.): Dienstleistungen für das 21. Jahrhundert / Gestaltung des Wandels und Aufbruch in die Zukunft, Stuttgart 1997, S. 433 - 444.

Seel, C.; Leinenbach, S.; Scheer, A.-W.: Ergonomische Geschäftsprozessmodellierung und -visualisierung mit ARIS. In: Gärtner, K.-P. (Hrsg.): Ergonomische Gestaltungswerkzeuge in der Fahrzeug- und Prozeßführung, DGLR-Bericht 99-02, Bonn 1999, S. 105 - 118.

Seel, C; Leinenbach, S.; Scheer, A.-W.: IMPROVE - Interaktive Modellierung von Geschäftsprozessen in virtuellen Umgebungen. In: Scheer, A.-W. (Hrsg.): Veröffentlichungen des Instituts für Wirtschaftsinformatik, Heft 165, Saarbrücken 2000.

Sellek, P. A.; Beaumont, D.O.: SimDS - an approach to service modelling. In: MULTIMEDIA APPLICATIONS, SERVICES AND TECHNIQUES - ECMAST'98, Berlin u. a. 1998, S. 274 - 287.

Shannon, R.: Introduction to the art and science of simulation. In: Medeiros, D. J.; Watson, E.; Carson, J.; Manivannan, M. (Hrsg.): Proceedings of the 1998 Winter Simulation Conference, New York 1998, S. 7 - 14.

Siepmann, H.; Siepmann, U.: Verwaltungsorganisation, Köln 1996.

Sihn, W.; März, L.; Richter, H.: Wandlungsfähigkeit planen durch objektorientierte Modellierung. In: Industrie Management 16(2000)3, S. 42 - 46.

Sinzig, W.: Strategische Unternehmensführung mit SAP SEM. In: Wirtschaftsinformatik 42(2000)2, S. 147 - 155.

Smith, A.: Über die Quellen des Volkswohlstandes, Stuttgart 1861.

Sommerville, I.: Software Engineering, New York 1995.

Spaniol, O.; Hoff, S.: Ereignisorientierte Simulation: Konzepte und Systemrealisierung, Bonn 1995.

Specht, D.; Heina, J.; Kichhof, R.: Benchmark-based dynamic process management with an example of a decentralised organised service industry. In: Scholz-Reiter, B.; Stahlmann, H.-D.; Nethe, A. (Hrsg.): Process Modelling, Berlin u. a. 1999, S. 216 - 232.

Spur, G.; Krause, F.-H.: CAD-Technik, München, Wien 1984.

Stahlknecht: Einführung in die Wirtschaftsinformatik, Berlin u. a. 1989.

Stary, C.: Interaktive Systeme, 2. Auflage, Braunschweig, Wiesbaden 1996.

Statistisches Bundesamt Deutschland: Erwerbstätigkeit - Deutschland, Erwerbspersonen, Nichterwerbspersonen, Erwerbstätige, URL: http://www.statistik-bund.de/basis/d/erwerb/erwerbtab1.htm 2000, online 18.7.2000.

Steinenbach, N.: Verwaltungsbetriebslehre, 5. Auflage, Regensburg, Bonn 1995.

Steuer, J.: Defining Virtual Reality: Dimensions Determining Telepresence. In: Journal of Communications 42 (1992)4, S. 72 - 93.

Strittmatter, P.: Ein Bild sagt mehr als 1000 Worte. In: Scheidgen, H.; Strittmatter, P.; Tack, W. (Hrsg.): Information ist noch kein Wissen, Weinheim, Basel 1990, S. 127 - 142.

Strothotte, C.: Projekte an der Universität Magdeburg, URL: http://ifsl.mb.uni-magdeburg.de/~tine/projekte.html, online: 18.10.2000.

Tecnomatix Technologies Ltd.: eM-Plant, URL: http://www.emplant.de/default.html, online: 18.01.01.

The VRML Consortium: VRML97 Specification, ISO/IEC 14772-1:1997, URL: http://www.vrml.org/technicalinfo/specifications/vrml97/index.htm, online: 18.01.01.

The Workflow Management Coalition: Terminology & Glossary, Document Number WFMC-TC-1011, Hampshire 1999.

Thimbleby, H.: Formulating Usability. In: SIGCHI Bulletin 26(1994)2, S. 59 - 64.

Totter, A.; Stary, C.; Riesenecker-Caba, T.: Methodengesicherte Validierung von EU-CON II. In: Arend, U.; Eberleh, E.; Pitschke, K. (Hrsg.): Software Ergonomie 1999 – Design von Informationswelten, Stuttgart, Leipzig 1999, S. 309 - 319.

Tumay, K.: Business Process Simulation. In: Alexopoulos, C.; Kang, K.; Lilegdon, W.; Goldsman, D. (Hrsg.): Proceedings of the 1995 Winter Simulation Conference, New York 1995, S. 55 - 60.

v. Uthmann, C.; Becker, J.: Guidelines of Modelling (GoM) or Business Process Simulation. In: Scholz-Reiter, B.; Stahlmann, H.-D.; Nethe, A. (Hrsg.): Process Modelling, Berlin u. a. 1999, S. 100 - 116.

Veldt, J.: Simulation im Dienstleistungsbereich, Diplomarbeit, Saarbrücken 2000.

Watkins, C.; Marenka, S.: Virtual Reality Excursions, Boston u. a. 1994.

Weber, K.; Trzebiner, R.; Tempelmeier, H.: Simulation mit GPSS, Bern, Stuttgart 1983.

Wenzel, S.: Verbesserung der Informationsgestaltung in der Simulationstechnik unter Nutzung autonomer Visualisierungswerkzeuge, Dortmund 1998.

Wenzel, S.: Die Visualisierung als ergänzende Methode zur Simulation in Produktion und Logistik. In: Hohmann, G. (Hrsg.): Tagungsband zum 13. Symposium Simulationstechnik, Ghent 1999, S. 463 - 468.

Wenzel, S.: Modellbildung in der Simulation logistischer Systeme. In: Industrie Management 16(2000)3, S. 28 - 32.

Witte, T.: Simulation von Produktionssystemen mit SLAM, Bonn u. a. 1994.

Whyte, J.; Bouchlaghem, D.; Thorpe, T.: Visualising Residential Development using Desktop Virtual Reality. In: Banissi, E.; Khosrowshahi, F.; Sarfraz, M.: Proceedings 1998 IEEE Conference on Information Visualization, Los Alamitos 1998, S. 40 - 43.

Wiedmann, G.; Brettreich-Teichmann, W.: Forschungsbedarfe der Dienstleistungen. In: Bullinger, H.-J. (Hrsg.): Dienstleistung 2000plus, Stuttgart 1998, S. 64 - 82.

Wloka, J.; Spieckermann, S.: Neue Aspekte des Simulationseinsatzes in Warenumschlags- und Distributionslager-Systemen. In: Kuhn, A.; Rabe, M. (Hrsg.): Simulation in Produktion und Logistik, Berlin et al. 1998, S. 11 - 23.

Wöhe, G.: Einführung in die allgemeine Betriebswirtschaftslehre, 19. Auflage, München 1996.

Woll, A.: Wirtschaftslexikon, 7. Auflage, München 1993.

Wolverine Software Corporation (Hrsg.): Using Proof Animation, 2. Auflage, Alexandria 1996.

Xerox PARC UIR: Information Visualization, URL: http://www.parc.xerox.com/istl/ projects/uir/projects/InformationVisualization.html, online: 16.11.2000.

Zell, M.; Scheer, A.-W.: Simulation als Entscheidungsunterstützungsinstrument in CIM. In: Scheer, A.-W. (Hrsg.): Veröffentlichungen des Instituts für Wirtschaftsinformatik, Heft 62, Saarbrücken 1989.

Zell, M.: Datenmanagement simulationsgestützter Entscheidungsprozesse. In: Scheer, A.-W. (Hrsg.): Veröffentlichungen des Instituts für Wirtschaftsinformatik, Heft 72, Saarbrücken 1990.

Zell, M.: Simulationsgestützte Fertigungssteuerung, München 1992.

Zimmermann, W.: Operations Research: quantitative Methoden zur Entscheidungsvorbereitung, 5. Auflage, München 1990.

JOSEF EUL VERLAG
Ausgewählte Veröffentlichungen

Band 28
Frank Wolf
Verteilungsaspekte im Rahmen der strategischen Informationssystem-planung
Lohmar – Köln 1999 ◆ 432 S. ◆ € 49,- (D) ◆ ISBN 3-89012-716-9

Band 29
Marc Alexandre Ludwig
Beziehungsmanagement im Internet – Eine Analyse der Informationsbe-dürfnisse auf Konsumgütermärkten und der Möglichkeiten ihrer Befriedigung durch Beziehungsmanagement unter Nutzung des Internets
Lohmar – Köln 2000 ◆ 328 S. ◆ € 45,- (D) ◆ ISBN 3-89012-732-0

Band 30
Gérard Derszteler
Prozeßmanagement auf Basis von Workflow-Systemen – Ein integrierter Ansatz zur Modellierung, Steuerung und Überwachung von Geschäfts-prozessen
Lohmar – Köln 2000 ◆ 404 S. ◆ € 49,- (D) ◆ ISBN 3-89012-751-7

Band 31
Michael Gröschel
Objektorientierte Softwarewiederverwendung für nationale und inter-nationale Steuerbelastungsvergleiche
Lohmar – Köln 2000 ◆ 272 S. ◆ € 42,- (D) ◆ ISBN 3-89012-752-5

Band 32
Martin Schindler
Wissensmanagement in der Projektabwicklung – Grundlagen, Determi-nanten und Gestaltungskonzepte eines ganzheitlichen Projektwissens-managements
2., durchgesehene Auflage
Lohmar – Köln 2001 ◆ 404 S. ◆ € 51,- (D) ◆ ISBN 3-89012-849-1

Band 33
Klaus Ballensiefen
Informationsplanung im Rahmen der Konzeption von Executive Infor-mation Systems (EIS) – Theoretische Analyse, Empirische Untersuchung und Entwicklung von Lösungsansätzen
Lohmar – Köln 2000 ◆ 486 S. ◆ € 51,- (D) ◆ ISBN 3-89012-817-3

Band 34
Olaf Coenen
E-Learning-Architektur für universitäre Lehr- und Lernprozesse
2. Auflage
Lohmar – Köln 2002 ◆ 540 S. ◆ € 55,- (D) ◆ ISBN 3-89012-934-X

Band 35
Frank Teuteberg
Agentenbasierte Informationserschließung im World Wide Web unter Einsatz von Künstlichen Neuronalen Netzen und Fuzzy-Logik
Lohmar – Köln 2001 ◆ 368 S. ◆ € 49,- (D) ◆ ISBN 3-89012-873-4

Band 36
Jens Hunstock
Integration konzeptioneller Datenbankschemata
Lohmar – Köln 2001 ♦ 274 S. ♦ € 43,- (D) ♦ ISBN 3-89012-897-1

Band 37
Gerald Kromer
**Integration der Informationsverarbeitung in Mergers & Acquisitions –
Eine empirische Untersuchung**
Lohmar – Köln 2001 ♦ 314 S. ♦ € 45,- (D) ♦ ISBN 3-89012-904-8

Band 38
Stefan Schäfer
**Einführung von E-Business-Systemen in deutschen Unternehmen –
Fallstudien, Expertenbefragung und DAX100-Umfrage**
Lohmar – Köln 2002 ♦ 492 S. ♦ € 53,- (D) ♦ ISBN 3-89012-949-8

Band 39
Matthias Lohse
Intranets – Konzept und Wege zur Realisierung
Lohmar – Köln 2002 ♦ 270 S. ♦ € 46,- (D) ♦ ISBN 3-89012-970-6

Band 40
Christian Seel
Visuelle Simulation von Dienstleistungsprozessen
Lohmar – Köln 2002 ♦ 262 S. ♦ € 46,- (D) ♦ ISBN 3-89012-998-6

GRÜNDUNG, INNOVATION UND BERATUNG
Herausgegeben von Prof. Dr. Dr. h. c. Norbert Szyperski, Köln, vBP StB Prof. Dr.
Johannes Georg Bischoff, Wuppertal, und Prof. Dr. Heinz Klandt, Oestrich-Winkel

Band 20
Anne Böhm
Geschäftsbeziehungen zwischen Bank und Existenzgründer
Lohmar – Köln 1999 ♦ 408 S. ♦ € 49,- (D) ♦ ISBN 3-89012-688-X

Band 21
Franz Feldmann
Betriebs- und regionalwirtschaftliche Effekte von Technologieparks
Lohmar – Köln 1999 ♦ 252 S. ♦ € 39,- (D) ♦ ISBN 3-89012-693-6

Band 22
Thorsten Meis
Existenzgründung durch Kauf eines kleinen oder mittleren Unternehmens
Lohmar – Köln 2000 ♦ 428 S. ♦ € 51,- (D) ♦ ISBN 3-89012-734-7

Band 23
Bernd Heitzer
Finanzierung junger innovativer Unternehmen durch Venture Capital-Gesellschaften
Lohmar – Köln 2000 ♦ 276 S. ♦ € 43,- (D) ♦ ISBN 3-89012-795-9

PLANUNG, ORGANISATION UND UNTERNEHMUNGSFÜHRUNG

Herausgegeben von Prof. Dr. Dr. h. c. Norbert Szyperski, Köln, Prof. Dr. Winfried Matthes, Wuppertal, Prof. Dr. Udo Winand, Kassel, und Prof. Dr. Joachim Griese, Bern

TELEKOMMUNIKATION @ MEDIENWIRTSCHAFT

Herausgegeben von Prof. Dr. Dr. h. c. Norbert Szyperski, Köln, Prof. Dr. Udo Winand, Kassel, Prof. Dr. Dietrich Seibt, Köln, Prof. Dr. Rainer Kuhlen, Konstanz, Dr. Rudolf Pospischil, Bonn, Prof. Dr. Claudia Löbbecke, Köln, und Prof. Dr. Christoph Zacharias, Köln

Band 11
Martin Engelien/Jens Homann (Hrsg.)
Virtuelle Organisation und Neue Medien 2001 – Workshop GeNeMe2001 – Gemeinschaften in Neuen Medien – TU Dresden, 27. und 28. September 2001
Lohmar – Köln 2001 ◆ 546 S. ◆ € 55,- (D) ◆ ISBN 3-89012-891-2

Band 12
Ingo Markgraf
Hörfunkforschung im internationalen Vergleich
Lohmar – Köln 2001 ◆ 312 S. ◆ € 45,- (D) ◆ ISBN 3-89012-906-4

Band 13
Anette Köcher
Controlling der werbefinanzierten Medienunternehmung
Lohmar – Köln 2002 ◆ 294 S. ◆ € 44,- (D) ◆ ISBN 3-89012-948-X

ELECTRONIC COMMERCE

Herausgegeben von Prof. Dr. Dr. h. c. Norbert Szyperski, Köln, Prof. Dr. Beat Schmid, St. Gallen, Prof. Dr. Dr. h. c. August-Wilhelm Scheer, Saarbrücken, Prof. Dr. Günther Pernul, Essen, und Prof. Dr. Stefan Klein, Münster

Band 6
Olaf Wenzel
Webdesign, Informationssuche und Flow – Nutzerverhalten auf unterschiedlich strukturierten Websites
Lohmar – Köln 2001 ◆ 362 S. ◆ € 49,- (D) ◆ ISBN 3-89012-871-8

Band 7
Patrick Stähler
Geschäftsmodelle in der digitalen Ökonomie – Merkmale, Strategien und Auswirkungen
Lohmar – Köln 2001 ◆ 364 S. ◆ € 49,- (D) ◆ ISBN 3-89012-888-2

Band 8
Volker Herwig
E-Government – Distribution von Leistungen öffentlicher Institutionen über das Internet
Lohmar – Köln 2001 ◆ 340 S. ◆ € 48,- (D) ◆ ISBN 3-89012-889-0

Band 9
Jana Buchwalter
Elektronische Ausschreibungen in der Beschaffung – Referenzprozeß- modell und prototypische Realisierung
Lohmar – Köln 2001 ◆ 252 S. ◆ € 42,- (D) ◆ ISBN 3-89012-922-6

Band 10
Torsten Költzsch
Geschlossene Public-Key-Infrastruktur-Lösungen
Lohmar – Köln 2002 ✦ 242 S. ✦ € 42,- (D) ✦ ISBN 3-89012-923-4

Band 11
Emanuel Marti
Electronic Commerce im Reisemarkt – Handlungsempfehlungen für den Reisemittler
Lohmar – Köln 2002 ✦ 408 S. ✦ € 49,- (D) ✦ ISBN 3-89012-930-7

Band 12
Horst Tripp
Electronic Procurement Services
Lohmar – Köln 2002 ✦ 394 S. ✦ € 49,- (D) ✦ ISBN 3-89012-935-8

Band 13
Elmar-Marius Licharz
Vertrauen in B2C
Lohmar – Köln 2002 ✦ 292 S. ✦ € 44,- (D) ✦ ISBN 3-89012-945-5

Band 14
Karin Dittewig
Managing Partnerships for Maximum Performance – Best Practice Evidence from the Information Technology Industry
Lohmar – Köln 2002 ✦ 318 S. ✦ € 45,- (D) ✦ ISBN 3-89012-953-6

Band 15
Ursula Markus
Integration der virtuellen Community in das CRM – Konzeption, Rahmenmodell, Realisierung
Lohmar – Köln 2002 ✦ 270 S. ✦ € 46,- (D) ✦ ISBN 3-89012-973-0

Band 16
Ulrike Geißler
Lobbying im E-Business
Lohmar – Köln 2002 ✦ 314 S. ✦ € 48,- (D) ✦ ISBN 3-89012-995-1

Weitere Schriftenreihen:

UNIVERSITÄTS-SCHRIFTEN
- Reihe: Steuer, Wirtschaft und Recht
Herausgegeben von vBP StB Prof. Dr. Johannes Georg Bischoff, Wuppertal, Dr. Alfred Kellermann, Vorsitzender Richter (a. D.) am BGH, Karlsruhe, Prof. (em.) Dr. Günter Sieben, Köln, und WP StB Prof. Dr. Norbert Herzig, Köln

- Reihe: FGF Entrepreneurship-Research Monographien
Herausgegeben von Prof. Dr. Heinz Klandt, Oestrich-Winkel, Prof. Dr. Dr. h. c. Norbert Szyperski, Köln, Prof. Dr. Michael Frese, Gießen, Prof. Dr. Josef Brüderl, Mannheim, Prof. Dr. Rolf Sternberg, Köln, Prof. Dr. Ulrich Braukmann, Wuppertal, und Prof. Dr. Lambert T. Koch, Wuppertal

- Reihe: Kleine und mittlere Unternehmen
Herausgegeben von Prof. Dr. Jörn-Axel Meyer, Flensburg

- Reihe: Wissenschafts- und Hochschulmanagement
Herausgegeben von Prof. Dr. Detlef Müller-Böling, Gütersloh, und Dr. Reinhard Schulte, Dortmund

- Reihe: Personal-Management
Herausgegeben von Prof. Dr. Fred G. Becker, Bielefeld, und Prof. Dr. Jürgen Berthel, Siegen

- Reihe: Finanzierung, Kapitalmarkt und Banken
Herausgegeben von Prof. Dr. Hermann Locarek-Junge, Dresden, Prof. Dr. Klaus Röder, Münster, und Prof. Dr. Mark Wahrenburg, Frankfurt

- Reihe: Marketing
Herausgegeben von Prof. Dr. Heribert Gierl, Augsburg, und Prof. Dr. Roland Helm, Jena

- Reihe: Marketing, Handel und Management
Herausgegeben von Prof. Dr. Rainer Olbrich, Hagen

- Reihe: Produktionswirtschaft und Industriebetriebslehre
Herausgegeben von Prof. Dr. Jörg Schlüchtermann, Bayreuth

- Reihe: Europäische Wirtschaft
Herausgegeben von Prof. Dr. Winfried Matthes, Wuppertal

- Reihe: Quantitative Ökonomie
Herausgegeben von Prof. Dr. Eckart Bomsdorf, Köln, Prof. Dr. Wim Kösters, Bochum, und Prof. Dr. Winfried Matthes, Wuppertal

- Reihe: Internationale Wirtschaft
Herausgegeben von Prof. Dr. Manfred Borchert, Münster, Prof. Dr. Gustav Dieckheuer, Münster, und Prof. Dr. Paul J. J. Welfens, Potsdam

- Reihe: Studien zur Dynamik der Wirtschaftsstruktur
Herausgegeben von Prof. Dr. Heinz Grossekettler, Münster

- Reihe: Versicherungswirtschaft
Herausgegeben von Prof. (em.) Dr. Dieter Farny, Köln, und Prof. Dr. Heinrich R. Schradin, Köln

- Reihe: Wirtschaftsgeographie und Wirtschaftsgeschichte
Herausgegeben von Prof. Dr. Ewald Gläßer, Köln, Prof. Dr. Josef Nipper, Köln, Dr. Martin W. Schmied, Köln, und Prof. Dr. Günther Schulz, Bonn

- Reihe: Wirtschafts- und Sozialordnung: FRANZ-BÖHM-KOLLEG – Vorträge und Essays
Herausgegeben von Prof. Dr. Bodo B. Gemper, Siegen

- Reihe: WISO-Studientexte
Herausgegeben von Prof. Dr. Eckart Bomsdorf, Köln, und Prof. (em.) Dr. Dr. h. c. Dr. h. c. Josef Kloock, Köln

- Reihe: Kunstgeschichte
Herausgegeben von Prof. Dr. Norbert Werner, Gießen

- Einzelschriften

FACHHOCHSCHUL-SCHRIFTEN
- Reihe: Institut für betriebliche Datenverarbeitung (IBD) e. V.
im Forschungsschwerpunkt Informationsmanagement für KMU
Herausgegeben von Prof. Dr. Felicitas Albers, Düsseldorf

- Reihe: FH-Schriften zu Marketing und IT
Herausgegeben von Prof. Dr. Doris Kortus-Schultes, Mönchengladbach, und Prof. Dr. Frank Victor, Gummersbach

- Reihe: Controlling-Forum – Wege zum Erfolg
Herausgegeben von Prof. Dr. Jochem Müller, Ansbach

PRAKTIKER-SCHRIFTEN
- Reihe: Transparenz im Versicherungsmarkt
Herausgegeben von *ASSEKURATA* GmbH, Köln

- Reihe: Betriebliche Praxis
Herausgegeben von vBP StB Prof. Dr. Johannes Georg Bischoff, Wuppertal